Matthias Remenyi

Damit wir das Leben haben

Matthias Remenyi

Damit wir das Leben haben

Predigten von Hoffnung in herausfordernden Zeiten

HERDER

FREIBURG · BASEL · WIEN

Meinen Eltern Josef und Brigitte Mäder
in Dankbarkeit und Verbundenheit

MIX
Papier | Fördert
gute Waldnutzung
FSC® C083411

www.herder.de
Umschlaggestaltung: Verlag Herder
Umschlagmotiv: © Taiga / shutterstock
Satz: Barbara Herrmann, Freiburg
Herstellung: CPI books GmbH, Leck
Printed in Germany
ISBN Print 978-3-451-39751-6
ISBN E-Book (PDF) 978-3-451-83271-0

Inhalt

Osterzeit und Pfingsten

Heiligen- und Herrenfeste

Sonntage im Jahreskreis

Einleitung

Es ist mir eine große Freude, diese Zusammenstellung von Predigten der Öffentlichkeit vorlegen zu können. So unterschiedlich sie im Einzelnen sind, eint sie doch alle ein Grundgedanke: den Herausforderungen der Gegenwart nicht ausweichen, sondern sie im Licht des Glaubens an die Menschenfreundlichkeit Gottes bestehen und gestalten. Und gerade so die Vernünftigkeit des Glaubens vor dieser Gegenwart bezeugen. Auch wenn die Zeiten rau und stürmisch sind. Die Texte wollen von einer Hoffnung erzählen, die trägt, weil sie Gottes Verheißung traut. Er will uns nahe sein, damit wir das Leben haben.

Die Predigten sind im Lauf der letzten Jahre zu unterschiedlichen Anlässen des Kirchenjahres entstanden. Viele wurden als Auftragsarbeiten für eine Katechese- und Predigtzeitschrift – *Der Prediger und Katechet* – abgefasst, andere sind noch unveröffentlicht und wurden für Gottesdienste geschrieben, bei denen ich als Diakon zu predigen hatte, sei es in Berlin (wo wir bald nach meiner Diakonenweihe mit der Familie hingezogen sind) oder in Würzburg (wo wir nun seit einigen Jahren leben).

So ergibt sich die Gliederung des Bandes wie von selbst. Die ersten fünf Kapitel schreiten das Kirchenjahr ab, beginnend mit der Advents- und Weihnachtszeit, der Fastenzeit mitsamt der Karwoche, der Osterzeit bis einschließlich Pfingsten, einigen Heiligen- und Herrenfesten und sodann den Sonntagen im Kirchenjahr. In diesen Kapiteln sind die Predigten entsprechend dem liturgischen Kalender sortiert. Die Verortung im Kirchenjahr und die in den Predigten verwendeten Schrifttexte sind in der Überschrift jeweils mit angegeben, um eine etwaige Nutzung für die pastorale Praxis zu erleichtern. Am Ende jeder Predigt sind jeweils das Erstveröffentlichungsjahr bzw. Predigtdatum und -ort notiert.

Die Predigten sind unterschiedlich lang. Das liegt daran, dass es sich teilweise um sogenannte Lesepredigten handelt, die den Vorgaben der genannten Predigtzeitschrift zufolge ursprünglich für den Einsatz in sonntäglichen Wortgottesfeiern gedacht und darum etwas kürzer gehalten sind. Hier steht dann auch ab und an nicht das Tagesevangelium, sondern ein Lesungstext im Mittelpunkt der Betrachtung.

Das sechste, letzte Kapitel ist eher biografischer Natur. 2017 sind wir von Berlin nach Würzburg umgezogen, weil ich den Lehrstuhl für Fundamentaltheologie und vergleichende Religionswissenschaft an der Katholisch-Theologischen Fakultät der Universität Würzburg übernommen habe. Seither predige ich regelmäßig bei den Semestereröffnungs- und Semesterabschlussgottesdiensten unserer Fakultät, zunächst in der Jugendkirche Kilianeum und in St. Michael in der Würzburger Innenstadt, nun in der neu renovierten Mutterhauskirche der Erlöserschwestern im Innenhof des Fakultäts- und Klostergeländes. Die liturgischen Texte dieser besonderen Gottesdienste sind jeweils vom Tag, die Predigten aber – wenig überraschend – auf das besondere Setting zugeschnitten.

Das Buch versammelt Predigten aus annähernd eineinhalb Jahrzehnten, die ältesten aufgenommenen Predigten stammen von 2010, die jüngste aus diesem Jahr. Bei der Durchsicht des Materials drängten sich mir zwei gegenläufige, fast paradoxe Beobachtungen auf: Es gibt Themen, die sich von Anfang an durchhalten und an denen ich mich beständig abarbeite, sowie Redewendungen, die immer wiederkehren, weil sie mir durch die Zeit hindurch wichtig geblieben sind oder irgendwie treffend erscheinen. All diese Redundanzen habe ich gelassen und nicht geglättet.

Zugleich merke ich aber, wie ich mich in diesen eineinhalb Jahrzehnten verändert habe. So ist mir die Auswahl der Predigten auch zu einem Kaleidoskop der Erinnerungen und zu einem Gradmesser der eigenen Entwicklung geworden. Seit Veröffentlichung der

MHG-Studie zu sexuellem Missbrauch im Raum der Kirche im September 2018 ringe ich mit der Frage, was die dort veröffentlichten Daten und Analysen für mein wissenschaftlich-theologisches – und in dessen Folge auch für mein pastoral-homiletisches – Sprechen bedeuten. Viel kirchliches Grundvertrauen ist mir zudem durch das katastrophale Missmanagement der Leitungsverantwortlichen sowie die immer stärker werdenden innerkirchlichen Beharrungskräfte im Nachgang zur MHG-Studie verloren gegangen. Der offene Überfall Putins auf die Ukraine im Februar 2022 und die auch in Deutschland erstarkende extreme Rechte mit ihrem Autoritarismus und ihrer Demokratieverachtung markieren Erschütterungen, die mich fragen lassen, ob mein öffentliches Sprechen laut und klar genug ist. Manches aus den frühen Predigten würde ich daher heute wohl anders ausdrücken als zuvor. Gleichwohl scheint mir auch im Licht heutigen Sachstands nichts darin theologisch falsch oder nicht mehr sagbar zu sein. Deshalb habe ich mich entschieden, auch dieses Material weitgehend unverändert nochmals freizugeben, und ich hoffe, dass die anbei gelegten Jahrdaten der Abfassung bzw. Erstpublikation zur Einordnung dienen können. Auf jeden Fall helfen sie, den jeweiligen Sitz im Leben transparent zu halten.

Die Predigten wollen die Texte der Heiligen Schrift angesichts der vielfältigen Herausforderungen der Gegenwart auslegen und in ihrer Lebensdienlichkeit erschließen. Sie wollen vom Mut der Hoffnung erzählen, die trotz einer oft genug kontrafaktisch scheinenden Wirklichkeit am Glauben an die Weltpräsenz Gottes festhalten will. Das ist meine Weise, auch im literarischen Format einer Predigt die Vernünftigkeit des Glaubens zu bedenken und dem Grundauftrag der Fundamentaltheologie gerecht zu werden: »Seid stets bereit, jedem (und jeder) Rede und Antwort zu stehen, der (und die) von euch Rechenschaft fordert über die Hoffnung, die euch erfüllt« (1 Petr 3,15).

Kein Wunder also, dass auch in den Predigten meine unterschiedlichen Arbeitsfelder, die Themen, die mich bewegen, und meine theologischen Referenzgrößen immer wieder durchschimmern – mal mehr, mal weniger deutlich. Gleichwohl sind diese Predigten keine wissenschaftlichen Texte und wollen es auch nicht sein. Deshalb erlaube ich mir hier eine größere Freiheit im Umgang mit theologischen oder literarischen Quellen als in meinen wissenschaftlichen Arbeiten. Ich zeige meine jeweiligen Gewährsleute zwar durch Namensnennung an, verzichte aber um der besseren Lesbarkeit willen zumeist auf einen exakten Zitatbeleg.

Ein Wort noch zur Titelformulierung dieses Buches: *Damit wir das Leben haben*. Der Titel ruft einen Satz des johanneischen Jesus auf, der von sich sagt: »Ich bin gekommen, damit sie das Leben haben und es in Fülle haben« (Joh 10,10b). Dieser Satz ist mir kostbar. Meine Frau und ich haben ihn als unser Hochzeitsevangelium ausgewählt, und einige Jahre später wurde er der Weihespruch meines Freiburger Diakonats-Kurses. Ich bin überzeugt davon, dass jeder Mensch, der mit der Bibel durch das Leben gehen will, den eigenen existenziellen Zugang zur Schrift finden muss, das eigene hermeneutische Gravitationszentrum, von dem her sich je erstpersönlich die ganze Heilige Schrift für ihn oder sie erschließt.

Für mich gibt es zwei solcher hermeneutischer Schlüsselsätze. Der eine Kernsatz ist das »Fürchte dich nicht«, das in der Bibel den Menschen immer dann zugesprochen wird, wenn es ernst wird in der Gott-Mensch-Beziehung, angefangen von den Verheißungen an Abraham, Isaak und Jakob, über die Proklamation der Zehn Gebote oder die Reden der großen Propheten bis hin zur Verkündigung an Maria, die Auferweckung der Tochter des Jaïrus oder die Auferweckung und die Erscheinungen des Gekreuzigten selbst. Immer dann, wenn es an biografisch relevanten Weggabelungen eng wird, wenn ich nicht mehr weiterweiß und zu verzweifeln drohe, tröstet und ermutigt mich dieses »Fürchte dich nicht«: Lass die Angst zu, aber lass nicht zu, dass die Angst deine Entscheidungen bestimmt. Du magst zwar Angst haben, aber – so hat es einmal Wolf Biermann auf den Punkt gebracht –

lass nicht zu, dass die Angst dich hat. Das »Fürchte dich nicht« hilft mir bei der Arbeit an der Angst.

Der zweite Schlüsselsatz, der mir die Botschaft der Schrift im eigenen Leben erschließen hilft, ist die im Buchtitel angezeigte große, umfassende und niemand ausschließende Lebensverheißung des johanneischen Jesus: »Damit sie das Leben haben«. Dieser Satz gibt mir die kriterialen Leitfragen an die Hand, die mir helfen, an den Weggabelungen des Lebens die richtigen Entscheidungen zu treffen: Welche Entscheidung, welcher Weg führt zu größerer Lebensfülle, was führt ins Helle, Weite? Umgekehrt gilt: Was dich kleinmacht, was Leben mindert, was eng und angsterfüllt sein lässt – das kann nicht im Sinne Jesu, das kann nicht im Sinn der Schrift sein!

Mir ist bewusst, dass der Herder-Verlag mit dieser Predigtsammlung ein verlegerisches Risiko eingeht, weil das Stichwort *Predigt* auf einem Buchcover nicht unbedingt hohe Absatzzahlen zu generieren verspricht. Umso mehr danke ich den Verantwortlichen für die Aufnahme des Bandes ins Programm, Dr. Stephan Weber für die ersten wohlwollenden Prüfungen und Maria Steiger für die exzellente verlegerische Betreuung! Zu danken habe ich sodann dem Schwabenverlag für die großzügige Gewährung einer Abdruckerlaubnis auch der aktuellen Predigten. Aus dem Herausgeberteam von *Der Prediger und Katechet* möchte ich wenigstens Prof. Dr. Martin Rohner und Prof. Dr. Stefan Walser nennen, die mir stets mit Rat und Tat zur Seite stehen und eine schier unendliche Geduld an den Tag legen, wenn ich wieder Deadlines nicht halte und mit Textabgaben säumig bin. Danken möchte ich außerdem Irina Hägele, studentische Mitarbeiterin am Würzburger Lehrstuhl, die mir bei der Drucklegung des Predigtbandes geholfen und die Register erstellt hat.

Diese Zeilen schreibe ich in Innsbruck, gegen Ende einer intensiven Studienwoche. Ich danke der Innsbrucker Theologischen Fakultät für die Bereitstellung eines Arbeitsplatzes in der Bibliothek, den Kolleginnen und Kollegen des dortigen Instituts für christliche Philosophie sowie Prof. Dr. Dr. Christian Tapp für anregende Gespräche in den Pausen und nach Feierabend – und last but not least dem Innsbrucker Jesuitenkolleg für die Herberge und die Gastfreundschaft, besonders aber Prof. Dr. Bruno Niederbacher SJ für die so überaus freundliche Betreuung in dieser Woche. Es ist ein guter Ort, um beim Durchsehen von Predigtmanuskripten und dem Abfassen einer Einleitung auch über das eigene Leben, den eigenen Weg nachzudenken. Danke!

Ob diese Predigten etwas taugen oder nicht, mögen andere beurteilen. Aber wenn es einen Menschen gibt, der mich das Schreiben gelehrt hat, dann ist das meine ehemalige Deutschlehrerin in der Oberstufe des Gymnasiums, Ingrid Müller. Wir stehen bis heute in Kontakt, und ich hoffe sehr, dass diese Texte vor ihrem prüfenden Blick Bestand haben werden! Und wenn es einen Menschen gibt, der mich heute lehrt, beim Predigen nicht stehen zu bleiben, sondern immer wieder neu auch hier den Weg ins Weite, ins Helle und Klare zu suchen, dann ist das der Würzburger Hochschulpfarrer Burkhard Hose. Unsere Spaziergänge sind mir stets eine Freude und von seiner Art, die Schrift auszulegen, lerne ich viel. Die ersten, die mich das Sprechen gelehrt haben – buchstäblich und im übertragenen Sinn – sind freilich meine beiden Eltern, Josef und Brigitte Mäder. Ihnen sei darum dieses Buch gewidmet, in Dankbarkeit und bleibender Verbundenheit.

Würzburg / Innsbruck, im Januar 2024
Matthias Remenyi

Advent und Weihnachtszeit

Sehnsucht und Wachsamkeit

Erster Sonntag im Advent, Lesejahr B
Jes 63,16b–17.19b; 64,3–7 // Mk 13,24–37

1 Sehnsucht nach dem Kommen Gottes

Was ist Ihr Lieblingslied in der nun beginnenden Adventszeit? Einer meiner Favoriten auf einen Spitzenplatz unter den schönsten Adventsliedern aller Zeiten ist: *O Heiland, reiß die Himmel auf.* Der Jesuit Friedrich Spee – berühmt geworden durch seinen Kampf gegen Hexenverfolgung und Folter – hat es im Jahr 1622 geschrieben, mitten in einer dunklen, winterlichen Zeit, als der 30jährige Krieg weite Teile Europas in Schutt und Asche legte und entsetzliches Leid über die Menschen dieser Zeit brachte. Es ist voller Sehnsucht nach dem kommenden, Heil schaffenden, die Welt zum Besseren wendenden Gott, und es schreit diese Sehnsucht förmlich heraus: »O Heiland reiß die Himmel auf, herab, herab vom Himmel lauf. Reiß ab vom Himmel Tor und Tür, reiß ab, wo Schloss und Riegel für.«

Was Spee da dichtet, hat seinen literarischen Ursprung in der ersten Lesung des heutigen Tages aus dem Buch Jesaja. Auch hier wird aus einer winterlichen Zeit heraus gebetet und gefleht, und es klingt fast so wie bei Spee: »Hättest du doch den Himmel zerrissen und wärest herabgestiegen, sodass die Berge vor dir erzitterten« (Jes 63,19b). In der alten Einheitsübersetzung ist die Parallele noch deutlicher: »Reiß doch den Himmel auf, und komm herab, sodass die Berge zittern vor dir« (Jes 63,19b; EÜ alt). Diese Verse stammen aus der Zeit nach dem babylonischen Exil, als der Tempel zu Jerusalem zwar wieder aufgebaut ist, die Erinnerung an Zerstörung und Vertreibung aber noch lebendig und die neuen Strukturen und Ordnungen noch nicht wieder konsolidiert sind. Aus ihnen spricht die gleiche Sehnsucht nach dem Kommen des Erlösers wie aus den zwei Jahrtausende später entstandenen Liedversen Spees: »›Unser Erlöser von jeher‹ ist dein Name« (Jes 63,16b) – »Du kamst dem entgegen, der freudig Gerechtigkeit übt, denen, die auf deinen Wegen an dich denken« (Jes 64,4).

2 Advent – Gott in Geschichte

Der Begriff Advent stammt her vom lateinischen *adventus* und bedeutet auf Deutsch Ankunft, Anbruch, Herannahen oder auch Erscheinung. Insofern ist der heutige Lesungstext aus dem 5. Jahrhundert vor Christus tatsächlich ein adventlicher Text, weil in ihm um die Ankunft des Gottes Israels, um sein erlösendes Wieder-Zurückkehren und um sein rettendes Entgegenkommen gebetet wird. Das Faszinierende daran ist für mich: Trotz aller eigenen Schuld und Untreue des Volkes, die eingestanden und offen bekannt werden, trotz allem augenscheinlichen Leiden an Gewalt und Ungerechtigkeit hält der Beter bei Jesaja an der unumschränkten Gottheit dieses Gottes fest. Gegen allen Augenschein wird seine Schöpfermacht gepriesen und seine Verantwortung für die Seinen eingeklagt: »Doch nun, Herr, du bist unser Vater. Wir sind der Ton und du bist unser Töpfer, wir alle sind das Werk deiner Hände« (Jes 64,7). Die eigene Verantwortlichkeit wird dabei zu keinem Moment geleugnet. Es ist die selbstverursachte Gewalt der eigenen Schuld, der sich das untreue Volk ausgeliefert sieht. Aber der Erlöser-Gott, um dessen Kommen so inständig gefleht wird, wird doch nicht aus der Geschichte herausgehalten. Er wird konfrontiert mit all dem Leid und all der Schuld, mit all dem geschichtlichen Schrecken. Das geht bis dahin, dass Gott eine Mitverantwortung für die Herzensträgheit und den Glaubensabfall des ganzen Volkes zugesprochen wird: »Warum lässt du uns, Herr, von deinen Wegen abirren und machst unser Herz hart, sodass wir dich nicht fürchten« (Jes 63,17)?

3 Mut zur Warum-Frage

In der Tat, es ist ein adventlicher Textabschnitt aus dem Buch Jesaja, den die Liturgie für uns heute bereithält. Aber es ist ein Text, der die Sehnsucht nach dem Kommen Gottes nie sentimental oder regressiv umkippen lässt, sondern der die Hoffnung auf das Kommende – besser: auf den Kommenden – verbindet mit einem wachen Blick für die Gegenwart und für die leidverursachenden Strukturen, die in ihr wirken und auf ihre Überwindung drängen. Es ist eine adventliche Sehnsucht, die da hinausgeschrien wird, eine Sehnsucht nach dem Neuen, Anderen, alles Verändernden. Aber es ist eine Sehnsucht, die sich traut, die Warum-Frage, die Frage nach den konkreten Ursachen mit zu thematisieren, und die sich darüber hinaus traut, in den Radius dieser Warum-Frage nicht nur den Menschen, sondern auch Gott selbst mit einzubeziehen. Auch wenn es paradox klingen mag: Gerade das flehentliche Gebet um das baldige Kommen Gottes holt diesen Gott bereits mitten hinein ins eigene Leben, nimmt ihn mitten hinein in die Geschichte und gibt ihm Raum im Hier und Jetzt.

4 Advent – Gott am Ende der Zeit

Ganz ähnlich verhält es sich mit dem Evangelium vom heutigen ersten Adventssonntag. Auch hier wird vom Kommen Gottes geredet. Das altgriechische Pendant zum lateinischen *adventus* heißt *parousia*. Wenn wir Christinnen und Christen von der Parusie Christi reden, dann drücken wir damit unsere Hoffnung aus, dass der auferstandene Christus am Ende der Zeit wiederkehren, unsere Welt und Geschichte in Güte und Wahrhaftigkeit zurechtbringen und in die Hände des Vaters legen wird, auf dass dieser dann alles in allem sein kann (vgl. 1 Kor 15,28). Auch im heutigen Tagesevangelium ist also von einer adventlichen Hoffnung die Rede, wenn auch nicht im prophetischen Ton des Jesaja, sondern im etwas anders gelagerten apokalyptischen Denkrahmen der Zeit um das Jahr 70 nach Christus herum, als dieser Text entstanden ist.

Der Evangelist Markus kleidet die Hoffnung auf die Wiederkunft Christi in für uns Heutige vielleicht fremde und verstörende Sprachbilder, die aber für die damaligen Leserinnen und Leser einen genau verstehbaren Sinn hatten. Deshalb dürfen wir z. B. das drastische Weltuntergangsszenario mit Sonnen- und Mondfinsternis und herabfallenden Sternen nicht als eine physikalische Prognose missverstehen, sondern wir müssen es lesen als Ausdruck des Glaubens an die schöpfungsweite Relevanz des Parusiegeschehens: Wenn Christus am Ende der Zeit wiederkehren wird, dann wird das nicht nur die Christinnen und Christen betreffen, sondern die ganze Schöpfung. Dann nämlich wird das vollendet werden, was in Leben, Sterben und Auferstehen des irdischen Jesus von Nazaret seinen definitiven und unumkehrbaren Anfang nahm: der Tod des Todes und das neue Leben aller Geschöpfe in Gott.

5 Wachsamkeit: Türhüter einer neuen Zeit

Das Missliche – ich habe es bereits angedeutet – an dieser adventlichen Sehnsucht ist, dass sie so leicht in kitschig-weltflüchtige Jenseitsromantik und in lähmende Resignation führen kann: Man muss halt irgendwie in diesem Jammertal ausharren, bis das erlösend Neue endlich irgendwann einmal losgeht. Darum ist es gut, dass das Evangelium vom heutigen Sonntag nicht nur die frohe Botschaft vom endzeitlichen Kommen Christi verkündet, sondern in eins mit dieser Adventshoffnung den Blick auf unser Tun und Lassen wirft. Denn der unbedingten Hoffnung auf die von Gott herkommende, frei geschenkte Erlösung von Mensch, Geschichte und Welt korrespondiert aufseiten der Glaubenden eine lebenspraktische Haltung, die der Evangelist Markus in einem Wort zusammenfasst: Wachsamkeit. Wachsam sollen wir sein und wach in unserer Hoffnung, uns nicht sentimental vertrösten und auch nicht resignativ stillhalten, sondern aufmerksam und sensibel die Zeichen der Zeit beobachten, um dem Kommen des Herrn nicht im Wege zu stehen. Wir Christinnen und Christen sind die Türhüterinnen und Türhüter einer neuen Zeit: Wir können das Wachsen des Reiches Gottes und die offenbare Gegenwart Gottes nicht herbeizwingen, und es ist die größte Versuchung von Fundamentalisten aller Couleur, es mit Gewalt herbeizwingen zu wollen. Aber wir haben den Auftrag und die Verantwortung, seinem Kommen nicht auch noch durch Feigheit, Ängstlichkeit oder Herzensträgheit die Tür vor der Nase zuzuschlagen.

6 Wachheit des Herzens: Porta patet – cor magis

Wer ein altes Zisterzienserkloster besucht, den empfängt an der Klosterpforte ein Spruch, der mich sehr berührt: *Porta patet, cor magis* – Das Tor steht dir offen, das Herz noch viel mehr. Das ist die Wachheit des Herzens, mit der die adventlich Hoffenden auf den Kommenden warten. Das sind der wache Blick auf die Anderen und der achtsame Umgang miteinander, die einer adventlichen Hoffnung entsprechen. »O Heiland, reiß die Himmel auf« … So darf eigentlich nur singen, wer zugleich bereit ist, die Tore des eigenen Herzens offen zu halten – offen für die Wahrheit des eigenen Lebens, offen für die begegnenden Anderen, offen für den sich möglicherweise zeigenden Gott. »Reiß ab vom Himmel Tor und Tür, reiß ab, wo Schloss und Riegel für« … So darf eigentlich nur singen, wer zugleich bereit ist, die Schlösser und Riegel des eigenen Herzens abzureißen oder von Gott immer wieder aufs Neue abreißen zu lassen. Das ist manchmal schmerzhaft, weil ein offenes Herz verletzbar macht. Denn es schärft den Blick für so manche unangenehme und verdrängte Wahrheit des eigenen Lebens, und es zerbricht den distanzierenden Filter zu fremder Not. Aber es ist die einzige Möglichkeit, die adventliche Erwartung nicht in ein religiöses Stillhalteabkommen umschlagen zu lassen. Wer nämlich so wartet, in Achtsamkeit, Wachsamkeit und mit einem offenen Herzen, der wartet nicht nur ab, sondern der wacht voll Sorge über seine Zeit, um die Vorzeichen der kommenden nicht zu übersehen. Dieses Warten ist aber keine passive Nötigung, sondern eine aktive, entschiedene und wirklichkeitsverändernde Tat.

So lädt die adventliche Hoffnung auf das Kommen Gottes dazu ein, selbst ein adventlicher Mensch zu werden. Das ist nicht auf die vier kurzen Wochen vor Weihnachten zu beschränken. Es ist ein Lebensprogramm. Aber, so scheint mir, keines der schlechteren Art.

Erstveröffentlichung: 2012

Von der Freude der Hoffnung

Dritter Sonntag im Advent, Lesejahr A
Jes 35,1–6b.10 // Mt 11,2–11

Gaudete, freut euch – so ist dieser dritte Adventssonntag in den liturgischen Büchern überschrieben. Er hat seinen Namen vom Eröffnungsvers der heutigen Eucharistiefeier, dem sogenannten Introitus: »*Gaudete* – Freut euch im Herrn zu jeder Zeit! Noch einmal sage ich: Freut euch! Denn der Herr ist nahe.« Ist das aber nicht ganz und gar paradox? Wie sollen wir uns heute, hier und jetzt »im Herrn« freuen, wenn er doch allererst »nahe« ist? Ein Leben in der Gegenwart des Zukünftigen; eine Hoffnung, die sich an dem erfreut, der als ein Kommender jetzt schon da ist – wie soll das gehen?

Was hier anklingt, hat mit der seltsamen Zeitstruktur zu tun, in der wir Christinnen und Christen leben. Gerade die Wochen des Advents, wörtlich übersetzt: der nahenden Ankunft des Herrn, führen uns das mit ihren wunderbaren liturgischen Texten eindrücklich vor Augen. Einerseits nämlich sind wir voll Hoffnung auf das, was da kommen soll. Die Liturgien sind durchtränkt mit Sehnsuchtsgeschichten. Sie erzählen von den großen Verheißungen Gottes an sein Volk. Es sind Bilder der Hoffnung, die uns Visionen glückenden und sinnerfüllten Lebens vor Augen führen, Ahnungen und Ankündigung der messianischen Zeit, einer Zeit des Friedens und des Heils für Mensch und Natur. So wie in der heutigen Lesung aus dem Buch Jesaja: Die Wüsten werden wieder aufblühen, Verzagte Mut fassen, Blinde wieder sehen, Lahme gehen und Stumme aufjauchzen. Denn der Herr selbst wird kommen und uns erretten. Auch das Christusereignis, zu dem wir uns bekennen, hebt diese alttestamentlichen Verheißungen nicht auf. Sie bleiben weiterhin in Kraft, weil sie einen Horizont der Hoffnung aufreißen, der über unsere Weltzeit hinausreicht. Auch wir Christinnen und Christen zehren auf unserem Weg durch die Zeit von dieser alles umfassenden Hoffnung auf Vollendung.

Gleichwohl eignet unserer Hoffnung ein wesentlich präsentischer Zug. Das ist der Kern des heutigen Evangeliums: In Jesus von Nazaret sind die uralten Verheißungen wahr geworden. Endgültig. An seinen Zeichenhandlungen und Wundertaten, aber auch an seiner Verkündigung der frohen Botschaft ist erkennbar, dass die Gottesherrschaft nahe herbeigekommen, dass sie schon angebrochen und mitten unter uns gegenwärtig ist. Mehr noch: Er selbst ist das Reich Gottes in Person. Er ist der Christus Gottes, der endzeitliche Messias, der Gesalbte. In ihm hat Gott Wohnung genommen auf unserer Erde, ein für alle Mal. In ihm hat Gott selbst sich uns mitgeteilt und als Liebe geoffenbart, unüberbietbar. In seiner Auferweckung ist selbst der Tod, die schärfste aller Gegenutopien (Ernst Bloch), entmachtet. Unsere Hoffnung ist Jesus Christus. So hat sie einen Anker in der Vergangenheit und einen Haftpunkt in der Gegenwart. Sie ist kein leeres Existential, das uns hierhin und dorthin und oft genug in die Irre treibt. Sondern sie ist, eben weil sie in Christus gründet, eine erfahrungsgesättigte, eine inhaltlich gefüllte Hoffnung, die gleichwohl nach vorne hin offen ist. Papst Benedikt XVI. bringt dieses eigentümliche Zeiterleben der Christinnen und Christen im Glauben wie folgt ins Wort: »Gott hat sich in Christus gezeigt [...], und so erhält das Warten auf Gott eine neue Gewissheit. Es ist Warten auf Kommendes von einer schon geschenkten Gegenwart her. Es ist Warten in der Gegenwart Christi« (Enzyklika *Spe salvi*, Nr. 9).

Gerade der Advent lässt hautnah spüren: Wir leben in einer Zeit des Schon und des Noch-nicht, finden uns wieder in einer Spannung zwischen der Endgültigkeit und der Vollendung (Thomas Pröpper) der Heilszusage Gottes in Jesus Christus. Der Glaube an den Gekommenen zieht die Hoffnung auf die noch ausstehende Vollendung ins Heute, ins Hier und Jetzt hinein. So fordert er uns zur Entscheidung heraus, immer wieder aufs Neue: Auf was will ich wirklich setzen in meinem Leben? Welche Erfahrung soll mein Leben bestimmen dürfen? Die Not der vielen Tode, der Schuld und all der Leiden, denen wir ausgesetzt sind, oder die Zeichen der Hoffnung, die aufgerichtet sind und die es zu entdecken gilt?

Erstveröffentlichung: 2014

Siehe, ich bin die Magd des Herrn

Vierter Sonntag im Advent, Lesejahr B
Lk 1,26–38

I.

Vor Jahren habe ich einmal Besinnungstage in einem Exerzitienhaus in Siegburg bei Bonn verbracht. Es war angegliedert an das dortige Benediktinerkloster auf dem Michaelsberg. Die Mönche sind inzwischen weggezogen, aber das Exerzitienhaus gibt es immer noch. In der dortigen Hauskapelle befindet sich in einer kleinen Seitennische ein Marienbild, das mich damals sehr berührt hat. Es ist – wie fast alle Marienbilder – ganz in Blau, der Farbe der Himmelskönigin, gehalten. Sonst aber hat es nichts gemeinsam mit den Bildern von Maria, die wir so kennen. Maria ist als eine junge, moderne Frau von heute gezeichnet. Lässig sitzt sie auf einem Stuhl, der rechte Fuß auf einer Sprosse aufgestützt, der linke Arm oben auf der Lehne aufruhend angewinkelt. Ihren Kopf hat sie nachdenklich in die Hand gestützt. Sie trägt eine enge graue Jeans, blaue Sneakers und ein schlichtes blaues T-Shirt. Auf dem linken Bein liegt aufgeschlagen ein Buch, der Blick ist nachdenklich ins Weite gerichtet.

Dieses Bild hat mich, als ich davorstand, sehr bewegt, weil es durch seine Komposition mit einem Schlag die 2000jährige Distanz zwischen mir und dieser jungen Frau aus Nazaret überbrücken konnte. Ich hatte mit Maria nie viel am Hut, denn ich gehöre einer Generation an, die nicht mehr wie selbstverständlich mit Rosenkranz und Maiandachten aufgewachsen ist. Und später, im Studium dann, war mir Maria immer irgendwie suspekt, weil sie jahrhundertelang als das Markenzeichen des Katholischen schlechthin auch als Bollwerk gegen die evangelische Kirche herhalten musste. Dann, in Siegburg in dieser Kapelle, mit dem Bild dieser jungen Frau konfrontiert, brach unmittelbar die Frage auf: Wer ist Maria für mich? Welche Rolle spielt sie in meinem Glauben?

II.

Ich möchte heute mit Ihnen über diese Frage nachdenken: Wer ist Maria für uns heute? Was hat sie uns zu sagen? Das Evangelium vom heutigen Tag kann uns dabei eine Hilfe sein, denn es führt mitten in diese Frage hinein. Die Szene der Verkündigung des Engels an Maria mit der Botschaft, dass sie ein Kind von Gott her bekommen wird, sodann die Beziehungsdynamik zwischen Maria und dem Gottesboten, die sich da abspielt, und dann vor allem die letzte Antwort Marias – das sind die Grundpfeiler des Nachdenkens über Maria schlechthin. Sie geben Aufschluss über die Person Marias und über die Bedeutung, die sie auch heute für uns haben kann.

Es geht dabei nicht so sehr um die Frage der Jungfräulichkeit, an der man sich so gerne aufhält – ob dieses Wort biologisch oder in einem übertragenen Sinn, theologisch zu verstehen ist. Das ist nicht der Punkt. Entscheidend ist vielmehr, wie Maria mit dieser durch den Engel vermittelten Gottesbegegnung umgeht. Die erste Initiative kommt von der Seite Gottes: Du bist begnadet, bist von Gott gesegnet, Gott ist mit dir. So redet der Engel Gottes, so redet Gott selbst Maria an. Aber Maria erschrickt. Wieder folgt eine göttliche Ermutigung: Hab keine Angst, fürchte dich nicht. Es ist schon erstaunlich: Wo immer in der Bibel es wirklich ernst wird, an den Nahtstellen der Heilsgeschichte Gottes mit seinem Volk, da steht diese tröstende Zusage Gottes. Hab keine Angst, fürchte dich nicht. Ich, dein Gott, bin auf deiner Seite, ich begleite dich auch auf Wegstrecken deines Lebens, deren Sinn sich dir nicht erschließt. Denn ich bin dein Gott, und für Gott ist nichts unmöglich. Schließlich, am Ende des Gesprächs, folgt der alles entscheidende Satz

Marias: »Siehe, ich bin die Magd des Herrn; mir geschehe, wie du es gesagt hast« (Lk 1,38).

»Siehe, ich bin die Magd des Herrn; mir geschehe, wie du es gesagt hast« (Lk 1,38): Das ist der eigentliche Kern, das Destillat des Marienglaubens der Kirche. Alle Sätze über Maria, die die Kirche im Laufe ihrer Geschichte gelehrt hat, haben letztlich in dieser einen Antwort Marias an den Engel ihren Ursprung und ihren bleibenden Haftpunkt.

III.

»Siehe, ich bin die Magd des Herrn; mir geschehe, wie du es gesagt hast« (Lk 1,38). Was kann das für uns heute bedeuten, jenseits all der Dogmen und jenseits des theologiegeschichtlichen Ballasts? Drei Dinge scheinen mir wichtig zu sein. Der erste Punkt: Man hat Generationen insbesondere von Frauen eingeredet, sie müssten sein wie Maria, stumm und demütig, duldsam, gehorsam und passiv – eben die Magd des Herrn. Blicken wir genauer hin, dann sehen wir, dass das Gegenteil der Fall ist. Die Maria der Verkündigungsszene, die uns der Evangelist Lukas vor Augen stellt, ist durchaus selbstbewusst. Ihr Gesprächspartner ist ja nicht irgendwer, sondern der Engel Gottes. Trotzdem äußert sie ihr Unverständnis, fragt nach, bezieht Gegenposition. Und erst als sie wirklich überzeugt ist, erst, als sie mit Herz und Hirn ja sagen kann, gibt sie dieses Ja-Wort. Ich glaube, dass das Marienbild in der Siegburger Exerzitienkapelle ganz realistisch gemalt ist. Diese junge Frau aus Nazaret ist eine kluge, selbstständige, emanzipierte und frei denkende Person gewesen. Und kritisch obendrein. Lesen Sie einmal das *Magnificat*, das Loblied der Maria auf Gott, das sie bei ihrer Cousine Elisabet anstimmt, auf dieser Folie durch. Die Kirche betet es in ihrem Abendlob Tag für Tag: »Meine Seele preist die Größe des Herrn [...]. Er [...] stürzt die Mächtigen vom Thron und erhöht die Niedrigen. Die Hungernden beschenkt er mit seinen Gaben und lässt die Reichen leer ausgehen« (Lk 1,46–53). Stumm, still, brav und passiv klingt irgendwie anders.

Mein zweiter Punkt: Dieses Ja zu Gott, das Maria spricht, das Ja zu seinem Willen und zu seinen Plänen mit ihr, das steht nicht allein für sich da. Es ist nicht einfach so damals gesagt und dann für immer verklungen. Vielmehr sind wir alle mit hineingenommen in dieses Ja Marias zu Gottes guter Geschichte mit uns Menschen. Maria ist in diesem Hören auf Gottes Willen das Urbild der Kirche schlechthin, sie ist der *typus ecclesiae*. An ihr lässt sich ablesen, was Kirche ist und was Kirche sein soll, weil sie diesem Ideal oft genug Lichtjahre hinterherhinkt. Wie Maria mit ihrem Ja-Wort zu Gott, so soll auch die Kirche sich ganz durchlässig machen auf Gottes Ja zur Welt, so soll auch die Kirche ein – wie es das Zweite Vatikanische Konzil in der Kirchenkonstitution *Lumen gentium* ausdrückt – Sakrament der Liebe Gottes werden, Zeichen und Werkzeug dafür, dass Gottes Menschenfreundlichkeit aufscheinen kann in unserer Zeit (vgl. LG 1). Es geht nicht darum, sich klein zu machen. Sondern es geht darum, sich in Dienst nehmen zu lassen. Das ist etwas ganz anderes. Wie Maria, so sollen wir in unserem je eigenen Ja zu Gott, an unserem je eigenen Platz das je Unsere dazu tun, dass er Wohnung nehmen kann mitten unter uns.

Und das führt mich zu meinem dritten und letzten Punkt. Diese junge Frau ist durch ihr Ja zur Botschaft des Engels die Muttergottes geworden. Sie hat mit ihrem »Mir geschehe, wie du es gesagt hast« (Lk 1,38) aus freiem Willen zugestimmt, den zur Welt zu bringen, der doch selbst diese Welt und alles, was in ihr ist, in seinen guten Händen hält. Nun können wir schwerlich Maria darin nacheifern, Mutter des Herrn zu werden. Aber es gibt in der christlichen Mystik einen Gedanken, der etwas ganz Ähnliches formuliert. Da ist nämlich die Rede von der Christusgeburt in unseren Herzen. So wie Maria das Kind unter ihrem Herzen trug und zur Welt brachte, so sollen wir Christus in unseren Herzen tragen, damit er auch durch uns zur Welt kommen kann – zwar nicht in einem biologischen Sinn, aber dafür nicht weniger real und wirklich.

Christus im eigenen Herzen tragen und ihn so zur Welt kommen lassen – das wird für jeden und jede etwas anderes bedeuten, weil jeder Mensch und damit jeder Glaubensakt, jede Gottesbeziehung einzigartig ist. Wenn ich an die Geschichte denke, die dieser Jesus genommen hat, dann sollte man es sich aber in keinem Fall irgendwie inniglich-romantisch und weltabgewandt vorstellen. Für den einen mag es bedeuten, immer wieder aufs Neue mit seinem Glauben zu ringen, die Zweifel auszuhalten und trotzdem ja zu sagen. Für eine andere kann es heißen, wie Maria den Protest über die Ungerechtigkeiten dieser Welt laut hinauszuschreien, die Füße in den Dreck der Zeit zu stemmen und Sand im Getriebe der Mächtigen zu sein. Die Wege, Christus im Herzen zu tragen und ihn so zur Welt kommen zu lassen, sind so vielfältig, wie es Menschen gibt. Suchen Sie den Ihrigen. Gott gebe Ihnen seinen Segen dazu.

Gehalten am 20./21.12.2014 in St. Ludwig, Berlin/Wilmersdorf

Es ist heilige Nacht

In der Heiligen Nacht
Lk 2,1–14

I.

Es ist heilige Nacht. Wie auch immer Sie heute Abend hier sind, was auch immer Sie ganz persönlich mit diesem Fest verbinden, nehmen Sie sich doch einen Augenblick Zeit und stellen Sie sich vor, es wäre wirklich so: Heute ist Weihnacht. Nicht nur als ein Fest, das seit Jahrhunderten in unserem Kulturkreis eingewurzelt ist. Nicht nur als eine kulturelle Übereinkunft, die wir – emotional zuhöchst aufgeladen und wirtschaftlich von erheblicher Bedeutung – Jahr für Jahr erneut miteinander begehen. Nein, stellen Sie sich doch einen Moment lang vor, es wäre so, dass all das eine Mitte hat, dass all das wirklich den Kern in sich trägt, den der Name anzeigt: Heute ist eine geweihte Nacht, eine heilige Nacht, weil sie uns an die Nacht erinnern will, in der Gott selbst sich an seine Welt weggeschenkt hat – damals, vor über 2000 Jahren, in einem Bretterverschlag oder unter einem Felsverhau irgendwo in Judäa, damals, als sich der Schrei eines neugeborenen Kindes unter das Blöken der Schafe und das Scharren und Kauen der Rinder mischte.

Stellen Sie sich einen Augenblick lang einmal vor, es wäre also wahr, was die uralten Geschichten, die vielen Lieder und Gesänge, die festlichen Liturgien nun seit vielen Hunderten von Jahren erzählen – Jahr um Jahr stets aufs Neue – in dieser geheimnisvollen Nacht: Es gibt einen Gott, der diese Welt und alles, was sich auf ihr regt, geschaffen hat. Es gibt einen Gott, der uns gut will, der die Menschen liebhat. Und dieser Gott hat Wohnung genommen auf seiner Erde und ist selbst ein Mensch geworden, dort in jenem Stall in Judäa, in dieser so besonderen Nacht, in der Augustus römischer Kaiser und Quirinius sein Statthalter von Syrien war.

II.

Gesetzt den Fall, es wäre wirklich wahr: Gott wird Mensch, einer von uns. Gottes Ewigkeit taucht ein in unsere Zeit. Der Ewig-Ungewordene nimmt unsere Natur an, wird ein Teil unserer Werde-Welt – und hört doch nicht auf, Gott zu sein. Wir könnten uns so annehmen, wie wir sind: in unserer unveräußerlichen Würde als jene Geschöpfe, die Gottes Angesicht tragen, weil sie Gott selbst als ein Kind unter ihren Kindern aufwachsen sahen.

Wir könnten uns so annehmen, wie wir sind: endliche, schwache Menschen, weil Gott selbst ein endlicher, schwacher Mensch geworden ist. So wäre auch unsere Vergänglichkeit, unsere Begrenztheit von Gott geadelt. Er hätte sie ja selbst getragen. Sogar unsere eigenen Abgründe, all die Dunkelheiten in uns, die uns erschaudern lassen vor uns selbst – das Kind in der Krippe würde sie von innen her hell werden lassen und zum Strahlen bringen. Denn wäre Gott selbst eingetaucht in diese Welt, so wäre kein Ort auf ihr – und wäre es auch unser eigenes Herz – wirklich gottlos. Wir könnten es endlich mit uns selber aushalten, könnten Frieden schließen mit uns selbst. Wir könnten uns so annehmen, wie wir sind, in unserer Würde und in unserem Jammer. Weil Gott selbst uns angenommen hat.

Gesetzt den Fall, es wäre wirklich wahr: Gott wird Mensch, einer von uns. Es wäre gewiss kein romantischer Schießbudenzauber, kein glanzvoller Triumphmarsch durchs Leben. Kein Zufall, dass die uralten Geschichten von einem Viehunterstand erzählen und von einem Futtertrog, der als Kinderbett dienen muss. Der Anfang bietet einen Vorgeschmack auf das Ende. Das menschliche Dasein Gottes in der Zeit: Es begänne zwischen Schafsgestank und Kuhdung und endete zwischen zwei Schwerverbrechern am Folterbalken, verlacht, geschunden und zu Tode gequält. Doch wäre eben das das Wunder hinter allen Wundern, die Rettung, auf die wir warteten, die Erfüllung der tiefsten Sehnsucht, die uns von jeher treibt. Wir bräuchten keine Angst mehr zu haben – vor dem Leben nicht, und auch nicht vor dem Sterben. Denn es gäbe schlechterdings nichts mehr, das nicht erfüllt wäre von Gottes Geist und Nähe. Auch in den fahlen Dämmer unserer Not und unseres Kummers, mitten in die Nächte unserer Ängste und in die Dunkelheiten unserer Schuld hinein schiene das Licht dieses Kindes, das alles hell machte. Und selbst im Ende dürften wir gewiss sein: Gott ist da. Gott geht mit. Gott trägt hindurch.

Was der Engel im Evangelium zu den Hirten sprach, er hätte es zu uns gesprochen: »Fürchtet euch nicht, denn siehe, ich verkünde euch eine große Freude, die dem ganzen Volk zuteilwerden soll« (Lk 2,10). Wenn Gott ein Mensch würde – wir bräuchten keine Angst mehr voreinander zu haben. Der Mensch wäre nicht länger des Menschen Wolf, sondern wir wären einander Sakrament der Liebe Gottes: Zeichen und Werkzeuge seiner Menschenfreundlichkeit und Güte. Wir wären frei, aufeinander zuzugehen, wären frei, einander von ganzem Herzen gut sein zu lassen. Wir könnten einander wachsen lassen ohne Angst haben zu müssen, uns selbst und unser Eigenes dabei zu verlieren. Es könnte wirklich werden, was die himmlischen Heere damals über dem Feld gesungen haben sollen: »Ehre sei Gott in der Höhe und Friede auf Erden den Menschen seines Wohlgefallens« (Lk 2,14).

III.

Kann das denn wahr sein? Kann in diesem großen Sinne heute Weihnacht sein, heilige Nacht, geweihte Nacht? Eine Gewissheit in der Weise, wie wir Gewissheit darüber haben, dass zwei und zwei in der Summe vier ergibt, hat niemand. Auch die Allerfrömmste weiß im Letzten nicht zu sagen, ob sich unser Glaube, um den wir hier und jetzt jeden Tag aufs Neue zu ringen haben, dereinst vor Gottes Angesicht bewahrheiten wird. Aber die letzte Gewissheit, dass all das nicht der Fall ist, hat auch niemand. So gehört der Zweifel zum Glauben wie zum Unglauben dazu. Er ist uns eingeschrieben in unser Menschsein, denn er ist das notwendige Gegenstück zu dem, was uns allererst zu Menschen macht: der Fähigkeit zu glauben, zu hoffen und zu lieben, unser Herz zu verschenken und einem anderen, einer anderen ganz zu vertrauen.

Auch für uns, die wir den Glauben suchen, ist der Zweifel deshalb ein wertvolles Zeichen auf unserem Weg, das wir nicht geringschätzen sollten. Er gemahnt uns an unsere Endlichkeit und bewahrt uns so vor der Überheblichkeit, diesen Gott und den

Glauben an seine Menschwerdung wie einen Besitz zu handhaben, über den wir verfügen könnten. Jede Träne, jedes Leid, jede Ungerechtigkeit im Kleinen wie im Großen scheinen dagegen zu sprechen. Aber jedes Kinderlachen reißt immer wieder aufs Neue den Himmel für uns auf und holt ihn herab auf die Erde.

So lache niemand über diesen Traum von Weihnachten, den wir Christinnen und Christen in uns tragen! Denn er ist das Kostbarste, was wir zu träumen vermögen. Weil er groß vom Menschen denkt, indem er ihn endlich Mensch sein lässt. Weil er lehrt, an unseren Ängsten zu arbeiten. Weil er die Hoffnung auf Frieden, auf Heil und Heimat zum Ausdruck bringt. Die alten Verheißungen, von denen heute Nacht gesungen wird: Sie sind das Menschlichste, was wir in unserem Menschsein zu bieten haben.

IV.

Ist heute Weihnacht, geweihte Nacht, heilige Nacht? In dieser Frage schwingt eine andere mit: Auf was will ich setzen in meinem Leben? Worauf will ich vertrauen? Woran will ich mein Herz drangeben – an all die Ängste in mir? An das Absurde in unserer Welt? Oder an die Sehnsucht, die in mir ist und mich umhertreibt? Sie verweist mich auf das Zeugnis all der Menschen durch die Jahrhunderte hindurch, die vor mir auf diesem Weg gegangen und mit ihrem Leben für diesen Glauben eingestanden sind. Denen will ich trauen, meinem Gott will ich trauen und so lernen, am Ende vielleicht auch mir und meiner Hoffnung zu trauen. Immer mehr. Immer tiefer. Immer wahrhaftiger.

Es ist heilige Nacht.

Gehalten am 24.12.2013 in St. Ludwig, Berlin/Wilmersdorf
Erstveröffentlichung (leicht modifiziert): 2024

Das Wort ist Fleisch geworden und hat unter uns gewohnt

Weihnachten am Tag
Joh 1,1–18

I.

Wie stehen Sie zu Weihnachten? Gehören Sie zu jenen, für die Weihnachten eine ganz besondere Zeit ist, auf die Sie sich schon Wochen zuvor gefreut haben? Ein großes und besinnliches Fest am Ende des Jahres, das mit seinen uralten Bildern und Geschichten, mit seinen ganz eigenen Gerüchen und Gebräuchen einen unergründlichen Zauber verbreitet und das so eine heilsame Unterbrechung im Alltagstrott markiert? Oder gehören Sie zu jenen, die mit einer gewissen Sorge auf diese vermeintlich schönste Zeit des Jahres blicken – sei es, weil in all dem weihnachtlichen Glanz eigene Not und Einsamkeit umso bitterer bewusst werden; sei es, weil an diesen Tagen familiäre und verwandtschaftliche Gruppendynamiken mit Wucht durchzubrechen pflegen und sich dann nur äußerst schwer kontrollieren lassen; oder sei es, weil Ihnen das Gefühlige dieser Tage schlicht auf den Wecker geht?

Zählen Sie sich zur ersten Gruppe, dann seien Sie von ganzem und ehrlichem Herzen beglückwünscht! Den Weihnachtsskeptikern unter Ihnen aber sei zum Trost das Evangelium vom heutigen ersten Weihnachtstag anempfohlen: kein Wort von Stall und Krippe, vom kleinen Kindelein in Windeln gewickelt, von Hirten und ihren Herden, schon gar nichts von himmlischen Heerscharen und Engelhalleluja. Stattdessen: »Im Anfang war das Wort und das Wort war bei Gott und das Wort war Gott« (Joh 1,1). Eine Weihnachtsbotschaft? Im griechischen Original heißt es: Im Anfang war der *logos*. Gemeint ist damit nicht nur das gesprochene Wort, sondern all das, was mit der Bildung von Worten, mit Sprache und mit geistigen Vollzügen überhaupt zu tun hat; die Vernunft und der Verstand, der Sinn, der vernünftige Gehalt und Grund der Sache, die in Rede steht. Und dieser *logos*, so sagt uns der Evangelist Johannes heute, ist Gott.

II.

Das ist vielleicht die erste, oft übersehene Weihnachtsbotschaft, die die Liturgie uns heute schenkt: Wenn Christinnen und Christen Weihnachten feiern, dann hängen sie keinem Mythos an, sondern einem durch und durch vernunftgemäßen Geschehen, weil Gott selbst durch und durch vernünftig ist. Was nicht gedacht werden kann, das darf auch nicht geglaubt werden. Das gilt auch und gerade für Weihnachten. Auch der Weihnachtsglaube ist keine Mirakelfrömmigkeit und keine Gefühlsduselei, sondern ein vertrauendes Sich-Festmachen des ganzen Menschen – mit Herz und Hirn – an der Person dessen, von dem das Evangelium heute sagt, er sei das Licht, das in die Welt gekommen ist und jeden Menschen erleuchtet. Jeden. Auch den Weihnachtsskeptiker, die Weihnachtsskeptikerin.

»Und das Wort ist Fleisch geworden und hat unter uns gewohnt« (Joh 1,14). Mit dieser knappen Formulierung übersetzt der Evangelist Johannes nun die bilderreichen und legendarisch ausgestalteten Kindheitserzählungen des Matthäus und Lukas. Wir brauchen beides, das farbenfrohe Bild und den dürren Begriff, um uns dem Geheimnis von Weihnachten nähern zu können: Der heute verlesene Prolog des Johannesevangeliums hilft uns, den Sinn und Gehalt der Weihnachtsgeschichte besser zu verstehen. Aber ohne die Erzählungen der heiligen Nacht, die so viele und so tief verborgene Schichten in uns zum Klingen gebracht haben, liefen wir Gefahr, im Verkopften stecken zu bleiben.

III.

»Und das Wort ist Fleisch geworden und hat unter uns gewohnt« (Joh 1,14). Dieser Satz von Weihnachten ist ein Satz über Gott. Gott ist personal, Gott ist Beziehung und Leben. Gott wird Mensch und trägt ein menschliches Antlitz. Er verwandelt sich nicht in einen Menschen, und schon gar nicht verkleidet er sich als ein Mensch. Auch in seiner Menschwerdung bleibt Gott – Gott. Aber er offenbart sein innerstes Sein und Wesen in der Person, in der Botschaft und dem Geschick dieses Jesus aus Nazaret – von Anfang an. Gott wird nicht etwas in der Weise, wie wir etwas werden. Aber er legt seine ganze Gottheit in das Werden dieses einen Menschen. So trägt Gottes Ewigkeit von Anfang an einen Zeitindex bei sich: Gott west nicht zeitjenseitig irgendwo, sondern in Jesus von Nazaret taucht er ein in unsere Zeit und wird ein Teil unserer Geschichte. Weihnachten besagt: Gottes Ewigkeit hat einen Haftpunkt in unserer Welt; dort, an einem ganz konkreten Ort in Judäa und genau zu der Zeit, als Augustus Kaiser und Quirinius Statthalter von Syrien war, eben dort und eben dann wollte er sich finden lassen.

Der ewige, ungewordene, geheimnisvoll lebendige Gott will sich am anderen seiner selbst, am Endlichen und Geschöpflichen zu erkennen geben. Nicht die Zentren der Macht hat er sich erwählt, sondern ein Kaff am Ende der Welt. Und nicht in glanzvollen Palästen wollte er zur Welt kommen, sondern in einem Viehunterstand, inmitten von Dreck, Gestank und Kot. Dies ist die seltsame, nach unseren Maßstäben so verquere Herrlichkeit Gottes, die uns an Weihnachten erscheint: So groß ist er, dass er ein Kind werden kann. So unverlierbar bei sich ist er, dass er sich ganz und gar verschenken kann. So unantastbar heilig ist er, dass er das Kleine, das Unscheinbare, das Verlorene und Verworfene erwählt, um seine Gottheit aufstrahlen zu lassen. Zwischen Krippe und Kreuz ausgespannt liegt der Weg Gottes in die Niedrigkeit unserer Welt, und im Schrei der Geburt klingt der Schrei der Verlassenheit am Karfreitag schon mit.

IV.

»Und das Wort ist Fleisch geworden und hat unter uns gewohnt« (Joh 1,14). Dieser Satz von Weihnachten ist ein Satz über den Menschen. Unter uns hat er gewohnt, unter uns hat er sein Zelt aufgeschlagen. Gott ist ein mitgehender Gott, ist mit uns unterwegs durch die Zeit und wandert an unserer Seite. Mehr noch: In Jesus Christus wird er einer von uns, in allem uns gleich, außer der Sünde. Gott trägt ein menschliches Antlitz, und so leuchtet in jedem Menschengesicht, wie zerfurcht und geschunden es auch sein mag, Gottes Ebenbildlichkeit auf. In diesem Kind im Stall sind alle Menschen aller Zeiten zu Kindern Gottes angenommen, unendlich wertvoll, gottgeliebt und mit unveräußerlicher Würde. Mit dem Kind in der Krippe dürfen wir unser eigenes Menschsein annehmen, unser Dasein uns neu schenken lassen: Es ist gut, dass du bist. Denn seit Weihnachten haben auch unsere Endlichkeit und Begrenztheit einen eigenen Wert und Würde, weil Gott selbst sie angenommen hat.

Deshalb strahlt aus dieser heiligen Nacht ein so geheimnisvoller Glanz. Deshalb verbreitet dieses Fest eine so unergründliche Hoffnung, die noch durch allen Kitsch und Konsum hindurch spürbar bleibt: In diesem einen Menschen sind alle Menschen aller Zeiten von Gott angenommen, erlöst und befreit. Gott wurde Mensch, damit der Mensch vergöttlicht werde, so heißt es seit alters her bei den Kirchenvätern. Gott wurde Mensch, nicht damit wir zu kleinen Göttern werden, sondern damit wir in und mit dem Kind im Stall am Lebensraum, an der Lebensfülle Gottes teilhaben und so Heil und Rettung erfahren.

V.

»Und das Wort ist Fleisch geworden und hat unter uns gewohnt« (Joh 1,14). Gott wurde Mensch, damit wir endlich zu wahrhaft menschlichen Menschen werden können. So ist der Satz von Weihnachten schließlich ein Satz über unser Miteinander. Die Menschlichkeit Gottes heißt uns gegen jede Form der Unmenschlichkeit aufstehen. »Ich steh an deiner Krippe hier, o Jesu, du mein Leben«, singen wir und wissen doch: Wenn das stimmt, wenn das Kind in der Krippe wahrhaft unser Leben, ja das Leben der ganzen Welt ist, dann ist Weihnachten über den Tag hinaus von Bedeutung. Dann ist Weihnachten nicht einfach ein besinnliches Fest, sondern ein Lebensprogramm.

Mitten in die Stille der heiligen Nacht hinein, mitten in das Halleluja der Engel am Weihnachtsmorgen dringt der erste Schrei des Neugeborenen in die Welt. Und in diesen ersten, kindlichen Schrei ist der Schrei des Protestes gegen alle Verkürzungen des Menschseins, gegen alles Viehische unserer Geschichte unüberhörbar mit eingezeichnet. Weil es aber der Schrei des Gottessohnes ist, weil Gott selbst es ist, der da rot und runzlig zwischen Marias Schenkeln liegt, deshalb geht von diesem Stall eine Hoffnung aus für alle Welt, für jeden Menschen. Eine große Freude ist uns verkündet, die dem ganzen Volk zuteilwerden soll. Fürchtet euch nicht!

Gehalten am 25.12.2012 in St. Ludwig, Berlin/Wilmersdorf

Auf den zweiten Blick

Fest der heiligen Familie, Lesejahr A
Mt 2,13–15.19–23

Meistens stellen sich die Dinge ganz anders dar, wenn man einmal an der glatten Oberfläche kratzt und etwas tiefer bohrt. Vieles, das uns strahlend schön erschien, entpuppt sich als von innen hohl und leer. Manches aber, das wir schon als allzu seicht beiseitelegen wollten, zeigt erst bei näherer Betrachtung seinen eigentlichen, tiefen und reichen Sinn. Beides braucht sich, so seltsam es klingen mag, gar nicht auszuschließen.

Viele Menschen empfinden mit Blick auf das Weihnachtsfest nämlich ganz ähnlich. Sie fühlen sich abgestoßen von dem Kitsch, dem Glimmer und Glitzer, der alles zu überlagern scheint. Es kommt ihnen vor wie eine Flucht in eine seltsame Sonderwelt, mit viel Kerzen, Stiller Nacht und blanken Kinderaugen. Im eigenen Zuhause, in der eigenen Familie gibt es aber oft genug keine blanken Kinderaugen, sondern Ärger und Krach grad an Heiligabend, weil das Fest mit Erwartungen an eine heile Familienidylle so überfrachtet ist, dass man daran nur scheitern kann. Für diese Menschen ist Weihnachten hohl und leer – eine verlogene Inszenierung.

Erst auf den zweiten Blick – allmählich, langsam – kann die Botschaft des Evangeliums aufscheinen; kann der Sinn dessen zutage treten, was es heißt, dass ein Kind in eine Krippe hineingelegt wird. Der Erlöser der Welt wird inmitten von Kuhdung und Schafsgestank gebettet. Hier wird eine Armut beschrieben, die nichts, aber auch gar nichts von blanken Kinderaugen erwarten lässt. Vielmehr ist in der Krippe schon das Kreuz vorgezeichnet, an dem dieses Kind dereinst elendig ersticken wird. Erst auf den zweiten Blick wird der tiefe und reiche Sinn von Weihnachten deutlich: dass Gott ein Mensch werden wollte, um auch die bitterste Armut und Ohnmacht mit uns zu teilen – und uns gerade so zu erlösen.

Mit dem Fest der heiligen Familie, das wir heute feiern, verhält es sich genauso. Die Verehrung der heiligen Familie ist ein neuzeitliches Phänomen, das dann im 19. Jahrhundert eine weite Verbreitung erfährt. Als Reaktion darauf wird im Jahr 1920 von Papst Benedikt XV. der Festtag der heiligen Familie für die ganze Kirche verbindlich eingeführt. Er soll ein Bollwerk bilden, das das Ideal der bürgerlichen, vom christlichen Geist durchdrungenen Familie gegen die massiven Traditionsabbrüche der Moderne insgesamt, besonders aber der industriellen Revolution, schützt und neu zur Geltung bringt. Gewiss trägt auch die Sehnsucht nach Geborgenheit und heiler Welt angesichts der Verwüstungen des Ersten Weltkriegs das Ihrige dazu bei.

Doch bei näherer Betrachtung der Schrift zeigt sich auch hier: Das biedermeiersche Konstrukt von der perfekten, harmonisch beisammenstehenden Familie wird als Illusion entlarvt. Das heutige Evangelium macht unmissverständlich klar, dass an der Heiligkeit zumindest *dieser* Familie nichts, aber auch gar nichts romantisch Besinnliches ist. *Diese* Familie zumindest steht unter dem denkbar höchsten Außendruck, sie wird buchstäblich mit dem Tod bedroht. Das Kind und seine Eltern werden zu Geflüchteten, gezwungen, die Heimat zu verlassen und ins Exil zu gehen. Sie teilen damit das Schicksal vieler Propheten und Glaubenszeugen in Israel, angefangen von Abraham und Lot, über Josef und in gewisser Weise auch Mose – bis hin zum Volk Israel selbst, das dann ausgerechnet im babylonischen Exil die entscheidende Erfahrung von der Einzigkeit und todüberwindenden Schöpfermacht seines Gottes macht. In der Dramatik ihrer kleinen Geschichte teilt die heilige Familie diese große Glaubensgeschichte ihres eigenen Volkes; jenes ersterwählten Volkes Gottes, das Flucht und Heimatlosigkeit mitten hinein in sein Glaubensbekenntnis schreibt: »Mein Vater war ein heimatloser Aramäer …« (Dtn 26,5).

Auch von dem massiven Innendruck, unter dem diese kleine Familie in ihrer so seltsamen Heiligkeit augenscheinlich steht, weiß die Schrift ein Lied zu singen. Zunächst geht der Vater davon aus, dass seine Frau fremdgegangen ist (vgl. Mt 1,19). Später, als Zwölfjähriger, wird das Kind seine Eltern drei Tage lang zu Tode ängstigen, weil es lieber mit Fremden im Tempel sitzt, als bei ihnen zu bleiben (vgl. Lk 2,41–52). Und erwachsen geworden, wird es nicht seine leibliche Familie, sondern alle jene, die nach Gottes Willen leben, seine wahren Verwandten nennen (vgl. Lk 8,19–21).

Mit dem Fest der heiligen Familie verhält es sich daher wie mit dem Weihnachtsfest. Erst auf den zweiten Blick wird sein tiefer und reicher Sinn deutlich: dass Gott es ist, der uns und unsere Beziehungsnetze in seinen guten Händen halten will, damit wir in Freiheit und Geborgenheit unser Leben – in seiner Schönheit, aber eben auch in seiner Not, mit Druck- und Fluchtgeschichten – leben können; und dass daher die Beziehung zu diesem Gott es ist, die unsere Familienbindungen qualifizieren soll – und nicht etwa umgekehrt. Der nüchterne Realismus der Schrift kann nicht nur helfen, diesem sperrigen und ideologieanfälligen Fest einen Sinn abzuringen. Er hilft auch, unsere nicht immer ganz einfachen Familienkonstellationen zu bestehen und angesichts ihrer im Glauben zu wachsen.

Erstveröffentlichung: 2019

Fastenzeit und Karwoche

Lasst euch mit Gott versöhnen

Aschermittwoch
2 Kor 5,20 – 6,2

1 Mendelssohn, Paulus und die zweite Tageslesung

Es sei offen gestanden an diesem besonderen, eigentümlichen Mittwoch: Was die Liebe und die Musik anbelangt, so habe ich einen Hang zur Romantik. Ersteres ist selbstredend privat, Letzteres aber bezieht sich neben vielem anderen auch auf Felix Mendelssohn-Bartholdy, dessen Musik ich sehr verehre. In besonderer Weise schätze ich die großen Oratorien von ihm, den Elias und den Paulus. Und beim Paulus-Oratorium wiederum mag ich ganz besonders die Vertonung dieser eindringlichen Bitte aus dem 2. Korintherbrief, die wir in der heutigen zweiten Tageslesung gerade gehört haben: »Wir sind also Gesandte an Christi statt und Gott ist es, der durch uns mahnt. Wir bitten an Christi statt: Lasst euch mit Gott versöhnen« (2 Kor 5,20)! Mit den Worten aus dem Oratorium Felix Mendelssohn-Bartholdys: »So sind wir nun Botschafter an Christi statt, denn Gott ermahnet durch uns.« Mendelssohn hat ein Duett für zwei Männerstimmen daraus gemacht, Tenor und Bass. Es ist einfach eine unvergleichlich schöne Musik. Die kam mir wieder in den Sinn, als ich mich an die Vorbereitung zu dieser Predigt setzte. Und bei der Lektüre des Lesungstextes wurde mir klar: Der originale Text des Paulus ist mindestens kongenial zur genialen Musik Mendelssohns über Paulus.

2 Aschermittwoch

Aber was hat das alles mit dem heutigen Gedenktag – Aschermittwoch – zu tun? Ein Tag, liturgisch irgendwie zwischen Baum und Borke. Die tollen Tage sind gerade vorbei, mancher sitzt vielleicht noch mit Brummschädel und peinvollen Gedächtnislücken in der Bank, und eine 40tägige Buß- und Abstinenzzeit liegt vor uns, die aber gefühlt auch noch nicht so richtig Fahrt aufgenommen hat. Ein Tag, liturgisch wie stimmungsmäßig zwischen allen Stühlen also. Dazu kommt: Aschermittwoch, das ist doch der Tag, an dem man buchstäblich in Schutt und Asche zu gehen hat; der Tag, an dem man das Aschenkreuz auf die Stirn gezeichnet bekommt als Zeichen der eigenen Endlichkeit. Der ausdeutende Spruch, der bei der Spendung des Aschenkreuzes traditionell gesprochen wird, lässt dabei nichts an Klarheit zu wünschen übrig: »Bedenke Mensch, dass du Staub bist und wieder zum Staub zurückkehren wirst«. Das ist die radikalstmögliche Konfrontation mit der eigenen Vergänglichkeit und Nichtigkeit.

Und dazu eine solch wunderbare Lesung? Klar, möchte man meinen, dieses: »Lass dich mit Gott versöhnen«, das ist der Punkt, um den es hier und heute geht. Wer Versöhnung nötig hat, wird wohl was auf dem Kerbholz haben, hat Schuld auf sich geladen, hat folglich auch allen Grund, Asche auf sein oder ihr Haupt streuen zu lassen. Und in der Tat, neben dem Motiv der Erinnerung an die eigene Vergänglichkeit liegt hier die eigentliche Wurzel des Aschermittwochstages: Er ist erwachsen aus dem altkirchlichen Bußritual. Der einzelne Sünder wurde zu Beginn seiner ihm auferlegten Bußzeit mit einem Bußgewand bekleidet und mit Asche bestreut, um seinen zeitweiligen Ausschluss aus der Gemeinde und seinen Büßerstatus öffentlich zu dokumentieren. Nach einer festgesetzten Zeit der Buße wurde er dann feierlich wieder rekonziliiert, zumeist am Gründonnerstag. An der Wende vom ersten zum zweiten Jahrtausend setzte sich dann der Brauch durch, die Häupter aller Gläubigen mit Asche zu bestreuen.

Der Ruf zu Buße, Umkehr und Versöhnung mit Gott ist daher nicht nur Grund und Anlass für unsere heutige zweite Tageslesung, sondern auch für eine zweite mögliche Spendeformel, die beim Austeilen der Asche alternativ zur oben genannten verwendet werden kann: »Bekehrt euch und glaubt an das Evangelium«. Das also sind die zwei Säulen, auf denen der Aschermittwoch aufruht: Gedenken an die eigene Vergänglichkeit und Ermahnung zur Umkehr. Darum geht es heute: Endlichkeitserinnerung und Versöhnungsaufruf.

3 Lasst euch mit Gott versöhnen!

Und trotzdem, so recht scheint diese Lesung nicht zum eher tristen Tagesgefühl zu passen. Vielleicht schwirrt mir auch einfach noch zu sehr die wunderbare Musik im Kopf herum. Aber nein, es hängt nicht – oder zumindest nicht nur – an der Musik. Es geht um den Text. Denn wenn ich diese Lesung genau betrachte, wird immer klarer, wie großartig sie vom Menschen spricht. Aus jeder Zeile wird deutlich, was sie dem Menschen alles an Großem zutraut, wie wunderbar hier von Paulus das Menschenwesen gezeichnet ist. Trotz – oder besser: gerade wegen – der so dringlichen Ermahnung zur Versöhnung, die ja nicht nur den Briefadressatinnen und -adressaten in Korinth, sondern den Menschen aller Zeiten und Kulturräume gilt.

Bleiben wir zunächst einmal einen Moment bei dieser Bitte des Paulus: Lass dich versöhnen mit Gott. Zum einen ist die Sprachform bemerkenswert, die von Paulus gewählt wird: kein autoritärer Befehl, keine ultimative Aufforderung, keine Wenn-nicht-dann-aber-Drohung. Nein, es ist eine Bitte, die er da äußert. Paulus hat nur (mit Eberhard Jüngel gesprochen) die Autorität der Bitte, um sich Gehör zu verschaffen. Ja, Gott selbst kann nur um unsere Zustimmung zu seinem Heilswerk werben, uns in Christus liebend locken, sich ganz in unsere Gegenwart hinein verschenken – und dann bleibt ihm nur, auf uns zu hoffen und auf unser Ja zu warten. Selbst der allmächtige Gott kann unsere Liebe, unsere Hinwendung zu ihm nicht erzwingen. Das aber heißt, der Mensch ist frei, diesen Schritt zu gehen oder auch nicht. Wir sind frei. Diese Freiheit bedingt unsere Moral- und damit auch unsere Schuldfähigkeit. Wir haben die Wahl. Aber es gilt auch: Gerade dies, dass wir frei sind, macht unsere Würde und unsere Gottebenbildlichkeit aus.

Und das andere: Wie unvergleichlich groß ist das, was da im Modus der flehentlichen Bitte vorgetragen wird: Versöhnung mit Gott. Im Griechischen meint das Wort *Versöhnung*, etwas anders zu machen, einen falschen, unguten Zustand in einen richtigen zu verändern, z. B. Feindschaft in Freundschaft. Für mich bedeutet das Wort von der Versöhnung, das uns Paulus hier anträgt, den Wiedereintritt in den Modus der Kindschaft, des vollen Vertrauens, des restlosen Sich-Einlassens auf diesen Gott. Versöhnung mit Gott ist nichts weniger als die Verheißung, dass unsere Gottesbeziehung so wird, wie Gott selbst sie sich einstens erträumt hat. Dass wir endlich die werden können, die Gottes liebevoller Blick in uns sieht – und dass wir so auf geheimnisvolle Weise zu uns selbst finden, es endlich einmal ganz mit uns selber aushalten können. Versöhnung mit Gott, das bedeutet, dass Gott mit uns kommuniziert, mit uns spricht wie zu einem Freund. Die Offenbarungskonstitution des Zweiten Vatikanischen Konzils *Dei verbum* bringt das unübertrefflich auf den Punkt: Gott redet »aus überströmender Liebe die Menschen an wie Freunde [...] und verkehrt mit ihnen [...], um sie in seine Gemeinschaft einzuladen und aufzunehmen« (DV 2). Versöhnung mit Gott, das bedeutet, dass Gott sich offenbaren kann, weil da ein Mensch ist, der dazu befreit ist, sich ihm auch ganz zu öffnen, sich wieder neu durchlässig zu machen auf Christus hin.

Asche auf mein Haupt? In Schutt und Asche gehen?

4 Wir bitten an Christi statt

Es geht noch einen Schritt weiter. Versetzen wir uns einmal in die Figur des Paulus hinein. Er ist Gesandter Gottes, er bittet an Christi statt. Er ist – buchstäblich – Platz- und Statthalter, Stellvertreter Jesu Christi. Das ist er nicht primär als herausgehobene Einzelfigur oder aufgrund irgendwelcher herausragender persönlicher Leistungsparameter, sondern einzig und allein deshalb, weil er ein von Christus Gesandter ist. Diese Gesandtschaft aber ist kein einmaliges Privileg des Apostelfürsten und Heidenmissionars, sondern sie ist ihm exemplarisch zugesprochen. Sie gilt also, auf je eigene Weise, uns allen als auf Christus Getauften. Das ist unser Beruf und das ist unsere Identität als Christinnen und Christen. Wie Paulus sind wir an Christi statt in die Welt gestellt, um in seinem Namen – in seinem Namen! – von Gottes grenzenlosem Versöhnungswillen zu erzählen. Und wir sind gesandt, diese große, raum- und zeitumspannende Erzählung des menschenfreundlichen Gottes mit unserem Leben zu bezeugen.

Daher gilt, wie für Paulus, so auch für uns: Wie Gott nur werben und warten kann, bleibt auch uns Christinnen und Christen nur die Autorität der Bitte. Aber diese Ohnmacht der werbenden, sich auf Christus hin durchlässig machenden Liebe ist eine stärkere Macht als alle Mächte des Himmels und der Erde zusammengenommen. Gott braucht – besser: er will brauchen – unser Ohr, dann aber auch unser Herz, unser Hirn und unsre Hand, um seinem Wort, das in Christus ein für alle Mal ausgesprochen ist, vieltausendfach Resonanzraum zu schaffen in unserer Zeit und über alle Zeiten und Räume hinweg.

Was uns hier zugesprochen wird, ist nichts Geringeres als eine sakramentale Existenz. Ein Sakrament nicht im Sinne der sieben Einzelsakramente, wohl aber im eigentlichen Wortsinn: *sacramentum, mysterium* – das heißt: Geheimnis der Gegenwart Gottes in der Welt. In Christus kam Gott unüberbietbar, endgültig und ein für alle Mal in dieser Welt an. Daher ist Christus das

Ursakrament (Karl Rahner) Gottes. Hier fallen Zeichen und Bezeichnetes, Ausdruck und Gehalt, in eins. Das ist unsere Rolle nicht. Aber wir dürfen uns mit hineinnehmen lassen in diese sakramentale Dynamik, dürfen mit unserem Leben dafür einstehen, dass Christus seinerseits und in ihm Gott selbst immer mehr Raum gewinnt in unserer Zeit. So anfanghaft und armselig das im konkreten Klein-Klein des Alltags ist, so großartig ist es doch, denn nur so finden wir zu uns selbst. Das ist das Geheimnis einer sakramentalen Existenz: Wer sich ganz durchlässig macht auf Christus, ist dabei ganz bei sich.

5 Das Aschenkreuz wie eine Krone tragen

Das am Aschermittwoch? An dem Tag, an dem wir in Staub und Asche gehen? Asche auf unsere Häupter streuen lassen? Gerade an diesem Tag. Nicht nur, weil wir Schuld auf uns geladen haben und uns daher erst wieder aufs Neue mit Gott versöhnen wollen. Sondern mehr noch, weil wir dazu berufen sind, Gott in unserem Leben zu ent-sprechen, auf seinen Ruf hin zu antworten. Das ist unser Beruf als Christinnen und Christen. Das ist der Sinn unserer Endlichkeit, die uns so oft bedrückt und als Last erscheint. Sie braucht uns nicht zu ängstigen, denn gerade in ihr liegt das Geheimnis unserer unantastbaren, der Gunst des Augenblicks enthobenen Würde verborgen. Das feiern wir heute. Ausgedrückt durch das Zeichen der Endlichkeit und der Versöhnungsbereitschaft schlechthin: ein Kreuz aus Asche. Wir haben allen Grund, erhobenen Hauptes auf Ostern zuzugehen. Nicht, weil alles gut ist, sondern weil wir in unserer Endlichkeit gewürdigt sind, Kinder Gottes zu sein, Statthalterinnen und Statthalter Christi, Botinnen und Boten des Versöhnungswillens Gottes in der Welt.

Von dem griechischen Kirchenlehrer Johannes Chrysostomos stammt der Ausspruch: »Das Kreuz wie eine Krone tragen«. In diesem Sinne: Wir haben allen Grund, das Kreuz aus Asche, das uns heute auf die Stirn gezeichnet wird, wie eine Krone zu tragen.

Erstveröffentlichung: 2018

Zerreißt eure Herzen

Aschermittwoch

Joël 2,12–18 // Mt 6,1–6.16-18

Erinnern Sie sich noch daran? Es ging vor einigen Jahren durch die Kirchenpresse: Verschiedene Bistümer haben zu Aschermittwoch vor ätzenden Aschemischungen gewarnt. Das Aschekreuz, das für Besinnung sorgen solle, könne zum Gesundheitsrisiko werden. Wenn Asche mit Wasser reagiere, entstehe Kaliumhydroxit. Würde also die Asche bei der Segnung mit zu viel Wasser besprengt, könne es zu einer alkalischen Reaktion kommen. Kalilauge entstehe, die beim Auftrag auf die Haut schmerzhafte Verätzungen hervorrufe.

Daran musste ich wieder denken, als ich die Texte zum heutigen Aschermittwoch las. Natürlich wünsche ich niemand, dass er oder sie sich beim Empfang des Aschekreuzes Hautverätzungen zuzieht. Aber sind die Bilder, die die Lesungen des heutigen Tages bereithalten, nicht genauso drastisch und körperlich? »Zerreißt eure Herzen, nicht eure Kleider« (Joël 2,13)! So ruft es der Prophet Joël dem untreuen Volk Israel zu. Ein zerrissenes Herz – das zeigt an, dass die Bußzeit, deren Beginn wir heute feiern, uns tatsächlich und buchstäblich unter die Haut gehen soll, sich uns einbrennen soll. Jenseits der Metaphorik: dass es nicht beim äußeren Schein bleiben soll, bei der ritualisiert abgeleisteten Pflichtübung, sondern dass diese 40 Tage uns als ganze Menschen, in unserer ganzen Existenz, umtreiben und umwenden sollen. Unser Herzinnerstes soll sich umkehren, damit wir wirklich die Kraft und Energie haben, auch auf unserem Weg neu anfangen zu können.

»Zerreißt eure Herzen, nicht eure Kleider« (Joël 2,13). Das, was Joël von seinen Leuten fordert, ist das Gegenteil dessen, was wir in unserem Alltag kennen. Was wir kennen, ist das immergleiche, in wechselnder Besetzung aufgeführte Schauspiel: Wenn ein Sportler über die Stränge schlägt oder ein Politiker sich in der Wortwahl vergreift, dann zeigt man sich zerknirscht, entschuldigt sich (als ob man das überhaupt könnte, sich selbst zu entschuldigen!) und gelobt Besserung. Und zuallermeist hat es sich damit dann aber auch. Ähnlich ritualisiert laufen im kirchlichen Feld die Entgegennahmen der diversen Missbrauchsuntersuchungen oder die Schambekundungen nach aufgedeckten Pflichtverletzungen ab. Doch eine im Wortsinn radikale, an die Wurzeln des eigenen Selbst gehende, innere Umkehr – die müsste sich doch auch in einem neuen, anderen Verhalten niederschlagen. Wenn ein Riss durch das eigene Herz geht, wenn sich uns im Innersten alles umdreht und deshalb ein neuer Anfang gesetzt werden muss, einfach, weil man gar nicht anders mehr kann: Das müsste man uns doch anmerken!

Von Friedrich Nietzsche ist der für uns Christinnen und Christen wenig schmeichelhafte Satz überliefert: »Bessere Lieder müssten sie mir singen, dass ich an ihren Erlöser glauben lerne: erlöster müssten mir seine Jünger aussehen« (Also sprach Zarathustra, Zweiter Teil, Von den Priestern). Nein, wirklich nicht sehr schmeichelhaft. Aber ist da nicht was Wahres dran? Müsste das Zerreißen der Herzen im Innern sich nicht im Handeln nach außen spiegeln? Ich meine damit nicht diese antrainierten Nettigkeitsübungen, nicht die frömmlerischen Floskeln und den entrückten Blick nach oben. Ich meine auch nicht das milieuspezifisch erwartete Sozialverhalten, um in unseren Gemeinden überhaupt dabei sein zu dürfen. Nein, mir geht es vielmehr um das ganz alltägliche Tun des Guten, das aus einer inneren Überzeugung heraus getan wird: das Mühen um Gerechtigkeit, um

Wahrhaftigkeit und Barmherzigkeit – das gerade deshalb glaubwürdig ist, weil es um seiner selbst willen getan wird und nicht um des schönen Scheins willen.

Allerdings kommt die erlöste Ausstrahlung, von der Nietzsche spricht, wohl nicht einzig und allein aus der Übereinstimmung von innerer Gesinnung, Reden und Tun, so wichtig diese dreifache Kongruenz ist. Was Nietzsche wohl meint und bei uns Christinnen und Christen vermisst, ist vielmehr das tiefe Wissen darum, dass dieser Dreiklang seinen eigentlichen Wurzelgrund in Gott hat, der selbst Gerechtigkeit, Wahrheit und Barmherzigkeit ist – und der uns trägt und hält, der uns gut will und immer wieder aufs Neue unser Herz entflammt. Die Glaubensgewissheit, dass wir Kinder Gottes sind und ihn unseren Vater nennen dürfen, ist die einzige Medizin gegen die Gefahr der Bigotterie und der frömmlerischen Heuchelei, vor der uns Jesus im heutigen Tagesevangelium so nachdrücklich warnt. Wir können sie nicht herstellen, nicht machen und auch nicht einfach auf Dauer stellen. Es ist eine Gewissheit, die immer zerbrechlich, angefochten bleiben wird. Aber wir können uns jeden Tag aufs Neue für sie bereit machen. In jedem Vaterunser, das wir beten (vgl. Mt 6,9–13). Für die nächsten 40 Tage und darüber hinaus.

Erstveröffentlichung: 2023

Wider die Gotteserprobung

Erster Sonntag der Fastenzeit, Lesejahr C
Röm 10,8–13 // Lk 4,1–13

Mögen Sie Musik? Ich habe eine Schwäche für klassische Musik, und ganz besonders mag ich Felix Mendelssohn-Bartholdy. Eines seiner berühmtesten Stücke ist das Doppelquartett aus dem Elias-Oratorium. In zarter, schwebender, aber zugleich ungemein kraftvoller Musik wird dort ein Vers aus Psalm 91 vertont: »Denn er hat seinen Engeln befohlen über dir, dass sie dich behüten auf allen deinen Wegen. Dass sie dich auf Händen tragen und du deinen Fuß nicht an einen Stein stoßest.« Die Kirche betet diesen Vers jeden Sonntagabend in ihrem Nachtgebet, der Komplet. Auch der Evangelist Lukas zitiert ihn in unserem heutigen Tagesevangelium.

Faszinierend ist aber, wie dieser – doch eigentlich so ungemein tröstende, hoffnungsvolle und glaubensstarke – Satz im Gefüge des heutigen Evangeliums Verwendung findet. In einer überaus kunstvollen Textkomposition legt Lukas den genannten Vers dem Teufel höchstselbst in den Mund; der will damit Jesus dazu verführen, Gott auf die Probe zu stellen: Es stehe doch, so des Teufels Argument, in den Schriften geschrieben, dass Gott seine Engel schickt, die Frommen zu behüten und sie auf Händen zu tragen. So solle Jesus sich doch von den Zinnen des Tempels zu Jerusalem herabstürzen, immerhin sei er Gottes Sohn! Gott werde ihn gewiss erretten! Wäre das nicht ein probater Beweis seiner Gottessohnschaft? Und wäre das nicht auch ein probater Beweis der Richtigkeit seiner Reich-Gottes-Botschaft?

Es scheint, als könnten die schönsten Sätze ihren Sinn verlieren und sich ins Gegenteil kehren, wenn der Falsche sie in den Mund nimmt. Sätze des Glaubens, der Hoffnung und der Liebe werden in einem ganz buchstäblichen Wortverständnis pervertiert – in sich selbst umgedreht, ins Gegenteil ihres eigentlichen Gehaltes verdreht –, wenn sie instrumentalisiert und verzweckt werden, um das Gegenüber zu zwingen. Gott lässt sich aber nicht zwingen. Er ist nicht der Erfüllungsgehilfe unserer Wünsche und Erwartungen. Er ist auch nicht der nette Kumpel von nebenan, der uns aus der Patsche hilft. Dass diese sogenannte *do ut des*-Logik nicht funktioniert, wussten schon die Alten, die das Buch Hiob geschrieben und kanonisiert haben. Ich gebe dir, Gott, Verehrung, Opfer und Wohlverhalten, und du, Gott, gibst mir Glück, Wohlergehen und Lebenszufriedenheit – schickst also deine Engel, dass sie mich tragen: Das funktioniert nicht. Glaube und Magie sind zweierlei, Hoffnung und Beschwörung auch. Hiob ist der Frommste der Frommen und muss doch schlimmstes Leid ertragen.

Schon für die Liebe zwischen zwei Menschen gilt: Die Liebe will nichts für sich, sondern einzig und allein den anderen, die andere groß sein lassen. Und der Zauber der Liebe liegt eben darin, dass diese reine Absichtslosigkeit für die Liebenden selbst zum größten nur denkbaren Geschenk wird, dass sie im Sich-selbst-Wegschenken auf geheimnisvolle Weise selbst wachsen und frei werden. Lässt sich das auch auf den Glauben an Gott übertragen? Gott ist nicht einfach nur notwendig, so die zentrale Pointe der Theologie des evangelischen Theologen Eberhard Jüngel: Er ist mehr als notwendig. Er ist interessant um seiner selbst willen, nicht um seiner Funktion in unserem Sinnsystem willen. Er verdient Lob und Dank, Ehre und Anbetung um seiner selbst willen. Einfach, weil Gott Gott und der Mensch Mensch ist.

Aber wie? Welcher Glaube ist stark genug, diese anbetende Absichtslosigkeit mit Leben zu füllen? Der Versuch, sie irgendwie herzustellen, ist in etwa so zielführend wie der Versuch des Kontrollfreaks, ab jetzt doch mal ganz gelassen und spontan zu sein, oder der Angstneurotikerin, sich ab jetzt nicht mehr zu fürchten, sondern einfach zu vertrauen. Ebenso wenig wie Liebe und Hoffnung lässt sich Glaube machen. Staunen lässt sich nicht herstellen, sondern widerfährt – plötzlich, unvermutet, beglückend und oft genug auch verstörend. Und wie in jedem menschlichen Liebes- und Hoffnungsakt, so stecken auch in jedem menschlichen Glaubensakt unabgegoltene Anteile von Eigensinn und Selbstbehauptung. Jeder Glaubensakt hat etwas von Selbstbetrug, und jede Gottesvorstellung hat etwas von Selbstprojektion. Aber damit ist noch lange nicht gesagt, dass sich Glaube der Form und dem Inhalt nach in diesen projektiven Anteilen erschöpft. Doch droht jeder Versuch, die Projektionen abzustellen, in einen immer neuen Zirkel der Selbstrechtfertigung zu versinken. Es ist wie mit dem Insekt im Sand: Je mehr es strampelt, desto tiefer sinkt es ein, desto weiter weg rückt der sichere Grund.

Man kann es aber auch andersherum sehen. Wenn nämlich Glaube nicht gemacht werden kann, dann braucht er auch nicht gemacht zu werden. Wenn Gottes Reich nicht hergestellt werden kann, dann braucht es auch nicht hergestellt zu werden. Wenn Gott nicht gezwungen werden kann, dann müssen wir auch nichts erzwingen. Dann können wir loslassen, damit er sich zeigen kann. Dann können wir ruhig werden, damit er sich nähern kann. Das Tun des Glaubens, von dem Paulus in der heutigen zweiten Lesung spricht, ist kein Machen und kein Leisten, sondern ein Lassen und Bezeugen – manches Mal in Worten, oft genug im Schweigen, manches Mal in Zuversicht, bisweilen in Verzweiflung: dass das, was ist, nicht alles sei, dass im Ende ein neuer Anfang liege, dass auf den Tod die Auferweckung folge. Allein dieser Herzensglaube, so sagt der Apostel, gereicht uns zur Gerechtigkeit (vgl. Röm 10,10). Grade weil diese Gerechtigkeit keine des Werkes, sondern des Herzens ist, das Gott in Gnaden ansieht, müssen wir uns unserer nicht schämen. Gottes Sein ist im Kommen (Jürgen Moltmann), Gottes Sein ist im Werden (Eberhard Jüngel). Er wird auch die ängstlichen und zweifelnden, die trägen und lauen, die traurigen und schließlich auch die gebrochenen Herzen halten und heilen.

Erstveröffentlichung: 2022

Österliche Verklärungen

Zweiter Sonntag der Fastenzeit, Lesejahr A
Mt 17,1–9

1 Mark Zuckerberg, die Jesusjünger, du und ich

Mark Zuckerberg hatte irgendwann einmal als Student eine Wahnsinnsidee. Den einen großen Geistesblitz, die eine Eingebung, die alles ändern sollte. Eine Internetseite, mit der man sich untereinander vernetzen und Meinungen, Bilder und Texte austauschen kann. Mit der man alte Freunde wiederfinden und neue gewinnen kann. Facebook war geboren, und Zuckerberg wurde, wie wir heute wissen, ein steinreicher Mann. Man sagt, jeder Mensch hat im Lauf seines Lebens mindestens eine solche grandiose Vision, die sein Leben von Grund auf ändern könnte. Die allermeisten Menschen freilich merken es nie oder allerhöchstens dann, wenn es längst zu spät ist. Leider ist es allzu oft so: Nur in der Rückschau wird klar, was damals die Gunst der Stunde war. Erst wenn der Kairos verflossen ist, wird man seiner gewahr. Hinterher ist man immer schlauer.

Betrachtet man das heutige Tagesevangelium durch die Brille der historisch-kritischen Bibelauslegung, gibt es durchaus Parallelen. Sicher, Mark Zuckerberg ist alles andere als eine Lichtgestalt. Er ist kein Heilsbringer, auch wenn er angekündigt hat, einen Großteil seines Geldes spenden zu wollen. Er ist einfach ein abgebrühter Geschäftsmann mit bisweilen durchaus zweifelhaftem Geschäftsgebaren. Und die Jünger Jesu waren auch nicht auf der Suche nach dem großen Geld, sondern sie erfuhren sich von einem Sinn ergriffen, der alles – das Dunkle wie das Helle – zu tragen vermag. Aber dieses Gefühl, erst im Nachhinein ganz zu verstehen, was da geschehen ist, was die Zeichen der Zeit wirklich gewesen sind, das teilen die ersten Christinnen und Christen mit den allermeisten von uns. Die konkrete Situation ist zuallermeist ambivalent. Wir sind gezwungen, uns zu entscheiden, zu handeln, nach rechts oder links zu gehen. Und wissen doch nicht genau, was uns erwartet. Wir müssen es wagen. Erst in der Rückschau erkennen wir, dass es gut gewesen ist.

Aus einer solchen Rückschau heraus ist das heutige Tagesevangelium entstanden. Es ist, wie die Exegese-Fachleute sagen, nachösterlich, das bedeutet, es will aus der Perspektive der Auferweckungserfahrung heraus beschreiben, wer dieser Jesus von Nazaret ist und was es mit ihm auf sich hat. Die Jüngerinnen und Jünger, und mit ihnen der Evangelist Matthäus, blicken mit *Osteraugen* (ein wunderbares Wort von Klaus Hemmerle) auf die Geschichte mit Jesus von Nazaret zurück. Von Ostern her ist ihnen klar: Dieser Jesus war nicht nur ein Prophet, und er war auch nicht nur ein Gesetzeslehrer. Er lebt. Er ist der Sohn des lebendigen Gottes. Er ist der Messias, der Gesalbte Gottes, der Christus.

2 Selbstsein und Leuchten

Literarisch haben wir es hier mit einer sogenannten Christophanie zu tun, einer Erzählung also, die die Erscheinung Jesu in göttlicher Herrlichkeit zum Inhalt hat. Sie will den Leserinnen und Lesern des Matthäusevangeliums einen Hinweis darauf geben, wer dieser Jesus ist. Der entscheidende Satz, die zentrale Aussage unseres Textes lautet: »Dieser ist mein geliebter Sohn […]; auf ihn sollt ihr hören« (Mt 17,5). Alle anderen Motive sind kunstvoll um diese eine Kernbotschaft herum arrangiert.

Das erste Motiv, das sich darum rankt, ist das der lichthaften Verklärung. Jesus wird vor den Augen der drei Jünger verwandelt, verklärt in eine lichthafte Gestalt. Nun ist Verklärung an sich ein durchaus zweischneidiger Begriff: Wer etwas verklärt, wird oft genug blind für die Realität. Verklärung geht nicht selten mit Verblendung einher. Wer z. B. die Vergangenheit verklärt, weigert sich, das Sperrige und Mühsame, das auch gewesen ist, zur

Kenntnis zu nehmen. Zwischen Verklärung und Verdrängung sind die Brücken eng. Gleiches gilt für die, die das Morgen verklärt, in den schönsten Farben ausmalt und dabei den schwierigen Weg, der noch zu gehen ist, übersieht. Auch zwischen Verklärung und Verführung sind die Brücken eng.

Doch hier ist die Situation eine andere. Hier zeigt das Motiv der Verklärung nicht an, dass eine fade Realität durch Verdrängung oder Verführung übertüncht werden soll. Hier kommt vielmehr das, was eigentlich ist, ganz und unverkürzt zum Vorschein. Die Schlacken und die Schatten fallen ab, das Eigentliche scheint auf. Die Metamorphose, der Jesus unterzogen wird, macht aus ihm nicht einen anderen, sondern lässt deutlich werden, wer er in Wirklichkeit ist: die Gegenwart Gottes in Person. Nicht nur seine Kleider, so beschreibt es der Evangelist, wurden »weiß wie das Licht«, sondern auch »sein Gesicht leuchtete wie die Sonne« (Mt 17,2). In dieser Szene lässt Matthäus die eigentliche, die wahre Identität Jesu wie unter einem Brennglas aufscheinen. Und bei aller literarischen Stilisierung, die das Verklärungsmotiv darstellt, ist eines doch auch für unsere Situation entscheidend und bleibend wahr: Wer wirklich ganz er oder sie selbst ist, wer mit sich im Reinen ist und in sich ruht, beginnt gleichsam von innen her zu leuchten, strahlt einen geheimnisvollen Glanz aus – wird von innen her verklärt. Wir alle kennen solche Menschen, die, auf wunderbare Weise eins mit sich, eine Wärme und ein Leuchten ausstrahlen, das anziehend wirkt.

Für Christinnen und Christen hat Selbstidentität viel mit Gott zu tun. Nicht nur bei Jesus. Hier ist es offensichtlich: Er ist Gott der Sohn (Karl-Heinz Menke). Seine menschliche Identität ist zugleich – unvermischt und ungetrennt – die Identität Gottes. Das ist so, weil er in einer Intensität transparent werden kann auf Gott hin, die Gott selbst unter uns anwesend sein lässt in Raum und Zeit. Doch auch für uns gilt, dass unser Selbstsein und unsere Gottverwiesenheit im gleichen, nicht im gegenläufigen Maß wachsen (Karl Rahner). Je mehr ich bei Gott bin, desto mehr bin ich zugleich bei mir. Je mehr ich Gott in mir Raum greifen lasse, desto mehr finde ich zu mir selbst. Mich ganz durchlässig machen auf Gottes Geist – das ist das Geheimnis jener Heimat der Identität, die »allen in die Kindheit scheint und worin noch niemand war« (Ernst Bloch). Unterwegs sein mit Gott und gerade so unterwegs sein zu sich, um für andere Licht, Leuchte und Wärme, eben ein Widerschein von Gott her sein zu können – das ist das Geheimnis der Verklärung. Verklärung bedeutet nicht, ein anderer, eine andere zu werden. Verklärung bedeutet, die Wahrheit über uns aus der liebenden Perspektive Gottes geschenkt zu bekommen und an uns selbst – hautnah – als heilend, rettend und so von innen her verwandelnd erfahren zu dürfen.

3 Wohnen und Wandern

Das zweite Motiv lenkt den Blick weg von Jesus und hin zu den Jüngern, besonders natürlich zu Petrus. Hier wird deutlich: Es ist gar nicht so einfach, dieses Verwandlungs- und Verklärungsgeschehen zuzulassen, es auszuhalten. Man hat viel gerätselt, was es mit Mose und Elija, diesen beiden zentralen Gestalten aus dem Alten Testament, auf sich hat, die plötzlich auftauchen und mit Jesus reden. Fast noch mehr fragte man sich, wie die drei Hütten zu verstehen sind, die Petrus für Jesus und seine beiden himmlischen Begleiter bauen will. Manche wollen darin eine Anspielung an das Offenbarungszelt sehen, in dem – dem Buch Exodus zufolge – Gott mit Mose spricht und sich so den Israeliten offenbart. Andere interpretieren das Verhalten des Petrus als eine simple Übersprungsreaktion, geboren aus der Überforderung mit der Situation. Die Evangelisten Markus und Lukas, die in ihren Evangelien die Verklärungsgeschichte auch erzählen, tadeln Petrus für dieses in ihren Augen törichte Ansinnen. Er habe es halt nicht besser gewusst (vgl. Mk 9,6; Lk 9,33).

Für mich ist der Wunsch des Petrus nach drei Hütten so nachvollziehbar wie zwecklos. Petrus will den Augenblick festhalten: Verweile doch, du bist so schön! Doch weder die Gegenwart Gottes noch unsere Selbstwerdung im Licht dieser Gegenwart lassen sich von uns kontrollieren oder fixieren. Gott ist treu, er geht mit uns mit, begleitet und trägt uns auf unserem Weg. Aber er bleibt frei und unverfügbar dabei. *Deus semper maior*, auch in seiner Zuwendung ist Gott der je Größere, unnahbar Geheimnisvolle. Der Einbruch des Messianischen, des Endgültigen in unsere Zeit lässt sich von uns nicht kanalisieren, und sei es Petrus selbst, der solches versucht. Vor allem aber: Gott braucht keine Zelte aus Menschenhand, denn er selbst hat sich längst ein Zelt gebaut – in der Person des Jesus von Nazaret, in dir und in mir, in jedem Menschen, der ein Abbild Gottes ist, ganz besonders aber in den Armen und Bedrängten, den besonderen Lieblingen Gottes. Den Himmlischen hält es nicht auf seinem Berg, es zieht ihn hinab ins Tal, in die Ebene, ins Andere seiner selbst. Dort, im Niedrigen und Alltäglichen, besonders aber im Antlitz seiner geschundenen Kinder, will er gesucht und gefunden werden.

Gleiches gilt für die seltenen Momente, in denen wir uns ganz eins mit uns und unserer Geschichte wissen, in denen wir es wirklich einmal mit uns selbst aushalten. Wir können diese kostbaren Augenblicke der Fülle nicht auf Dauer bewohnen, können uns nicht darin häuslich einrichten, sondern wir müssen sie nehmen als das, was sie wohl sind: Vorschein einer verheißenen, letztlich von Gott her geschenkten Heimat der Identität, die wir hier und jetzt noch nicht endgültig besitzen, die uns aber leiten und weisen will bei unserem Wandern durch die Zeit. Wir können unsere Identität nicht in Zelte packen, sondern müssen sie durch die Zeit erwandern. Auch in diesem Sinn kann man das Programmwort von Papst Franziskus in seinem Apostolischen Schreiben *Evangelii gaudium* lesen: »Die Zeit ist mehr wert als der Raum« (EG 222).

4 Hören und Handeln

Nicht jeder ist eine solche Epiphanie, wie sie den drei Jüngern auf dem Berg widerfuhr, geschenkt. Nicht jeder ist ein Mystiker. Da ist es gut, dass – wenn wir den Text beim Wort nehmen – Gott selbst ins Wort bringt, was sich da im Lichtglanz als Vorschein der Vollendung ereignet: »Dieser ist mein geliebter Sohn [...]; auf ihn sollt ihr hören« (Mt 17,5). Als die Jünger das hören, bekommen sie es mit der Angst zu tun und fallen zu Boden. Vielleicht ist es ein Trost für die Nüchternen, die Alltagsgebundenen unter uns: Erst nachdem das Lichterlebnis wieder vorbei ist, wird den Jüngern eine wirkliche Begegnung mit Jesus ermöglicht. Erst dann folgt ihre Berührung durch Jesus und seine Ermutigung: »Steht auf und fürchtet euch nicht« (Mt 17,7)! Vielleicht ist ja das das eigentlich Geheimnisvolle unserer Gotteserfahrungen: dass sie im Alltag möglich sind. Dass sie genau da wirklich werden, wo uns einer anrührt und berührt, wo wir aufstehen und die Angst überwinden. Gott erfahren wir im Gehen nach unten, auf den Wegen des Alltags. Das ist, was Karl Rahner einmal die Mystik des Alltags genannt hat. Gott erfahren wir nicht jenseits unseres Alltags, sondern in unserem Alltag und vermittels diesem – als jene Tiefendimension, die alles trägt und auf geheimnisvolle Weise mit Sinn, Licht und Hoffnung erfüllt.

Natürlich haben wir auch in dieser Mystik des Alltags Gott niemals in der Hand. Auch in unserem Alltag ist es sinnlos, Gott in die Zelte unserer Konzepte und Weltbilder sperren zu wollen. Wir sind darauf angewiesen, die Zweifel zuzulassen und das Suchen und Fragen auszuhalten. Glauben heißt, sein Herz zu wagen. Wer nie zweifelt, muss sich fragen lassen, ob er wirklich glaubt. Entsprechend wissen wir nicht so, wie wir wissen, dass eins und eins zwei ergibt, dass Gott es ist, der sich in diesem oder jenem Moment als uns nahe erwiesen hat. Auch Gotteserfahrungen sind Glaubensakte – und damit immer angefochten, unter Irrtumsvorbehalt, auf Risiko und auf Hoffnung hin. Ereignisse, die uns widerfahren, müssen wir deuten, damit sie uns zu Erlebnissen werden können. Und unsere welthaften Erlebnisse müssen wir im Licht von Glauben, Hoffnung und Liebe deuten, damit sie uns zu Erfahrungen Gottes werden können. Alles hängt daran, ob wir diese Deutung zulassen oder nicht, ob wir den Mut dazu haben und uns die Freiheit nehmen oder nicht. Eines aber haben wir, das bleibt – auch dann, wenn unsere Gipfelerlebnisse längst vergangen oder noch nie dagewesen sind, und auch dann, wenn wir an den Ambivalenzen unserer Alltagserfahrungen zu verzweifeln drohen. Was bleibt, ist das Wort. »Auf ihn sollt ihr hören« (Mt 17,5). Hören wir und handeln wir danach.

Erstveröffentlichung: 2017

Vom Wasser des Lebens, vom Geist und von der Wahrheit

Dritter Sonntag der Fastenzeit, Lesejahr A
Joh 4,5-42

I.

Kennen Sie den Liedermacher Gerhard Schöne? Mit seinen naiv-kindlichen Texten hat er in der DDR und dann auch im wiedervereinten Deutschland große Erfolge erzielt. Eines seiner bekanntesten Lieder heißt *Die sieben Gaben*. In Anlehnung an die sieben Gaben des Heiligen Geistes singt Schöne: »Wenn ich dir was wünschen dürfte, mein liebes Kind, wünscht' ich dir die sieben Gaben, die nicht leicht zu haben sind.« Eine dieser Gaben ist z. B. die »Geduld der Weinbergschnecke«, die ruhig ihre Bahn zieht und dennoch bei ihrem Ziel ankommt, eine andere der »Stolz von meiner Katze«, der kein Befehl ihren Sinn zu brechen vermag. Eine dritte Gabe ist die »Balance des Stehaufmännchens«, das zwar manchmal schwanken mag, aber immer wieder aufsteht, auch wenn man es zu Boden drückt, eine vierte schließlich die »Frechheit eines Flohes, der die großen Tiere dreist, dort, wo sie am meisten stinken, nicht hineinkriecht, nein, beißt.«

II.

Was das mit unserem heutigen Evangelium zu tun hat? Zugegeben: Auf den ersten Blick recht wenig. Die lange Geschichte von der Begegnung Jesu mit der samaritanischen Frau am Jakobsbrunnen ist ein Stück Weltliteratur, kunstvoll vom Evangelisten Johannes komponiert. In den großen Erzählstrang sind viele unterschiedliche thematische Einzelfäden zu einem vielschichtigen Gebilde hineinverwoben. Die Rahmenhandlung ist schnell erzählt: Jesus ist auf dem Rückweg von Judäa nach Galiläa und muss durch Samaria hindurch. Am Jakobsbrunnen macht er Rast und bittet – gegen alle Gepflogenheiten, weil Juden normalerweise nicht mit Leuten aus Samaria verkehren – eine hinzutretende Samariterin um Wasser. Sie erkennt im Lauf des Gesprächs in ihm einen Propheten und eilt zurück in ihr Dorf, um ihre Nachbarn herbeizuholen. In der Zwischenzeit sind die Jünger Jesu vom Essenkaufen zurück, und ein Gespräch über das Säen und das Ernten entspinnt sich. Dann kommt die Frau mit den Leuten aus ihrem Dorf im Schlepptau zurück zum Brunnen. Die Dorfgemeinschaft bittet ihn zu bleiben, und viele kommen durch ihn zum Glauben.

Doch wie viele Themenstränge, wie viele Motive sind in diese Rahmengeschichte hineinverwoben! Es könnte einem glatt schwindelig werden: Da ist das Wasser des Lebens, das lebendige Wasser, das Jesus selbst in Person ist. Es stillt den Durst nach ewigem Leben. Dann ist da – zweitens – das Thema des rechten Kultes. Die richtige Gottesverehrung ist nicht an einen bestimmten Ort gebunden. Weder an den Berg Garizim, der vom Jakobsbrunnen aus zu sehen ist und auf dem die Samariter JHWH verehren, noch an Jerusalem. Vielmehr gilt: Im Geist und in der Wahrheit will Gott angebetet werden, wo und von wem auch immer. Drittens geht es um das Thema Mission, das im Bild von den weißen Feldern, die reif sind zur Ernte, verhandelt wird. Es mag durchaus sein, dass hier entsprechende Missionsbemühungen der ersten Christinnen und Christen in Samaria im Hintergrund stehen. Das Wasser des Lebens, die Anbetung in Geist und Wahrheit, das Säen und Ernten: drei Brocken spirituellen Schwarzbrots. An jedem einzelnen von ihnen gäbe es mehr als genug zu kauen.

III.

Als wäre das nicht genug, gibt es noch zwei Querschnittsthemen, die die ganze Perikope durchziehen. Das eine ist das Thema Glaube. Es ist ja faszinierend, dass die quasi-heidnische Frau aus Samaria und die Jünger Jesu der gleichen Begriffsstutzigkeit aufliegen. Sie verstehen nicht, glauben nur aufgrund des äußeren Augenscheins. Sie wollen das starke Zeichen, den sichtbaren Beweis. Die Samariterin hält Jesus für einen Propheten, weil er um ihr Vorleben weiß. Sie glaubt nicht an ihn, sondern wegen seiner prophetischen Kenntnis. Das Wasser, von dem er spricht, soll ihr den Alltag erleichtern. Es erspart fortan den Gang zum Brunnen. Die Herzmitte seiner Botschaft, dass er selbst das lebendige Wasser ist, weil er der Sohn Gottes ist, begreift sie nicht. Ähnlich die Jünger, die Jesus etwas zu essen anbieten. Er nutzt das, um auf seine intime Verbundenheit mit Gott hinzuweisen: »Ich habe eine Speise zu essen, die ihr nicht kennt« (Joh 4,32). Ihre Frage, ob ihm jemand anders schon etwas zu essen gegeben habe, zeugt vom gleichen Nichtverstehen wie das der Samariterin. Auch sie verstehen das Geheimnis, dass Gott in ihm Mensch werden wollte, augenscheinlich nicht. Doch daran hängt alles. Glaube, wie Jesus ihn im Sinn hat, hat nichts mit mirakulösem Zusatzwissen zu tun, aber viel mit Vertrauen in seine Person und die dadurch in Gang kommenden Veränderungsprozesse. Etwas pathetisch formuliert: Glaube ist das Festhalten an der Verheißung, dass das, was ist, nicht alles ist; er ist das Vertrauen darauf, dass hinter allem Unsinn unserer Welt ein Sinn ist, der sie trägt; er ist die beständige Hoffnung, dass im Ende ein neuer Anfang ist.

Das zweite Querschnittsthema, das unser Sonntagsevangelium durchzieht, ist das Thema Offenbarung. Es hängt eng mit dem Glaubensthema zusammen. Gott offenbart nicht etwas, sondern sich selbst. Und er offenbart sich nicht irgendwo und irgendwie, sondern in der geschichtlichen Konkretheit dieses müden und durstigen Wanderpredigers, der Rast am Brunnen macht, unterwegs von Judäa nach Galiläa. Er ist die Selbstoffenbarung Gottes. Das ist die Pointe des Evangeliums vom heutigen Tag: In der Person Jesu Christi ist Gott selbst in unsere Welt getreten, ist die verheißene Heilszukunft schon Gegenwart geworden, hat das Reich Gottes seinen unverlierbaren Anfang genommen. Er selbst ist das Wasser des Lebens, das ewiges Leben schenkt, weil es aus dem unendlich tiefen und nie versiegenden Brunnen der lebendigen Gegenwart Gottes selbst entspringt. Diese Kernbotschaft ist in vielen, sich dramatisch steigernden Sprachsignalen ins Wort gebracht: zunächst die Ansage, er sei ein Prophet; dann der Hinweis auf den Messias, den Gesalbten – Christus. Sodann die Absolutheit der Selbstoffenbarung Jesu: »Ich bin es« (Joh 4,26). Ich bin dieser Messias, dieser Gesalbte, der Christus – und ich bin es in Einheit mit meinem Vater. Er ist mein Lebensmittel, denn es ist meine Speise, mich durchlässig zu machen auf ihn hin, der mich gesandt hat, und an seiner statt sein Werk der Rettung, Erlösung und Heilung zu tun. Dieser Mensch am Jakobsbrunnen ist, wie es der Basler Theologe Hans Urs von Balthasar einmal genannt hat, das *universale concretum*, in seiner geschichtlichen Einmaligkeit die ganze Wirklichkeit in Raum und Zeit umgreifend. Unser Text vom heutigen Tage formuliert diese Spannung so: Das »Heil kommt von den Juden« (Joh 4,22) – und: »Er ist wirklich der Retter der Welt« (Joh 4,42).

IV.

Die Kirche in Deutschland befand sich von 2019 bis 2023 auf dem Synodalen Weg. In vier unterschiedlichen Foren ging es um Macht und Gewaltenteilung in der Kirche, um die kirchliche Sexualmoral, die priesterliche Lebensform sowie um Frauen in Diensten und Ämtern der Kirche. Rom hat angemahnt, den Kontakt zur Weltkirche und den Primat der Evangelisierung nicht aus den Augen zu verlieren. Wohin und wieweit der gemeinsam begangene Weg schlussendlich führen wird, ist bis heute noch nicht abzusehen. Klar ist nur, dass vor und hinter den Kulissen immer noch heftig gerungen wird. Drohkulissen eines Schismas werden aufgebaut und Schreckensbilder einer deutschnationalen Sonderkirche gezeichnet. Auf der anderen Seite des Spektrums werden die Reformanliegen entweder mit illusorischen Erwartungen überfrachtet oder ebenfalls nur mit allergrößter Skepsis begleitet; diesmal aber nicht aus Sorge vor Verlust der traditionellen Lehre, sondern weil vielen das alles schlicht nicht weit genug und nicht schnell genug geht.

Wenn ich diese Situation an die Geschichte der Begegnung Jesu mit der Frau am Jakobsbrunnen anlege und in ihrem Licht zu verstehen suche, kommen mir verschiedene Bilder und Gedanken in den Sinn. Ja, jetzt ist die Zeit der Ernte, die Felder sind weiß. Es geht um den Primat der Verkündigung. Es geht nicht eigentlich um die Kirche, sondern um das Reich Gottes, in dessen Dienst sie steht. »Jetzt ist die Zeit, jetzt ist die Stunde, heute wird getan oder auch vertan, worauf es ankommt« – so hat es in Aufnahme eines neuen geistlichen Lieds Kardinal Marx im Herbst 2019 einmal gesagt. Zugleich scheint es mit dieser Ernte nicht so ganz einfach zu sein. Der eine sät, die andere erntet. Manche erntet, wofür sie nicht gearbeitet hat, und mancher arbeitet, ohne dass er auch die Früchte seiner Arbeit ernten könnte.

Beides, das Säen wie das Ernten, hat mit der Ausrichtung auf diesen Jesus von Nazaret zu tun. Er ist das Wasser des Lebens, er ist das Reich Gottes in Person. Doch er ist auch der, der die trennenden Grenzen der Konvention einreißt: zwischen Juden und Leuten aus Samaria, zwischen Männern und Frauen – ganz nebenbei: die Jünger, die vom Essenkaufen zurückkommen, wundern sich, wie ihr Meister überhaupt nur auf die völlig abwegige Idee kommen kann, mit einer Frau zu sprechen –, die Grenzen auch zwischen Klerikern und Laien. Er ist der, der das Denken weit macht und den Horizont des Möglichen aufreißt – der Retter der ganzen Welt. Unterhalb dieses christlichen Universalismus ist kein Synodaler Weg zu haben. Nur, auch das macht das heutige Evangelium deutlich: Eine so verstandene weltumspannende Katholizität entscheidet sich nicht an der Bindung an einen Ort, sei es der Berg Garizim, sei es der Tempel in Jerusalem, wir dürfen getrost hinzufügen: sei es der Petersdom in Rom. Dieser welt- und zeitumspannende und darum wahrhaft katholische Glaube entscheidet sich einzig an der Bindung an diesen Jesus von Nazaret. Er ist der Maßstab, und er ist das Ziel.

Freilich, dieses Wasser, das er selbst ist und das ewiges Leben schenkt, will, wie es ausdrücklich im Text heißt, *in uns* (vgl. Joh 4,14) zur sprudelnden Quelle werden. Es will auch in der Kirche zur sprudelnden, überfließenden, den Durst nach Leben stillenden Quelle werden. Darum ist es abwegig, die Frage der Evangelisierung gegen die Frage nach gerechten und leidverhindernden Strukturen in der Kirche ausspielen zu wollen. Ohne eine Reform der Kirche an Haupt und Gliedern, ohne eine wirkliche Ausrichtung aller innerkirchlichen Strukturen und Verfahren an der Botschaft, für die sie einzustehen hat, kann kirchliche Verkündigung nicht gelingen. Ohne eigene Glaubwürdigkeit keine glaubwürdige Verkündigung. Ohne Gerechtigkeit, Gewaltenteilung und Teilhabemöglichkeit im Eigenen kein solidarisches Eintreten mit den Entrechteten für Demokratie und Menschenrechte. Es geht nicht um einen deutschen Strukturfetischismus, sondern um die Frage, wie die Kirche heute in der Welt und für die Welt da sein will. Im Bild des heutigen Evangeliums: Es geht um die Frage, wie sie selbst wieder zu einem Ort werden kann, aus dem das Wasser des Lebens sprudelt.

V.

Gibt es denn ein Kriterium, an dem wir uns orientieren könnten? Mir geht das Wort von der rechten Anbetung, vom rechten Gottesdienst nicht aus dem Sinn: Im Geist und in der Wahrheit will Gott angebetet werden. Alle, so sagt Jesus, die Gott anbeten, »müssen im Geist und in der Wahrheit anbeten« (Joh 4,24). Was heißt das heute, das Gebet im Geist und in der Wahrheit, das Maß und Mitte der Jesusnachfolge ist? Für den Evangelisten sind die beiden Begriffe Geist und Wahrheit eigentlich deckungsgleich, denn in der Wahrheit lebt, wer im Geist Jesu lebt: »Ich bin der Weg und die Wahrheit und das Leben. Niemand kommt zum Vater außer durch mich« (Joh 14,6). Aber noch einmal: Was heißt das denn, im Geist zu leben, im Geist zu beten, im Geist gemeinsame – synodale – Wege zu gehen? Es hat mich zutiefst erschrocken, als vor einigen Jahren ein Weihbischof in einer Videobotschaft zwar darum bat, für die Bischöfe um die Gabe der Unterscheidung der Geister zu beten, zugleich aber ziemlich deutlich machte, dass nur die wirklich im Geist seien, die auf der Seite Roms und des Papstes stünden. Alle anderen seien Irrlehrer, die die Leute mit schönen, aber falschen Fabeleien umschmeichelten. Als stünden jene, die sich für Reformen einsetzen, nicht an der Seite des Papstes! Als stellten sie sich jenseits der kirchlichen Einheit! Vielleicht ist ja das erste und wichtigste Charakteristikum des im heutigen Evangelium genannten Betens im Geist, dass wir ihn den Andersdenkenden nicht absprechen.

Die sieben Gaben des Heiligen Geistes sind Weisheit und Einsicht, Rat und Stärke, Erkenntnis, Frömmigkeit und Gottesfurcht. Und in der Tat, wir brauchen für die Reform der Kirche all diese Gaben dringlich, vielleicht am Dringlichsten die Gottesfurcht. Sie lenkt den Blick auf das Wesentliche, befreit von falscher Menschenfurcht und liebloser Kälte gleichermaßen. Gottesfurcht ist aber nicht wie ein Gegenstand zu haben, sondern nur je neu betend, bittend, flehend herabzurufen. Wer meint, sie wie einen Besitz vor sich hertragen zu können, hat sie schon verloren. In solchem Beten und Bitten um die Geistesgegenwart aber wird sie sich im Freimut zur klaren, unverstellten Sprache äußern, zu einer Rede, die die Weite im Blick hat, die die Reich-Gottes-Botschaft Jesu schenkt, und die Lebendigkeit, die das Wasser aus dem tiefen Brunnquell Gottes spendet.

VI.

Damit komme ich endlich zurück zu Gerhard Schöne und den sieben Gaben, die nicht leicht zu haben sind. Vielleicht helfen sie, dieses Beten und Leben im Geist und in der Wahrheit, das sich in den sieben Gaben des Geistes zeigt, ein wenig zu erden und zu konkretisieren: die Weisheit und der gute Rat der Weinbergschnecke, die leise und unaufgeregt ihren Weg geht und grad so ans Ziel kommt; die Erkenntnis und die Einsicht der Katze, die sich von niemand kaufen lässt; die Stärke des Stehaufmännchens, das nach jedem Fallen wieder aufsteht, und die des Flohs, der auch angesichts asymmetrischer Machtverhältnisse den Finger in die Wunde legt. Bleiben Frömmigkeit und Gottesfurcht. Ich finde, Gerhard Schöne besingt wunderbare Bilder dafür: »Das Geheimnis eines Steines. Außen grau und unscheinbar, weiß er doch in seinem Innern einen Kristall, sternenklar. Und den Traum des Samenkornes, das sich in die Erde legt, das die Blätter und die Blüten, Baum und Frucht in sich trägt. Und zuletzt den Mut der Rose, die noch einmal rot erblüht, wenn schon Raureif und Neuschnee jedes Feld überzieht.«

Erstveröffentlichung: 2020

Gegenwart und Zukunft der Auferweckung

Vierter Sonntag der Fastenzeit, Lesejahr B
Eph 2,4–10

Die Zukunft beginnt heute: Laut Google warben in letzter Zeit mit diesem Slogan mindestens zwei verschiedene Berufsinformations- und Ausbildungsmessen, eine Tierschutzorganisation, eine Baufirma, die Energiesparhäuser verkauft, sowie ein Versicherungsanbieter, der Riester-Verträge zur Altersvorsorge anpreist. Und wer unter dem Stichwort *Die Zukunft beginnt jetzt* sucht, der wird im Netz nicht nur zu einer Unmenge an Ratgeber-, Lebenskunst- und Coaching-Literatur geführt, sondern auch zur e-Mobil-Sparte einer sternbekränzten schwäbischen Automobilschmiede.

Alles ein wenig abgeschmackt angesichts der Banalitäten des Alltags? Schlechtes Pathos angesichts der fatalen Beharrungskräfte des tagtäglichen Hamsterrads aus Sorgen, Nöten und kleinen Fluchten? Wie mag es da erst den Christinnen und Christen in Ephesus ergangen sein, als sie den Brief des uns unbekannten Apostelschülers mit den Versen aus der heutigen Sonntagslesung zu hören bekamen: Ihr seid »mit-lebendig gemacht«, »mit-auferweckt« und »mit-eingesetzt in den Himmel« mit Christus Jesus und in ihm (vgl. Eph 2,4–6)! Die Gemeinde in Ephesus hat sich an der Wende zum zweiten nachchristlichen Jahrhundert ganz gut etabliert, die Großkirche ist im Wachsen. Da platzt mitten in die beginnende Alltagsroutine dieser so ganz und gar unglaubliche Weckruf: Die Zukunft beginnt nicht erst heute, nein, sie ist längst zur Gegenwart geworden, endgültig und ein für alle Mal. Was hier mit einer Massivität in Erinnerung gerufen wird, gegen die sich das Pathos obiger Slogans wie ein nüchterner Faktencheck liest, ist die Botschaft der Taufe: Auf den Namen Jesu Christi getauft, verliert der Tod seine alles bestimmende Macht über unsere Wirklichkeit, sind wir mit hineingenommen, mit inkorporiert gewissermaßen in das Auferweckungsleben Jesu Christi, eingetaucht in die überbordende, überströmende Lebensfülle unseres Gottes.

Leben statt Tod, und im Ende der neue Anfang: Die christliche Hoffnung hängt nicht in der Luft, sondern wurzelt in einem Perfektum, nämlich im Leben und in der Botschaft, im Sterben und in der Auferweckung Jesu von Nazaret. Deshalb, und darin mag ich dem Epheserbrief gerne folgen, ist Auferweckung kein mirakulöser Umschlag von einer Seinsweise in eine andere im Moment des Todes oder gar erst am Ende der Zeit, sondern ein Weg des Hineinwachsens in Christus; ein Weg, der – so lässt sich in Anlehnung an einen Gedanken des Freiburger Theologen Gisbert Greshake formulieren – bereits hier und jetzt seinen Anfang nimmt, in der Taufe zunächst, aber auch in jedem Augenblick glückenden und sinnerfüllten Lebens; ein Prozess, der sich unvorstellbar verdichtet im Tod, und der erst dann vollendet sein wird, wenn alles Leben dereinst eingeborgen sein wird in Gott, dass dieser dann »alles in allem« (1 Kor 15,28) sein kann.

Und doch treibt der Epheserbrief diese urchristliche Hoffnungsbotschaft in einer Weise auf die Spitze, die mir Schwierigkeiten bereitet. Man hat in der Fachliteratur hierbei von einer *realized eschatology* gesprochen, von einer Vorverlagerung der christlichen Hoffnung auf die letzten Dinge in die Gegenwart hinein. So wahr es ist, dass für den Glauben die Zeitenwende in Christus schon längst erreicht ist, dass in ihm das Reich Gottes schon längst Raum greift in unserer Zeit: Ich möchte doch die Sperrigkeit der christlichen Auferweckungsbotschaft nicht durch ihre Metaphorisierung entschärfen, möchte dem bleibend offenen Verheißungsüberschuss der biblischen Schriften auf Überwindung des Todes nicht durch eine vorschnelle Spiritualisierung die Spitze brechen. Vor allem aber: Diese ungeheure Ansage des Epheserbriefes – Auferweckung ist, jetzt und hier – passt so gar nicht zu meiner Wirklichkeitswahrnehmung; sie passt nicht angesichts der Alltäglichkeiten meines eigenen Lebens, und noch viel weniger angesichts all der abgründigen Bestialität, die Abend für Abend über die Nachrichtenkanäle in mein Wohnzimmer schwappt.

Wenn ich also ehrlich bin, scheint es mir gar nicht so grundlegend anders zu gehen als den ursprünglichen Adressatinnen und Adressaten dieses Schreibens in Ephesus. Und so will ich mich gerne mit meinen frühen Glaubensgeschwistern in die Rolle des Lernenden begeben und mir neu das Herz aufschließen lassen für das Wunder des radikalen Neuanfangs, das uns in Christus geschenkt ist. Die Welt mit Auferstehungsaugen (nach einem Wort Klaus Hemmerles) sehen lernen, die Wirklichkeit annehmen im festen Vertrauen darauf, dass es gut werden wird, ja dass es im Tiefsten und allem Augenschein zum Trotz schon gut ist, weil die Macht des Todes ein für alle Mal gebrochen ist: Ich fürchte, zumindest für mich ist das keine leichte Übung, sondern eher ein Lebensprogramm.

Mir kommt das Apostolische Schreiben von Papst Franziskus in den Sinn, das im Herbst 2013 für helle Aufregung gesorgt hat: *Evangelii gaudium*, die Freude des Evangeliums. Dort schreibt er über die alles verwandelnde Kraft der Freude, die das Evangelium in unserem Leben auslösen will. Alle aber, die meinen, sich nicht auf Kommando freuen zu können, ermahnt er: »Ich verstehe die Menschen, die wegen der schweren Nöte, unter denen sie zu leiden haben, zur Traurigkeit neigen, doch nach und nach muss man zulassen, dass die Glaubensfreude zu erwachen beginnt, wie eine geheime, aber feste Zuversicht, auch mitten in den schlimmsten Ängsten« (EG 6). Nun leide ich nicht unter schweren Nöten und verspüre keine schlimmen Ängste. Mir scheint, ich neige auch nicht über Gebühr zur Traurigkeit. Aber dies eine will ich mir vom römischen Bischof doch gerne ins Stammbuch schreiben lassen: Dass Ostern im eigenen Leben wirklich ankommen kann, ist keine Selbstverständlichkeit. Auch wenn es paradox klingen mag: Manchmal erfordert es eine Herzensanstrengung, der Freude Raum zu geben.

Bei dieser Arbeit will ich mich vom Epheserbrief gerne leiten lassen.

Erstveröffentlichung: 2015

Same procedure as last year?

Messe vom Letzten Abendmahl
1 Kor 11,23–26 // Joh 13,1–15

I.

Darf ich Sie in Gedanken entführen? Zurück in den vergangenen Dezember, an den 31.12. des vergangenen Jahres, den Silvestertag? Mitten hinein in die Jahresendroutine mit ihren Eigentümlichkeiten und all den Ritualen, mit denen Sie diesen letzten Tag des Jahres für gewöhnlich begehen? Ich würde wetten, dass *Dinner for one* dabei einen festen Platz einnimmt. Bei uns zuhause jedenfalls ist das immer schon so gewesen: Schon im Voraus schauen wir, in welchem der diversen dritten Programme und zu welcher Uhrzeit *Dinner for one* ausgestrahlt wird, und dann richten wir unser Silvester danach aus. Ein echter Klassiker, so schön, so skurril – er gehört halt irgendwie zu Silvester dazu: die alte Dame, die ihren 90. Geburtstag feiern will, aber keine lebenden Freunde mehr hat, so dass der Butler aushelfen muss und binnen kürzester Zeit sturzbetrunken über den Tigerkopf am Boden stolpert und die Blumenvase leertrinkt. *Same procedure as last year, Miss Sophie? – Same procedure as every year, James!*

Was das mit dem heutigen Fest Gründonnerstag und der Messe vom Letzten Abendmahl zu tun hat? Auch wir feiern heute einen Geburtstag, einen ebenfalls sehr eigentümlichen zumal. Es ist der Geburtstag unserer Kirche. Also, einer von mehreren, genau genommen. Denn es gibt mindestens zwei davon. Am Pfingsttag kommt der Geist wie in Feuerzungen auf die in Jerusalem versammelten Jüngerinnen und Jünger Jesu herab (vgl. Apg 2,1–13). Die öffentliche Sendung der Kirche beginnt. Das ist das eine – wenn man so sagen will, es gibt ja keinen expliziten Stiftungsakt – Gründungsereignis der Kirche. An Pfingsten erfährt sie, dass sie nicht für sich selber da ist, nicht um ihrer selbst willen existiert, sondern dass sie für die anderen – für alle Menschen – da zu sein und nur um derentwillen überhaupt eine Daseinsberechtigung hat. Kirche ist Aufbruch, ist Bewegung hin zur Welt, mitten hinein in die bunte Vielfalt der unterschiedlichen Wirklichkeiten, in denen Menschen leben.

Zuvor aber liegt noch ein früherer Gründungsimpuls, den wir neben dem Pfingsttag als einen weiteren Geburtstag unserer Kirche nehmen können, und der geht vom heutigen Abend aus. Heute feiern wir die Messe vom Letzten Abendmahl. Wir erinnern uns in diesem besonderen Gottesdienst an jenes letzte Essen Jesu mit seinen Jüngern unmittelbar vor seiner Hinrichtung. Wir feiern die Erinnerung an die Segensworte, die er über den Becher und das Brot sprach und die für die Kirche zum Vermächtnis wurden, zu Erbe und Auftrag gleichermaßen: »Das ist mein Leib für euch« – »Dieser Kelch ist der Neue Bund in meinem Blut« – »Tut dies zu meinem Gedächtnis« (1 Kor 11,24–25). Gleich werden wir im Hochgebet jenen kurzen Einschub hören, den die Kirche nur am heutigen Abend betet: »Denn an dem Abend, an dem er ausgeliefert wurde und sich aus freiem Willen dem Leiden unterwarf – *das ist heute* –, nahm er das Brot und sagte Dank …«. Die Kirche lebt nicht einfach aus sich selbst heraus, sondern ganz aus dem Gedächtnis an diese Worte. Sie ist eine Erinnerungsgemeinschaft.

II.

Deshalb also kam mir *Dinner for one* in den Sinn, als ich die Texte vom heutigen Tag gelesen und die Predigt vorbereitet habe. Meine, unsere Kirche hat heute Geburtstag. Happy Birthday, du alte Dame *ecclesia*, und alles Gute! Wobei, zugegeben: Der Vergleich mit *Dinner for one* ist vielleicht ein wenig unfreundlich. Denn auch, wenn derzeit weibliche Kirchenbilder vor allem in amtstheologischen Fragen eine gewisse Konjunktur haben (denken Sie nur an die Rede von der Kirche als der Braut ihres Bräutigams Jesus, um so argumentieren zu können, dass nur Männer diesen Jesus als Priester repräsentieren dürfen), so ist die alte Dame in *Dinner for one* als Vergleichsgröße doch ein wenig speziell. Aber, auf der anderen Seite, ist nicht doch auch viel Wahres dran? Mir jedenfalls kommt meine Kirche in diesen Tagen oft genug wie jene etwas störrische, altgewordene und ziemlich selbstversponnene Miss Sophie vor, im Sketch so grandios gespielt von May Warden. Ist es nicht auch im Fall der katholischen Kirche so, dass sie in völliger Verkennung der Realitäten darauf beharrt, dass alles so bleiben müsse, wie es immer war? Dass sie an Scheinwirklichkeiten und Fassadenspielen festhält, die nicht mehr wirklichkeitsgedeckt sind, und dabei gar nicht merkt, wie es zusehends einsamer um sie herum wird? Und ist es nicht auch bei uns so, dass den Preis dafür oft genug die wenigen verbleibenden, hoch motivierten Hauptamtlichen zu zahlen haben, die innerlich ausbrennen und sich von bekannter Seite dafür auch noch als Funktionärsclique beschimpfen lassen müssen?

In der Tat, oft genug kann man sich des Eindrucks nicht erwehren: Aus dem Mahl mit den Zwölfen wurde ein *Dinner for one*, und aus der Verheißung, dass alles neu werden wird, dass aus der Erinnerung der Neuaufbruch und die Sendung folgen, wurde ein resignatives *Same procedure as every year.*

III.

Dabei ist es doch so, dass dieses *same procedure as ...* gar nichts per se Schlechtes ist. Jedes Ritual, jede Liturgie lebt eben daraus. Wir sind (um nur ein Beispiel zu nennen) zu Recht stolz auf unsere teilweise jahrtausendealte Spiritualität der großen Orden, die bis heute aus dem reichen Quellschatz ihrer Gründerfiguren leben und auch heute noch vielen Menschen Rat, Hilfe und eine spirituelle Heimat bieten. Die Frage ist nur, wann der Kipppunkt erreicht ist, bei dem aus dem lebendigen Ritual eine kalte Routine und das inhaltsvolle Gedächtnishandeln zu einer leeren Wiederholung des Immergleichen wird, zu einer dumpfen Perpetuierung des Gewohnten, die Wirklichkeitswahrnehmung, Urteilskraft und Innovationsvermögen gleichermaßen lähmt.

In einem der wichtigsten Texte des Zweiten Vatikanischen Konzils, in der dogmatischen Konstitution über die Kirche *Lumen gentium*, heißt es: »Das Geheimnis der [...] Kirche wird in ihrer Gründung offenbar« (LG 5). Es lohnt also, nochmals genauer auf dieses heutige Gründungsereignis zu schauen. Dabei wird deutlich: Die Gedächtnishandlung, die der jungen Gemeinde bei jenem letzten Mahl Jesu mit den Seinen aufgetragen wurde, ist unendlich mehr als ein so verstandenes, leeres *same procedure as*. Es ist vielmehr die tätige Erinnerung daran, dass Kirche nicht aus sich selbst heraus lebt, sondern ganz und gar aus dem heraus, der sich ihr in den Gestalten von Brot und Wein schenkt: Jesus Christus. Nur deshalb (und nur dann) kann sie sich als zu allen Menschen gesandt wissen, nur deshalb (und nur dann) hat sie eine frohe Botschaft auszurichten, die für alle relevant ist: Weil (und wenn) sie nicht aus sich heraus existieren will, sondern aus dem heraus, der will, dass Leben in Fülle für alle sei (vgl. Joh 10,10b)!

Es ist eine geheimnisvolle Zeitverschränkung mit dieser Erinnerung verbunden. Das »Tut dies zu meinem Gedächtnis« (1 Kor 11,24) wird in der Verbindung mit dem »Das ist mein Leib«

(1 Kor 11,24) zu einer Erinnerung, die ganz aus dem Morgen heraus lebt und zu einer lebendigen Verheißung wird. Denn das, was da gefeiert wird, ist nichts einfach nur Vergangenes, nichts Abgeschlossenes, sondern es ist die Zukunft des Gottesreiches, das in der Person dieses Wanderpredigers aus der galiläischen Provinz schon mitten unter uns angebrochen ist. Das Wort, das alle drei Zeitdimensionen zusammenhält und miteinander verschränkt, lautet: Verheißung. Wir dürfen und wir können trotz aller kirchlichen Skandale, trotz aller gesellschaftlichen Umbrüche, trotz Krieg und Klimakatastrophe das Heute beherzt – mutig und gelassen zugleich – gestalten, weil wir aus einer Verheißung heraus leben, die nicht im luftleeren Raum angesiedelt ist, sondern einen Ankerpunkt in der Geschichte hat und sich aus der Hoffnung auf die »Zukunft des Gekommenen« (Walter Kreck) speist. An eben diese Verheißungsdynamik erinnern wir uns, wenn wir auch am heutigen Abend das »Tut dies zu meinem Gedächtnis« (1 Kor 11,24) begehen und uns im Glauben wieder aufs Neue seiner Gegenwart mitten unter uns vergewissern.

IV.

Das hat nicht unerhebliche Konsequenzen. Zwei davon will ich noch mit Ihnen bedenken. Die eine ist, dass die Erinnerung an den Anfang, die wir heute begehen, zum Motor beständiger Veränderung und Erneuerung werden soll. Kirche, die ihren Ursprüngen treu bleiben will, lebt nur in und aus beständiger Transformation. Christsein gibt es nur als permanentes Christwerden. Kirche ist einmal gegründet und muss doch unablässig aufs Neue gegründet werden, um ihren anfänglichen Wurzeln treu bleiben zu können. Ekklesiogenese nennen das die Pastoralprofis. Gemeint ist: Kirchesein ist nur als Kirchewerden – als Ekklesio-Genese – vorstellbar. Echte Tradition vollzieht sich immer als Innovation, weil der Ursprung, der bewahrt werden will, je neu in der Gegenwart wiederzufinden bzw. zu verorten ist.

Sie kennen wahrscheinlich das Gedicht von Lothar Zenetti, es ist schon ein wenig abgedroschen. Der Titel lautet: *Inkonsequent.* Zenetti schreibt: »Frag hundert Katholiken, was das Wichtigste ist in der Kirche. Sie werden antworten: die Messe. Frag hundert Katholiken, was das Wichtigste ist in der Messe. Sie werden antworten: die Wandlung. Sag hundert Katholiken, dass das Wichtigste in der Kirche die Wandlung ist. Sie werden empört sein: Nein, alles soll bleiben, wie es ist!« Der Text ist vielleicht ein wenig moralinsauer. Aber viel wird tatsächlich daran hängen, dass wir die Transformations- und Erosionsprozesse, denen wir uns derzeit kirchlich ausgesetzt sehen, nicht als Bedrohung von außen wahrnehmen, sondern als Anreiz verstehen, jeden Tag aufs Neue zu überlegen, wie wir in veränderten Rahmenbedingungen dem ein für alle Mal gesetzten Gründungsimpuls treu bleiben können. Viel wird daran hängen, uns dabei nicht ängstlich abzukapseln, sondern zu öffnen und unsere Identität grad im Sich-Verschenken zu bewahren, damit – mit einer wunderbaren Formulierung meiner Würzburger Kollegin Christine Büchner – die Grenze zur Kontur wird und so das Trennende verliert. Christliche Identität verrät sich selbst, wenn sie identitär wird. Gott ist der Gott aller Menschen, Jesus hat das Reich der Gnade allen verkündet, nicht nur den Braven und Angepassten und denen, die sowieso schon dazugehörten. Viel wird schließlich daran hängen, dass wir endlich begreifen, dass Veränderung nichts diesem Ursprung Fremdes ist, sondern das Ureigenste unserer Identität als Christinnen und Christen: Wandlung. Anfang. Neuer Beginn.

V.

Die andere Konsequenz, um die es mir geht, zeigt sich, wenn wir die beiden neutestamentlichen Schrifttexte des heutigen Tages nebeneinanderlegen. Sie handeln vom gleichen Ereignis, dem letzten Mahl Jesu mit seinen Jüngern am Abend vor seiner Hinrichtung. Aber sie haben unterschiedliche inhaltliche Schwerpunkte. Paulus schreibt in seinem Brief an die Korinther von den Deuteworten Jesu über Brot und Wein: »Das ist mein Leib für euch. Tut dies zu meinem Gedächtnis« (1 Kor 11,24)! Und dann: »Dieser Kelch ist der Neue Bund in meinem Blut. Tut dies, sooft ihr daraus trinkt, zu meinem Gedächtnis« (1 Kor 11,25). Denselben Schwerpunkt setzen auch die synoptischen Evangelien nach Markus, Matthäus und Lukas, die ebenfalls das Brot- und Becherwort in den Mittelpunkt ihrer Erzählungen vom Letzten Abendmahl stellen. Anders das Johannesevangelium, das wir gerade gehört haben. Auch hier geht es um diesen letzten Abend Jesu mit den Seinen vor dem Kreuzestod. Aber der Evangelist Johannes stellt die Fußwaschung Jesu an Simon Petrus und den anderen Jüngern in den Mittelpunkt: »Wenn nun ich, der Herr und Meister, euch die Füße gewaschen habe, dann müsst auch ihr einander die Füße waschen. Ich habe euch ein Beispiel gegeben, damit auch ihr so handelt, wie ich an euch gehandelt habe« (Joh 13,14–15).

Das ist die zweite Konsequenz, um die es mir geht: Aus der Vergegenwärtigung, dass Jesus sich uns im eucharistischen Mahl schenkt, folgt wie von selbst die Fußwaschung, die Bewegung nach außen, zu den anderen hin. Fußwaschung und Gedächtnismahl sind eins. Es ist ein und dasselbe Ereignis, und das eine ist ohne das andere nicht zu haben. Denn die Weitergabe des Empfangenen ist der einzig angemessene Modus des Empfangens selbst. So hat es sinngemäß einmal der Bonner Theologe Karl-Heinz Menke formuliert. Sein Tübinger Kollege Bernd-Jochen Hilberath bringt diese doppelt-eine Grundbestimmung der Kirche wie folgt auf den Punkt: Kirche lebt nicht aus sich selbst, und Kirche lebt nicht für sich selbst. Das Nicht-aus-uns-selbst der Eucharistie mündet, wenn wir es ernst nehmen, ganz von selbst in das Nicht-für-uns-selbst der Sendung, grundgelegt in der Szene von der Fußwaschung am Hohen Donnerstag und in der Pfingsterzählung. Weil die Vertikale, das Nicht-aus-uns-selbst unserer Christusverbundenheit, bis in den Himmel hineinreicht, deshalb umfasst die Horizontale, das Nicht-für-uns-selbst der Fußwaschung und des Pfingsttages, potenziell die ganze Welt.

VI.

Das Geheimnis der Kirche wird in ihrer Gründung offenbar. Im Nicht-aus-uns-selbst des eucharistischen Gedächtnismahls und im Nicht-für-uns-selbst der Fußwaschung. Beides ist miteinander verschränkt, beides bedingt sich gegenseitig, das eine ist nicht ohne das andere zu haben. Doch dieser Anfangsimpuls ist nicht einfach im Heute da. Er ist ein für alle Mal gesetzt und muss doch je neu gewonnen werden, in immer neuen Anfängen und Aufbrüchen. Damit wir werden, was wir sind: Leib Christi, Sakrament des Geistes, Volk Gottes und – was auch werden mag – seine geliebten Kinder. Gebe er uns seinen Segen dazu.

Erstveröffentlichung: 2023

Ecce homo

Karfreitag
Joh 18,1 – 19,42

Die eigentliche Predigt hält an diesem so besonderen Tag für die Kirche die Liturgie, die in ihren Riten und Gebeten das Kreuz in den Mittelpunkt stellt. Ich will mich deshalb mit einigen wenigen Gedanken begnügen. Was ist an diesem Tag und zu dieser Stunde vor nun bald 2000 Jahren vor den Toren Jerusalems auf Golgota geschehen? Was haben das Sterben und der Tod dieses Menschen zu bedeuten?

Zunächst einmal handelt es sich um einen Schauprozess, bei dem um das Jahr 30 herum in Jerusalem ein politischer Querulant, der mit seinem messianischen Anspruch die politische Ordnung der *Pax Romana* durcheinander zu bringen drohte, von der römischen Besatzungsmacht hingerichtet wurde. Wäre es nur das, so wäre dieser Tag ein Tag der Vergangenheit, der uns heute nichts mehr zu sagen hätte: Messiasanwärter gab es viele in der damaligen religiös aufgeheizten Situation, und das römische Reich hat seine Macht mit einer unabsehbaren Vielzahl von Kreuzen gesichert.

Es ist darüber hinaus aber auch ein Psychogramm menschlicher Leidenschaften und Abgründe, das sich am Kreuz enthüllt. Denn hier starb ein Gerechter. Nicht eine der bekannten wechselseitigen Gemeinheiten – nach dem Motto: wie du mir, so ich dir – war es, die für einen der Beteiligten tödlich endete; auch nicht eine verschärfte Form von Einbahngemeinheit, die einem den Tod brachte, der den anderen gar nichts zuleide getan hatte. Was hier geschah, ist schlimmer: Hier starb einer, der nicht nur unschuldig war, sondern der sich mit seiner Botschaft und seinem Leben ganz und gar für das Leben anderer eingesetzt hatte, der ihnen nicht nur nichts Böses getan, sondern alles erdenklich Gute geschenkt hatte. So wurde er zum Ärgernis: Er predigte anders, er lebte anders, er war anders. Er hielt seiner Zeit den Spiegel vor, stellte die bisher gültigen Kategorien des Umgangs miteinander auf den Kopf. Die Werte, die er lebte, waren zu gefährlich für die Mächtigen seiner Welt. Die Botschaft der Gewaltlosigkeit ist subversiv in Zeiten, in denen Macht mit Unterdrückung erkauft wird. Die Einladung an Ausgegrenzte und an den Rand Gedrängte ist provokant in Gesellschaften, die sich durch Innen-Außen-Grenzen stabil erhalten.

So wird zum Spiegelbild unserer eigenen Seele, was dort am Kreuz geschah. Warum schlagen wir die ans Kreuz, die uns ganz wehrlos begegnen? Woher kommt der Drang in uns, denen die tiefsten Wunden zu schlagen, die uns bedingungslos lieben? Wir ertragen jene nicht, die rückhaltlos und ohne Falsch das Gute tun, weil ihr Tun uns bewusst werden lässt, wie weit wir selbst dahinter zurückbleiben. Ihr Vorbild entlarvt unsere Scheinheiligkeit als Heuchelei. Ihr Beispiel reißt einen Riss in die Fassaden unseres Selbst, der nur gekittet werden kann, wenn wir die, die uns so die Wahrheit über unser Ich vor Augen halten, aus der Welt schaffen. »Seht, der Mensch« (Joh 19,5)! *Ecce homo*! Seht den *Menschen*! Seht, wozu der Mensch fähig ist! Der Blick auf das Kreuz enthüllt uns unsere eigenen Abgründe. Der Blick auf das Kreuz enthüllt uns die Wahrheit über unsere Geschichte und die Wahrheit über unser Herz.

Ecce homo! Seht den Menschen! Seht *diesen* Menschen, der da hängt. Ein Mensch durch und durch, von Menschen ans Kreuz geschlagen. Und doch: mehr als ein Mensch, mehr noch als der beste aller Menschen. Jener Mensch, der in seiner Botschaft, seinem Leben und noch in seinem Sterben nichts anderes im Sinn hat, als Gott Raum zu geben, als Gott groß sein zu lassen; jener Mensch macht sich so durchlässig auf seinen Gott hin, dass Gott in ihm aufscheinen kann, dass Gott in ihm Gegenwart wird auf dieser Welt. Am Kreuz vollendet sich, was in der Krippe begann: Gott nimmt Wohnung in diesem Jesus von Nazaret, nimmt in ihm Wohnung mitten unter uns in unserer Zeit, uns zu Heil und Rettung.

Denn es ist Gott selbst, der da in seinem gerechten Knecht am Kreuz leidet und stirbt. So leidet und stirbt Gott selbst solidarisch mit all jenen, die an die Kreuze der Geschichte geheftet werden. So erweist er sich solidarisch mit jenen, die zu allen Zeiten und auf alle nur denkbaren Weisen gekreuzigt werden. Gott weicht dem Tod nicht aus. Gott nimmt den Tod mitten hinein in sein eigenes, göttliches Sein. Das ist uns ein Trost in den Toden unseres Lebens, auch im letzten: »Gott ist die Einheit von Tod und Leben zu Gunsten des Lebens«, so formuliert es Eberhard Jüngel tiefsinnig. Gott hat den Widerstreit von Tod und Leben zu Gunsten des Lebens entschieden; nicht spekulativ, nicht per Dekret, sondern ganz konkret, leibhaftig da am Schandkreuz vor nun bald 2000 Jahren auf einer Anhöhe vor den Toren Jerusalems, als er dem Tod nicht auswich, sondern ihn ertrug und ihn grad so in Leben wandelte, uns allen Leben eröffnend, den Opfern wie den Tätern, den unschuldig Leidenden wie den schuldig Gewordenen, auf je eigene Weise.

Das Einstehen Gottes dort am Kreuz für uns ist kein Automatismus. Das Geheimnis der Stellvertretung ist kein magischer Tausch. Es ist vielmehr das immerwährende Versprechen, all unsere Kleingeisterei, all unseren Hass, all unsere Gemeinheiten nicht mit gleicher Münze zu vergelten, sondern mit je neuer, je größerer Liebe zu umfassen. So ist uns auch in unserer Schuld ein Raum eröffnet, der uns freisetzt und ermutigt, uns neu auf Gott auszurichten.

Am Kreuz Jesu erweist sich Gott als die Einheit von Tod und Leben zu Gunsten des Lebens (Eberhard Jüngel). Das Kreuz Jesu, es ist der Tod des Todes, weil Gott selbst ihn erträgt. Was aber Gott trägt, was Gott umfängt, was Gott in sich aufnimmt, das wird zu Leben, weil Gott das Leben ist. Das Kreuz Jesu, es ist der Sieg des Lebens, weil der Tod ins Leben Gottes gewandelt wird.

Aber heute ist nicht Ostern. Heute ist Karfreitag. Nichts kann das Leiden wegdrücken, nichts den Tod verdrängen. Wir müssen das Schweigen aushalten, die Leere, die Trauer. »Der Wunsch nach der Landschaft diesseits der Tränengrenze taugt nicht«, so sagt es die Lyrikerin Hilde Domin. Nicht am Tod vorbei, aber durch ihn hindurch geht unsere Hoffnung. Heute ist nicht Ostern. Heute ist Karfreitag. Aber die Hoffnung und die Verheißung, dass im Sterben dieses Gerechten neues Leben begründet ist, die hilft uns, diesen Tag zu tragen.

Anmerkung: Ich beziehe mich hier auf den Abschnitt *Drei Ebenen von Gemeinheit*, in: Hansjürgen Verweyen, Gottes letztes Wort. Grundriss der Fundamentaltheologie, Regensburg ^{4}2002, 198–201.

Gehalten am 22.04.2011 in St. Ludwig, Berlin/Wilmersdorf

Osterzeit und Pfingsten

Ostern – Hermeneut des Lebens

Ostersonntag am Tag
Joh 20,1–18

I.

Was ist das für eine Zeit, die hinter uns liegt: Die Corona-Pandemie hielt die Welt in Atem, Millionen Tote waren zu beklagen. Die Erinnerungen an die ausgefallenen Osterfestgottesdienste im Jahr 2020 sind noch sehr lebendig. Vermeintlich stabile Demokratien sind, so zeigte sich außerdem, anfällig für Lüge, Hass und Hetze. Wenn sich dann zu Demagogie und Populismus noch schlechte Wirtschaftsdaten dazugesellen, wird die Decke der Zivilisation ganz schnell erschreckend dünn. Der Überfall Putins auf die Ukraine im Februar 2022 brachte neben Hunderttausenden von Toten, Verletzten und Geflüchteten die Sicherheitsordnung eines ganzen Kontinents, einer ganzen Generation zum Einsturz. Von der sich immer dramatischer zuspitzenden Klimakrise und den damit zusammenhängenden Migrationsbewegungen und Ressourcenkonflikten einmal ganz zu schweigen. Und innerkirchlich? Da führt eine schleppende Missbrauchsaufarbeitung, neuerliches Vertuschen und Verzögern von Reformen zu einer bis dato ungekannten Implosion des kirchlichen Lebens bis ins innerste Mark unserer Ortsgemeinden hinein.

Wie sollen wir da Ostern feiern? Welche Lieder sollen wir singen? *Erschalle laut, Triumphgesang*? *Das Grab ist leer, der Held erwacht*? Gewiss nicht. Aber auch die leisen, die vorsichtigeren Töne fallen schwer in diesen Zeiten. Vielleicht passt das wohl älteste Lied in deutscher Sprache überhaupt, das heute noch gesungen wird, besser in diese so eigentümliche Situation hinein. Seine Wurzeln reichen bis ins 12. Jahrhundert zurück: »Christ ist erstanden von der Marter alle. Des solln wir alle froh sein; Christ will unser Trost sein. Kyrieleis« (Gotteslob, Nr. 318). Es ist ein nüchterner Gesang, der noch im Osterlob die Not der vergangenen, winterlichen Zeit nachklingen lässt. Er erzählt vom Trost der Auferstehung – und verbindet diesen Trost mit dem Ruf um Erbarmen an den auferstandenen Herrn. Vor allem aber weiß das Lied um die Bedeutung der Auferstehung Jesu Christi für Wohl und Wehe der ganzen Welt: »Wär er nicht erstanden, so wär die Welt vergangen. Seit dass er erstanden ist, so freut sich alles was da ist. Kyrieleis«, so heißt es dann weiter.

II.

Ende gut, alles gut also? Auferstanden aus Ruinen? Wer so denkt, hat die Botschaft dieses Tages nicht verstanden. Denn Ostern will nicht das Vergangene zudecken und einfach einen neuen Abschnitt im unabsehbar nach vorne hin weiterlaufenden Gang der Zeit mit seinen hellen und dunklen Tagen aufschlagen. Ostern will vielmehr einen neuen Blick auf diese Welt und ihre Zeit insgesamt schenken und sie so als Ganze von innen her durchpulsen und verwandeln: im Ende – der Anfang (in Aufnahme eines Buchtitels von Jürgen Moltmann). So ist Ostern das große Versprechen, dass auch das Gestern besser zu werden vermag (nach einer treffenden Formulierung von Georg Essen, der hier seinerseits die Comicfigur Charlie Brown aufruft). Dass im Tod das neue Leben schon anfanghaft verborgen liegt. Dass unter dem Reif des Winters der Samen des Neuen schon zu keimen beginnt.

Wer nur von hier nach dort schaut, von unserer Zeit und ihren Nöten und Sorgen hin zum hohen Glanz der Osterbotschaft, wird wohl nur schwer einen Zugang zur Osterfreude finden. Nötig ist ein Perspektivenwechsel: von dort nach hier. Der Aachener Bischof Klaus Hemmerle hat das einmal mit dem Stichwort *Osteraugen* auf den Punkt gebracht. Das ist die Einladung dieser Auferstehungsfeier am heutigen Tag an uns: Schaut mit den Augen von Ostern auf diese Welt und ihre Zeit, seht ihre Not, seht ihr Scheitern, seht ihre Kreuze – aber seht sie an mit dem Wissen um die Verheißung, die uns geschenkt und durch die Jahrhunderte hindurch bezeugt ist. Seht das Gewordene an im Licht der Verwandlung und des neuen Beginns; eines Beginns, der das Alte nicht einfach abkappt, sondern der es umfasst, der es verwandelt und ins Helle hinein einbirgt. Das ist eine Osterfreude, die das Vergangene nicht verdrängen muss, die auch das Dunkle nicht verleugnet, aber die es eintaucht in die Botschaft der Auferstehung – und die so auch im Alten schon die Keime und Knospen des Neuen findet.

So wird das Osterfest zum Interpreten unseres Lebens und unserer Geschichte, zum Hermeneuten unserer Zeit. Es legt eine neue Sicht auf die Wirklichkeit und hilft uns, die Zeit, in die wir hineingestellt sind, als die unsere zu bestehen und gestalten – ohne Übermut und ohne Eskapismus, aber mit einem wachen Blick und einem offenen Herzen. Denn das Kreuz von Karfreitag wird auch am Ostermorgen nicht einfach ungeschehen. Der Auferstandene trägt die Narben und Spuren – wie es in unserem uralten Osterlied heißt – »der Marter alle« bleibend an seinem verklärten Leib. Aber sie schmerzen und bedrängen nicht mehr. Das ist die Botschaft dieses Ostertages: Das Kreuz des Sohnes leuchtet gewissermaßen von innen her und macht alles Todesdunkel hell, weil Gott selbst in seinem Sohn den Tod von innen her zersprengt und ins helle Licht seines Lebens gestellt hat. Das Licht erhellt die Finsternis, das Leben ist stärker als der Tod, die Liebe überdauert den Hass, der Sinn durchträgt den Unsinn. Das zu feiern, dafür zu danken, haben wir allen Grund. So haben wir alles Recht zu lachen, den Tod zu verspotten und zu tanzen auch auf Gräbern.

III.

Wenn wir unsere Wirklichkeit im Licht der Auferstehung betrachten, dann wird das Osterfest, das wir heute gemeinsam feiern, zum Interpreten unseres Lebens, zum Hermeneuten unserer Zeit, so hatten wir gerade gesagt. Lassen Sie uns in dieser Perspektive noch einen Blick auf die Begegnung von Jesus und Maria von Magdala werfen, die im Zentrum der langen Version des heutigen Tagesevangeliums nach Johannes steht. Sie ist es wert, dass wir uns auch von ihr unsere Gegenwart ausdeuten lassen.

Schauen wir zunächst auf die Außenseite dieser Geschichte, die mit der besonderen Rolle der Maria Magdalena zu tun hat. In allen vier Evangelien sind es die Frauen, die nicht wie die Jünger fliehen, sondern die unter dem Kreuz ausharren. Es sind die Frauen, die dann die ersten Zeuginnen der Osterbotschaft von der Auferweckung des Gekreuzigten werden. In allen Evangelien wird Maria Magdalena hier an erster Stelle genannt, aber bei Johannes verdichtet sich das Ganze nochmals in dieser einen Figur der Maria von Magdala. Sie ist im Johannesevangelium diejenige, die zuerst das leere Grab entdeckt, und sie ist diejenige, die zuerst dem Auferstandenen begegnet. Sie ist die Urzeugin der Auferstehung, die Urzeugin der Ostererscheinungen. Und sie ist diejenige, die dann den in Jerusalem versteckten Jüngern die Osterbotschaft überbringt: »Ich habe den Herrn gesehen« (Joh 20,18).

Der Ehrentitel *Apostolorum apostola*, Apostelin der Apostel, den Maria von Magdala schon seit dem 2. Jahrhundert trägt, hat hier seinen Ursprung. Maria Magdalena verrichtet als Erste den Dienst der Apostel: Sie legt Zeugnis ab von ihrer Begegnung mit dem Auferstandenen. Das ist die Grundidee des apostolischen Dienstes: den Glutkern des Christlichen, der aus der Begegnung mit dem Auferstandenen rührt, in Treue zu diesem Ursprung weiterzusagen. Die Frauen, und allen voran Maria Magdalena, sind die ersten und wichtigsten Apostel. Kein Geringerer als Papst Franziskus hat diese Tradition 2016 wieder aufgegriffen und den Gedenktag der Maria Magdalena in den Rang eines Festes erhoben. Sie ist damit zumindest liturgisch den anderen, männlichen Aposteln gleichgestellt, die entsprechende Tagespräfation führt auch den Ehrentitel *Apostolorum apostola*. So zieht sich in der großen Geschichte der Kirche, die nur geweihte Männer als Apostelnachfolger kennt, vom Ostermorgen an diese kleine und subversive Linie mit hindurch. Es wäre, so meine ich, an der Zeit, dies nicht nur, wie es gerne geschieht, im Hinblick auf Evangelisierung und Laienapostolat zu bedenken, sondern auch im Hinblick auf das apostolische Amt selbst, dessen Kern und Wesen niemand klarer und reiner zum Ausdruck gebracht hat als jene Frau aus Magdala.

IV.

Die Innenseite dieser Begegnung des Auferstandenen mit Maria Magdalena kreist um jenes rätselhafte *Noli me tangere* – jenes »Halte mich nicht fest« (Joh 20,17) – das der Auferstandene zu Maria spricht. Bei Johannes verdichtet sich in diesen Worten eine ganze Christologie, die davon handelt, wie der Auferstandene die Jüngerinnen und Jünger mit hineinnehmen will in seine Gottesbeziehung, wie er sie teilhaben lassen will an seiner neuen, nun entgrenzten und erhöhten Seinsweise zur Rechten Gottes. Für uns heute aber können diese Worte eine Hilfe sein, die Situation der Kirche und des Glaubens, in die wir hineingestellt sind, besser zu bestehen. Erlauben Sie mir deshalb zum Schluss dieser Osterpredigt noch eine kurze Bemerkung dazu.

Maria begreift erst, wer da vor ihr steht, als sie vom Auferstandenen mit ihrem Namen angesprochen wird. Das ist das Geheimnis der geschenkten Identität. »Hab' ich dein Ohr nur, find' ich schon mein Wort.« So drückt es Karl Kraus aus und beschreibt damit präzise die Größe und Tragik unserer Existenz, dass wir unser Selbstsein und unser Weltverstehen immer nur in einer fragilen Balance aus Selbstwahrnehmung und Fremdzuschreibung gewinnen. Identität wächst an und aus Beziehungen. Und je unübersichtlicher die Zeiten, desto mehr der Drang, sich an etwas Stabilem festhalten zu wollen. Das ist auch im Glauben so. Das *Noli me tangere* des Auferstandenen nun kann ein Hinweis darauf sein, dass die Kunst des Glaubens wie des Liebens gerade nicht im Festhalten, sondern im Loslassen liegt. Das ist die Zumutung von Ostern: dass der Auferweckte der je Größere ist, größer als unser Konzept von ihm, und dass er sich nicht vereinnahmen lässt für unsere Versuche, seiner habhaft zu werden. Halt mich nicht fest!

Die Begegnung mit dem Auferstandenen ist eine Begegnung in und aus dem Glauben. Sie ist damit immer auch angefochtene, im Gebet und im Tun des Guten gegen Leere und Zweifel durchgetragene Begegnung. Die Nähe des Auferstandenen ist zugleich sein Entzogensein. Nur so kann er uns innerlicher sein als wir selbst uns nahe sind (vgl. Augustinus, Bekenntnisse III,6,11) – näher nämlich noch als unsere Vereinnahmungswünsche ihm gegenüber. Dass uns gerade so manches Liebgewordene an Kirche und Glaube zerbricht, kann, wiederum in diesem österlichen Licht betrachtet, auch eine Chance werden: dass wir einen Schritt zurücktreten, uns neu unserer leeren Hände bewusstwerden. Dass wir uns neu ausrichten an der österlichen Verheißung geschenkter und befreiter Identität. Die Begegnung mit dem Auferstandenen führt in ein unbekanntes, neues und verwandeltes Leben aus dem Glauben. Wir brauchen keine Angst davor zu haben. Es ist Ostern.

Ostern ist das Fest der Befreiung zu neuem Leben, das Fest des Sieges des Lebens über den Tod. Betrachten wir die Wirklichkeit im Licht der Auferweckung, so wird uns Ostern zum Hermeneuten unseres Lebens, zum Interpreten unserer Zeit. Als solches ist es auch das Fest der subversiven Tradition. Und nicht zuletzt ist es das Fest des Erwachsenwerdens im Glauben.

Erstveröffentlichung: 2021

Lob des Zweifels

Zweiter Sonntag der Osterzeit
Joh 20,19–31

1 Der auferstandene Gekreuzigte weckt Zweifel und Fragen

Eigentlich sind es zwei Geschichten, die uns im heutigen Evangelium vom zweiten Sonntag der Osterzeit erzählt werden, und sie wollen auf den ersten Blick gar nicht so recht zueinander passen.

Da ist zunächst die Szene, in der die Jünger ängstlich alle miteinander beisammensitzen. Die Türen sind aus Furcht vor Übergriffen verschlossen. Plötzlich tritt Jesus in ihre Mitte und spricht ihnen den Frieden zu. Das ist mehr als nur ein Wort zur Begrüßung, das ist die Zusage von Heil und Heilung, von Rettung und Neuanfang! Denn der, der da zu ihnen spricht, ist kein anderer als der auferstandene Gekreuzigte. Wie zum Zeichen, dass er es wirklich ist, zeigt er ihnen seine Hände und seine Seite mit den Spuren der Kreuzesfolterung. Da überwinden sie ihre Furcht; die Angst, die sie gerade noch gelähmt hatte, schwindet, und sie lassen sich von Jesus in Dienst nehmen und aussenden.

Hier könnte der Evangelist seine Erzählung doch enden lassen – es wäre ganz gewiss ein würdiger Abschluss der Berichte über Leiden, Sterben und Auferstehung Jesu. Doch die Osterbotschaft ist zu unerhört, zu unglaublich ist, was es zu berichten und zu bezeugen gilt: Der, der tot war, lebt. Der Gekreuzigte ist auferstanden, er ist mitten unter uns gegenwärtig, er lebt und ist auf eine Weise für uns da, dass auch wir in Freiheit und ohne Furcht füreinander da sein dürfen. Der Auferstandene ist der Gekreuzigte, kein anderer tritt an seine Stelle, es ist derselbe Jesus, der zuvor am Kreuz gehangen und so jämmerlich geendet hat, mit Wundmalen an seinen Händen und an seiner Seite. Da scheinen Zweifel angebracht, und diesen Zweifeln lässt der Evangelist Johannes Raum.

So kommt es zur zweiten Geschichte im heutigen Evangelium, die man wohl zu Unrecht die Geschichte des ungläubigen Thomas genannt hat. Denn es ist doch wohl eher die Geschichte eines um seinen Glauben Ringenden und eines Suchenden, die Geschichte eines Fragenden und Zweifelnden. Es ist die Geschichte von einem, der voller Sehnsucht ist nach Leben.

2 Thomas als nüchterner Realist

Ich gestehe offen: Er ist mir sehr sympathisch, dieser Thomas. Denn er will es genau wissen und lässt sich nicht mit Halbheiten abspeisen. Esoterischer Enthusiasmus, der das Leiden ignoriert, ist ihm genauso zuwider wie die Blindheit des Fundamentalisten, der sich vom eigenen Denken dispensiert. Zu tief ist die Wunde, die der Tod Jesu in ihm gerissen hat. Der, auf den er alles gesetzt hatte, dessen Botschaft vom menschenfreundlichen Gott seinem Leben neuen Sinn und Richtung gegeben hatte – ausgerechnet der ist am Kreuz gestorben, vor aller Augen öffentlich ins Unrecht gesetzt und – so sagt es ja die Schrift im Buch Deuteronomium – von Gott verflucht (vgl. Dtn 21,23). Nein, da plappert man nicht einfach nach, was andere so sagen, und wenn es auch die engsten Gefährten sind!

Die Erfahrungen der letzten Tage haben Thomas hart werden lassen, die Trauer und die Verzweiflung über den Verlust des geliebten Menschen haben etwas in ihm zerbrechen lassen. So wird er zum Skeptiker, zum nüchternen Realisten, der sich nicht einfach nur auf das Hörensagen verlassen will, sondern der Gewissheit braucht: »Wenn ich nicht das Mal der Nägel an seinen Händen sehe und wenn ich meinen Finger nicht in das Mal der Nägel und meine Hand nicht in seine Seite lege, glaube ich nicht« (Joh 20,25).

3 Zweifel als Zeichen lebendigen Glaubens

So wird dieser Thomas nicht nur zum Prototyp des modernen Menschen, der den Dingen auf den Grund gehen will, zum Heiligen der Neuzeit mit ihrem Wissensdurst und Forschungsdrang, sondern er wird mir auch zum Spiegelbild meines Glaubens. Von Thomas können wir lernen, was es heißt zu glauben. Denn was wäre das für ein Glauben, der frei ist von Zweifeln? Ein Glaube, der mir nicht nur äußerlich antrainiert bleiben, sondern mich wirklich ganz mit Herz und Hirn und Hand ergreifen soll, der verlangt nach dem Verstehen. Verstehen wollen geht aber mit Zweifeln einher.

Ein Glaube ganz ohne Zweifel ist, so steht zu befürchten, zuallermeist ein toter Glaube, ist ein Scheinglaube, der sich abschottet wie ein Bollwerk vor den ängstigenden und bohrenden Fragen, die uns wirklich im Tiefsten treffen. Ein Glaube, der sich das Zweifeln nicht gestattet, wird zu einer Mauer, die uns abschneidet von uns selbst und von den Menschen um uns herum, weil er uns von unserem Suchen und Fragen, von unseren Sehnsüchten und Hoffnungen abschneidet. Nicht der Zweifel ist der Feind des Glaubens, sondern die Gleichgültigkeit und die Herzensträgheit. Wie Thomas brauchen wir also unsere Zweifel nicht zu verdrängen, denn sie sind ein Zeichen unseres Unterwegsseins, unseres Lebendigseins. Der Zweifel zeigt: Der Glaube ist kein Ding, das wir als unseren Besitz stolz vor uns hertragen könnten, sondern er will ein Teil unseres Menschseins sein, fragil und zerbrechlich, aber immer unterwegs und voller Sehnsucht nach Leben.

4 Nicht in Furcht und Trauer stecken bleiben

Und die Reaktion der anderen? Zunächst die Jünger: Keinerlei Kritik ist von ihnen am Verhalten des Thomas zu hören, noch nicht einmal eine Rüge, dass er ihrem Auferstehungsbericht nicht glauben konnte. Nein, er bleibt ganz selbstverständlich einer von ihnen, bleibt einer der Zwölf, Teil ihrer Gemeinschaft.

Und Jesus selbst? Auch er macht dem Thomas die Glaubenszweifel nicht zum Vorwurf. Im Gegenteil: Er nimmt ihn ganz ernst und geht genau auf die von ihm gestellten Bedingungen ein: »Streck deinen Finger hierher aus und sieh meine Hände! Streck deine Hand aus und leg sie in meine Seite« (Joh 20,27). Jesus reagiert auf den zweifelnden Thomas nicht mit Mahnung und Moral, sondern mit Begegnung und Beziehung. Er gibt sich ihm zu erkennen, er öffnet sich ihm so, wie er ist, mit Wundmalen an Händen und an seiner Seite. Gerade so lädt er ihn zum Glauben ein: Und »sei nicht ungläubig, sondern gläubig« (Joh 20,27) – das können wir auch übersetzen mit: Sei ohne Furcht, bleib nicht stecken in deiner Trauer, sondern hab Vertrauen.

Da geschieht für Thomas Auferstehung. In der Begegnung mit dem Auferstandenen wird er befreit zum eigenen Leben. Angesichts der Wunden und Narben des Auferstandenen kann er die Verwundungen in seinem Leben zulassen und aushalten. Angenommen durch Jesus lernt er, sich selbst anzunehmen. Der Kontakt mit Jesus ermöglicht ihm, in Kontakt mit sich selbst zu treten. Und was sich wie eine Grundmelodie durch alle Ostererzählungen hindurchzieht, das wird in dieser Begegnung nun auch Thomas zugesagt, und er erfährt es als eine alles umstürzende Erfahrung von Ganz- und Heilwerden: Fürchtet euch nicht! Der Riss in seinem Inneren beginnt zu heilen, die tiefe Verzweiflung wandelt sich in Vertrauen. Neues Leben keimt auf und bricht sich Bahn im Bekenntnis: »Mein Herr und mein Gott« (Joh 20,28)!

Hier ist der Glaube nicht mehr ein blindes Festklammern an von außen herangetragenen Sachgehalten, sondern ein vertrauendes Sich-Einlassen auf eine Beziehung, auf eine Person. In diesem Bekenntnis des Thomas drückt sich ein Glaube aus, der die Zweifel nicht beiseiteschiebt, sondern in sich aufnimmt. Ein Glaube, der sich trotz aller Zweifel und durch alle Zweifel hindurch für Vertrauen entscheidet. Denn es ist der Glaube von einem, der an seinen Zweifeln und Wunden zu sich selbst gereift ist.

5 Dem Zeugnis trauen

Und wir? An uns Heutige, die Nachgeborenen, ist der letzte Satz gerichtet, den der Evangelist Johannes dem Auferstandenen in den Mund legt: »Selig sind, die nicht sehen und doch glauben« (Joh 20,29). Denn in gewisser Weise geht es uns, die wir fast 2000 Jahre nach den Ostergeschehnissen leben, ja wie Thomas zu Beginn der Erzählung: Wir sind angewiesen auf das Zeugnis anderer, die uns von Auferstehung berichten. Wir sind eingeladen, denen zu trauen, die uns mit ihrem Reden und mit ihrer Art zu leben bezeugen: Ja, es ist wahr, es gibt eine Wirklichkeit der Liebe, die ist stärker als der Tod. Und so sind wir eingeladen, angesichts der vielen kleinen Auferstehungserlebnisse um uns herum dem Wort dessen Vertrauen zu schenken, der von sich selbst gesagt hat, er sei die Auferstehung und das Leben (vgl. Joh 11,25).

Wie Thomas sollen wir also sehen, was immer nur zu sehen ist, prüfen, was immer nur geprüft werden kann und bedenken, was immer nur bedacht werden kann. Wie Thomas sollen wir mit Herz und Hirn und Hand die Finger in die Wunden unserer Gegenwart legen. Aber die Begegnung mit dem Auferstandenen zeigt eben auch: Es gibt eine Wirklichkeit des Lebens hinter den sichtbaren Fassaden, es gibt Heil und Heilung auch da, wo auf den ersten Blick nur Kreuze zu sehen sind. Diese Auferstehungswirklichkeit ist vielleicht nicht mess- und berechenbar, sie lässt sich nicht eintragen in Tabellen und Skalen. Aber sie ist zugänglich im Glauben, im vertrauenden Sich-Fallenlassen in den hinein, der uns aus unseren Ängsten reißen will und der uns Leben in Fülle verheißt (vgl. Joh 10,10b).

6 Über den Zweifeln nicht verzweifeln

Ein moderner geistlicher Schriftsteller schreibt: »Du hast das Recht, zu zweifeln, zu verzagen, die Fassung zu verlieren. Es ist kein Zeichen von Stärke, immer stark zu sein. Es ist kein Zeichen von Schwäche, schwach zu sein. Vielleicht ist nur der Glaube des Zweifelnden ein lebendiger Glaube, weil er sich aussetzt« (Ulrich Schaffer).

Das ist richtig: Wir haben das Recht zu zweifeln. Aber wir haben auch das Recht, über unsere Zweifel nicht zu verzweifeln. Sondern wir dürfen unsere Zweifel aufnehmen und dem in die Hände legen, der für uns am Kreuz verzweifelt ist, damit wir nicht in der Verzweiflung stecken bleiben, sondern Vertrauen in das Leben haben. Und so dürfen wir unsere Zweifel als einen Teil von uns selbst annehmen und gerade so, als Suchende und Fragende, als Zweifelnde und Unfertige mit dem heiligen Thomas bekennen: »Mein Herr und mein Gott« (Joh 20,28)!

Erstveröffentlichung: 2011

Kein anderer Name

Vierter Sonntag der Osterzeit, Lesejahr B
Apg 4,8–12

Gewiss, die Heilige Schrift ist ein Zumutungsbuch. Sie ist nicht dazu gemacht, um unsere Weltsicht zu bestätigen, sondern um uns zur Umkehr zu bewegen. Sie will uns herausfordern, in Frage stellen, will uns Neues über uns und unsere Wirklichkeit sagen. Und gewiss, die Heilige Schrift bietet uns hierzu Geschichten mit Geschichte an. Die vielen Bücher, Briefe und all die unterschiedlichen Texte und Erzählungen in ihnen stehen nicht im luftleeren Raum, sondern tragen allesamt eine lange und sehr vielgestalte

Wirkungsgeschichte mit sich, die auch unser Textverständnis heute nicht unberührt lässt. Wie wir heute einen biblischen Text verstehen, hängt auch damit zusammen, wie andere vor uns ihn ausgelegt und umgesetzt haben. Manchmal nun trägt genau diese Textgeschichte mit dazu bei, dass der betreffende Text erst so richtig zur Zumutung für uns wird.

Mit dem heutigen Lesungstext aus der Apostelgeschichte verhält es sich so. In »keinem anderen« als in diesem Jesus Christus aus Nazaret, dem Nazoräer also, »ist das Heil zu finden« (Apg 4,12). So lautet der Kernsatz der Perikope. Denn, so heißt es dann weiter, »es ist uns Menschen kein anderer Name unter dem Himmel gegeben, durch den wir gerettet werden sollen« (Apg 4,12). Diese Sätze reihen sich in eine lange Geschichte des christlichen Heilsexklusivismus ein, der das Heil ausschließlich – eben exklusiv – nur an die Zugehörigkeit zur römischen Papstkirche binden wollte. Der Gedanke dahinter: Nur diese Kirche ist der Leib Christi. Nur in ihr ist die Frucht des Erlösungswerkes Jesu Christi vollumfänglich präsent. Nur sie kann also die Menschen in Kontakt mit Jesus Christus bringen, in dem allein die Rettung aller Menschen aller Zeiten liegt. Die Konsequenzen insbesondere für die indigenen Völker der neuentdeckten Kontinente waren zum Teil fürchterlich, weil die Kolonialherren diese Theologie nutzten, um neben der Taufe mit Feuer und Schwert zugleich ihre Unterdrückungs- und Ausbeutungsregime zu installieren. Der christliche Heilsexklusivismus wurde zum politisch-praktischen Imperialismus.

Wie gehen wir mit diesen Sätzen aus der heutigen Lesung und ihrer Geschichte um? Einfach still beiseitelegen? Diese Sätze also aus unserer Zeit herausnehmen und in ihrer Zeit belassen, der Zeit nämlich der frühkirchlichen Missionsbewegung einer marginalisierten jüdischen Splittergruppe, von ihrer Umwelt aufgrund ihres Glaubens an diesen Nazoräer Christen genannt? Wohl kaum. Wir dürfen uns weder vor diesen Sätzen noch vor ihrer Macht- und Missbrauchsgeschichte drücken. Also sollen wir sie negieren, ihnen widersprechen? Soll doch ein jeder, eine jede nach seiner und ihrer Fasson glücklich werden! Egal, was du glaubst, Hauptsache ist doch, du bist ein guter Mensch!

Negieren nicht, aber interpretieren schon – und damit auch in gewisser Weise relativieren, sie in ihrer bleibenden Sperrigkeit deutend in das größere Ganze des Verstehens einordnen. Denn in der Tat bietet uns ja – um nur ein Beispiel zu nennen – die große Parabel am Ende des Matthäusevangeliums gerade diese Perspektive: Was ihr den Geringsten getan habt, das habt ihr mir getan (vgl. Mt 25,40). Es kommt nicht auf die Hochleistungsasketen und die Superfrommen an, sondern auf die Täterinnen und Täter des Guten. Es gibt eine Vielzahl an Stellen in der Heiligen Schrift, die deutlich werden lassen, dass Gott alle Menschen in sein Heil einschließen will. Am eindrücklichsten ist hier vielleicht 1 Tim 2,4: Gott will, »dass alle Menschen gerettet werden« – und, so dürfen wir getrost ergänzen, er wäre nicht Gott, wenn er nicht Mittel und Wege finden würde, diesen seinen universalen Heilswillen auch zugunsten aller Menschen aller Zeiten und Kontinente konkret werden zu lassen.

So zieht sich durch die gesamte Kirchengeschichte neben dieser Tradition des Exklusivismus noch eine zweite, subversive Unterströmung, die alle Menschen, ob Christinnen und Christen oder nicht, betend, hoffend und glaubend mit hineinnimmt in das Heil, das Gott der Welt bereiten will. Selbst der in diesen Dingen gewiss nicht zimperliche Augustinus denkt die Kirche weiter als die faktische Taufzugehörigkeit. Zur Kirche, so sagt er, gehören in gewisser Weise auch all die unzähligen Gerechten, die vor Christus gelebt haben: eine Kirche von Abel, dem ersten Gerechten, an (*ecclesia ab Abel*).

Vor allem das Zweite Vatikanische Konzil (1962–1965) hat diesen Satz vom universalen Heilswillen Gottes über alles andere gestellt: Gott will, dass alle Menschen gerettet werden. So deuten die Konzilsväter Passagen wie die unserer ersten Lesung vom heutigen Tag nicht exklusivistisch und auf die Kirche enggeführt, die römische zumal, sondern weiten gerade umgekehrt den Blick von dieser Christuszentriertheit hin auf die ganze Schöpfung. Alle Menschen sind in diese weltumspannende Christusbezogenheit mit hineingenommen, und die Kirche ist nicht die exklusive Gnadenzuteilerin, sondern sie soll für alle Menschen Zeichen und Werkzeug dieses (vorgängigen, immer schon gegebenen!) Hineingenommenseins der Welt in Christus sein: universales Sakrament des Heils, so heißt es in der Kirchenkonstitution *Lumen gentium* (LG 1, LG 48). Welche Zusage, welche Herausforderung, welche Beschämung auch angesichts des desolaten faktischen Zustands unserer Kirche heute! So schärft das Konzil einerseits den Katholikinnen und Katholiken durchaus die Ernsthaftigkeit der Taufe und ihres damit verbundenen Sendungsauftrags ein, betont aber andererseits nicht minder ernsthaft, dass Gottes guter Geist es vermag, seinem Ratschluss entsprechend alle Menschen mit in dieses österliche Geheimnis seines Sohnes mit hineinzunehmen (vgl. die wunderbare Formulierung in der Pastoralkonstitution *Gaudium et spes* 22).

Mit anderen Worten: Die Christuszentriertheit, die aus unserer Lesung spricht, ist eine inklusive, hoffnungsgeladene, herzensoffene, weltumspannende. Sie will uns erinnern an den innersten Glutkern unserer Identität in Christus und uns zugleich mahnen, uns dabei nicht abzukapseln, sondern Augen, Herzen und Hände weit zu öffnen. Denn auch das sollten wir nicht vergessen: Vor unserem sperrigen Kernsatz über die Einzigkeit Jesu Christi steht jener Satz, der das Warum und Wozu des Gekommenseins dieses so seltsamen, ohnmächtig-mächtigen Kreuzesmessias ins Wort bringt: zu heilen die Kranken und Gebrochenen, aufzurichten die Geknickten, groß werden zu lassen die Kleinen und zu kräftigen die Schwachen (vgl. Apg 4,9–10).

Erstveröffentlichung: 2021

Aus der Wahrheit leben und lieben

Fünfter Sonntag der Osterzeit, Lesejahr B
1 Joh 3,18–24

Woher weiß ich denn, dass ich aus der Wahrheit lebe, authentisch und ohne Selbstverblendung? Woher weiß ich, dass ich in Tat und Wahrheit liebe – und nicht nur in oberflächlichem Gerede und narzisstischem Gehabe? In Christus sein, aus Christi Geist heraus das Leben gestalten: Wer sagt mir denn, dass ich in meinem Tun und Lassen wirklich diesem Geist Christi folge und nicht meinem eigenen kleinen oder großen Spleen? Kurz: Welches Kriterium habe ich an der Hand, um die Taube des Heiligen Geistes vom eigenen Vogel zu unterscheiden?

Der Aufklärer, Philosoph und Literat Gotthold Ephraim Lessing hat diese Frage im 18. Jahrhundert auf die Religionen insgesamt angewandt und gefragt, woher wir denn wissen, welche Religion die richtige sei. Seine Antwort in der berühmten Ringparabel (Nathan der Weise): Die Wahrheit liegt im Tun. Die Religionen sollen wetteifern im Tun des Guten, in der Praxis der tätigen, von Vorurteilen freien Nächstenliebe. An den Früchten des rechten Handelns wird sich die wahre Religion erweisen, hat diese doch, so Lessing, die »Wunderkraft beliebt zu machen; vor Gott und Menschen angenehm«.

Der Briefschreiber Johannes gegen Ende des ersten Jahrhunderts nach Christus ist da nicht ganz so optimistisch. Dass das Tun des Guten quasi zwangsläufig vor aller Welt angenehm und beliebt mache, steht in seinem Brief nicht zu lesen. Zu deutlich steht ihm die Bedrängnis vor Augen, in die die tätige Christusnachfolge seine Zeitgenossinnen und Zeitgenossen führt. Wohl aber sagt auch der Autor unseres heutigen zweiten Lesungstextes, dass die Wahrheit unseres Glaubens im Tun des Guten liegt: in der Art nämlich, wie wir lieben – nicht, wie es heißt, »mit Wort und Zunge«, sondern »in Tat und Wahrheit« (1 Joh 3,18).

Aber noch einmal: Woher wissen wir das denn? Wer kann schon von sich behaupten, wirklich in Tat und Wahrheit zu lieben? Das vermögen nur Kinder, Narren und Heilige, und selbst die nicht immer. Wir haben unsere Herzenswünsche nicht offen vor uns liegen, sind uns selbst nicht bis auf den Grund hin durchsichtig. Wir blicken nicht in die Tiefen unserer Sehnsüchte, Motivationen und Handlungsantriebe hinab. Und so ist auch nie restlos klar, ob unser Tun wirklich aus reiner, selbstloser Liebe oder nicht doch aus einer letzten, versteckten Portion Eigennutz und Selbstbespiegelung erfolgt. Wer Näheres zu den Abgründen der menschlichen Psyche erfahren will, lese die Romane von Dostojewskij. Sie ersetzen ein Psychologiestudium. Und wer wissen will, wie sich das in Bezug auf das Religiöse niederschlägt, studiere die Passagen über die spirituelle Weltlichkeit im Lehrschreiben *Evangelii gaudium* von Papst Franziskus aus dem Jahr 2013 (vgl. EG 93–97).

Allerdings bleibt unser neutestamentlicher Autor bei dieser ernüchternden Erkenntnis nicht stehen. Ein Beurteilungskriterium gibt er uns doch mit an die Hand, um wahr und falsch zu unterscheiden. Die neue Einheitsübersetzung verbirgt es fast ein wenig, wenn sie schreibt: Wir »werden vor ihm unser Herz überzeugen« (1 Joh 3,19). In der vorherigen Übersetzung hatte es noch geheißen: Wir »werden unser Herz in seiner« – Gottes – »Gegenwart beruhigen« (1 Joh 3,19 EÜ alt). Darin steckt ein doppelter Hinweis: Zum einen lässt sich bis zu einem gewissen Grad sehr wohl erspüren, ob wir auf dem richtigen Weg sind. Vielleicht nicht unbedingt dann, wenn wir vor allen Menschen angenehm und beliebt sind. Dieser Glanz ist trügerisch. Wohl aber, wenn wir mit uns im Reinen sind und in uns ruhen, wenn wir morgens in den Spiegel sehen und trotz Runzeln und Falten keine Fluchttendenzen entwickeln. Vielleicht ist das der stärkste Indikator für die Richtigkeit getroffener Entscheidungen, dass wir es auf unserem Weg mit uns selbst aushalten.

Zum anderen aber wird deutlich, dass auch diese Herzensruhe letztlich ein großes Gnadengeschenk ist. In seiner Gegenwart, so schreibt Johannes, werden wir unser zweifelndes, uns verurteilendes Herz überzeugen und so auch beruhigen. Der heilige Augustinus formuliert drei Jahrhunderte später ganz ähnlich: »Ruhelos ist unser Herz, bis dass es seine Ruhe hat in Dir« (Bekenntnisse I,1,1). Und eben das war auch die große, die grundstürzende Einsicht Martin Luthers: dass diese Herzensruhe, aus der alles Tun erst erfließt, von uns nicht einfach machbar ist, dass ich mir auch mein Rechtsein vor Gott nicht selber backen kann, sondern dass ich mir diese – so sagt es Luther – fremde Gerechtigkeit (*iustitia aliena*) allererst schenken lassen muss – und im Glauben auch getrost schenken lassen darf. Denn, so wiederum der biblische Briefautor: Gott ist »größer [...] als unser Herz« (1 Joh 3,20). Das ist das Geheimnis der Rechtfertigung des Sünders, das ist auch der Kern johanneischer Theologie, wie sie uns in der heutigen Lesung entgegentritt: Nicht ich finde meine Ruhe in Gott, sondern Gott will mich finden, will mich mit seinem Geist erfüllen – und so komme ich allererst wahrhaft zu mir und wahrhaft zur Welt. Letztlich ist es das Geheimnis der Liebe: die Gnade des Loslassens, sich selbst und andere.

Erstveröffentlichung: 2018

Das himmlische Jerusalem

Sechster Sonntag der Osterzeit, Lesejahr C
Offb 21,10–14.22–23

Wer nicht weiß, wohin er segeln will, für den ist jeder Wind der falsche, sagt ein altes Sprichwort. Wir Menschen brauchen Leitbilder, um uns in unserem Leben zu orientieren. Deshalb sind Visionen, Träume gelingenden Lebens, so wichtig für uns – nicht so sehr, um daraus direkte Handlungsanweisungen abzuleiten, sondern mehr, um unser Leben grundsätzlich auf ein Ziel hin auszurichten.

Eine der schönsten Visionen, die die Religionsgeschichte kennt, wird uns in der zweiten Lesung dieses Sonntags vor Augen gestellt: das himmlische Jerusalem, das vom Himmel herabkommt, ganz erfüllt von der Herrlichkeit Gottes. Das Motiv der endzeitlichen, von göttlichem Lichtglanz erfüllten Stadt hat Künstlerinnen und Künstler aller Generationen inspiriert – der berühmte Barbarossaleuchter im Aachener Dom oder das östliche Kirchenschiff in Notre Dame in Paris sind nur zwei Beispiele aus einer schier endlosen Reihe. Die himmlische Stadt, die vom Himmel niedergeht, ist Sinnbild der von Gott geschenkten Heilsvollendung, Symbol des von allen Unzulänglichkeiten befreiten, endlich gelingenden Miteinanders von Mensch und Mensch und von Gott und Mensch.

Die Bilder von kosmischer Harmonie, von Reinheit und Schönheit, die der Seher Johannes aufruft, stehen in krassem Gegensatz zur leidvollen, von Verfolgung gekennzeichneten Gegenwart der ersten Christinnen und Christen. Dass es hier nie um eine exakt beschreibende Zukunftsreportage geht, verdeutlicht der Text als Ganzes wie auch viele seiner Details. So ist z. B. der Jaspis, der hier kristallklar erstrahlt (vgl. Offb 21,11), eigentlich ein grauer und undurchsichtiger Schmuckstein. Vielmehr geht es in dieser großen Vision um Gegenbilder zur bestehenden, unheilvollen Realität, die Mut machen wollen zum Ausharren und Standhaftbleiben. Und es geht um Hoffnungsbilder für eine von Gott verheißene Zukunft, die alle unsere Vorstellungen sprengen wird und die deshalb nur ahnend und tastend beschrieben werden kann – in Bildern, die einen Mehrwert an Sinn enthalten, einen Überschuss an Gehalt und die gerade deshalb unserem Tun und Lassen eine Ausrichtung schenken können, ohne es auf konkrete Einzelschritte zu fixieren.

Entscheidend ist dabei: Dieser Stadt fehlt der Tempel (vgl. Offb 21,22); eine für damalige jüdische wie christliche Ohren unerhörte Vorstellung. Gott selbst, der Gott Abrahams, Isaaks und Jakobs wie der Gott Jesu Christi, er ist der Tempel. Seine

Gegenwart braucht keinen gesonderten Ort mehr, sondern er ist allen Orten und allen Zeiten gleich innewohnend und erfüllt die ganze Wirklichkeit mit seinem Heil. Mit Bedacht heißt es: Der »Herr, ihr Gott, der Herrscher über die ganze Schöpfung, ist ihr Tempel« (Offb 21,22). Vor Augen steht das Bild der intimsten Gemeinschaft, der wechselseitigen Durchdringung von Gott und Mensch. Gerade so wird die Vision vom himmlischen Jerusalem zum schlechthinnigen Bild gelingenden Menschseins: Von Gott ganz erfüllt, kann ich endlich zu dem oder zu der werden, der oder die ich in den Augen Gottes immer schon sein kann und sein darf. Von Gott ganz durchglüht, werde ich endlich ganz selbst und ganz frei. Selbstsein, Heimat, Identität – das schaffe ich mir im Letzten nicht selbst, sondern das wird mir geschenkt, wenn ich mich loslasse auf den, der aller Welt Selbstsein, Heimat, Identität schenken will und wird. Deshalb endet diese Vision nicht beim menschlich-göttlichen Geschehen, sondern umgreift die ganze Schöpfung, die von der Präsenz Gottes ganz durchdrungen und verwandelt sein wird. Was uns hier zugesprochen wird, ist der Mut zur großen, durch nichts beschränkten Hoffnung: Gottes Erlösungshandeln kommt erst dann ans Ziel, wenn er wirklich und wahrhaft alles in allem (vgl. 1 Kor 15,28) geworden ist.

Erstveröffentlichung: 2010

Der Geist der Wahrheit wird euch erfüllen

Pfingstsonntag, Lesejahr B
Apg 2,1–11 // Joh 15,26–27; 16,12–15

1 Was feiern wir an Pfingsten?

Weihnachten feiern wir das Fest der Menschwerdung Gottes, Ostern das Geheimnis von Leiden und Sterben, von Tod und Auferweckung Jesu Christi. Was aber feiern wir an Pfingsten? Wenn wir uns die Pfingsterzählung, wie sie uns Lukas in der Apostelgeschichte überliefert, genauer ansehen, dann lässt sich mit einigem Recht sagen: Wir feiern heute ein Geburtstagsfest – das Geburtsfest der Kirche nämlich, die sich zu allen Menschen aller Völker gesandt weiß. Denn in der heutigen ersten Lesung aus der Apostelgeschichte wird in der literarischen Gestalt eines Sprachenwunders erzählt, wie es dazu kam, dass die Jünger, die sich zuvor noch ängstlich hinter verschlossenen Türen versteckt hielten, plötzlich neu zusammenfinden, aufbrechen und zu verkündigen beginnen.

Natürlich gründet die Kirche der Sache nach in Botschaft und Leben Jesu Christi. Ihn hat sie zu bezeugen, um seines Evangeliums willen ist sie gegründet. Aber heute feiern wir, dass ihr die Kraft des Geistes geschenkt ist, diese Botschaft immer wieder aufs Neue weiterzusagen und weiterzutragen. Mit dem Pfingstereignis tritt die Gemeinde in den Raum der Öffentlichkeit ein und konstituiert sich auch nach außen hin sichtbar als Kirche. Mit dem Pfingstereignis weiß sie sich in einem ganz buchstäblichen Sinn als *ek-klesia*, als Herausgerufene, wie das griechische Wort für Kirche wörtlich zu übersetzen ist: aus Verzagtheit und Ängstlichkeit herausgerufen in die Sendung hin zu aller Welt.

Was an Pfingsten geschieht, ist mehr als nur eine Initialzündung situativer Geistesgegenwart, mehr als nur eine ekstatische Momentaufnahme. Wenn Gott seinen Geist ausgießt, dann gilt das ja nicht nur für den Augenblick, sondern als eine bleibende Zusage. Denn Gott ist sich selbst treu, und Gott ist auch seinen Verheißungen treu. Was die Gläubigen der damaligen Zeit für das Ende aller Zeit erwarteten, das hat sich – so das Zeugnis der Apostelgeschichte – endgültig und ein für alle Mal an jenem Pfingsttag zu Jerusalem vorweg ereignet: die Ausgießung des Geistes Gottes, die Zusage seiner bleibenden Geistesgegenwart und so die Zusammenführung der endzeitlichen Heilsgemeinde. Das Pfingstgeschehen beinhaltet ein andauerndes, bleibend gültiges Versprechen Gottes: Kirche ist – auch heute – der konkrete, geschichtlich greifbare Raum, in dem sich das Wirken des Heiligen Geistes ereignet. Sie ist – auch heute – Sakrament, d. h. Real-Symbol, Platzhalter und Wirkungsstätte der Geistesgegenwart Gottes in der Welt. Dieses Versprechen gilt – auch heute noch, auch angesichts all der Verfehlungen und Entgleisungen, all des Versagens und all der Schuld, die von dieser Kirche, in ihrem Namen und von ihren Vertretern begangen wurden. Kirche ist nicht nur eine Kirche der Sünderinnen und Sünder, sondern sie ist als zugleich göttliche und geschöpfliche Wirklichkeit auch zugleich eine heilige und eine sündige Kirche. Und doch ist sie der Heils-Raum, in dem Gott gegenwärtig sein und sich verschenken will: im Wort und Sakrament, im Zeugnis des Lebens und der Nächstenliebe.

2 Der Geist Jesu Christi

Blicken wir auf das Evangelium vom heutigen Pfingsttag, dann beantwortet sich auch die sich daran anschließende, zweite Frage: Wes Geistes Kind ist denn diese Kirche? Wes Geistes Kind sind wir, die wir kraft Taufe und Firmung teilhaben an ihrer Wirklichkeit? Im Johannesevangelium lesen wir: Es ist »der Geist der Wahrheit, der vom Vater ausgeht« (Joh 15,26). Es ist der Paraklet, der »Beistand« (Joh 15,26), der seinerseits – genauso wie die Menschen, zu denen er gesandt ist – Zeugnis geben wird von dem, der ihn gesandt hat. Es ist der Geist Jesu Christi, der den Auferstandenen gegenwärtig sein lässt in seiner Gemeinde, ihn so – wie es das Evangelium formuliert – verherrlicht (vgl. Joh 16,14), der aber zugleich auch dafür Sorge trägt, dass die Gemeinde in dieser lebendigen Christusverbundenheit bleibt, immer tiefer in sie hineinwächst und aus ihr heraus lebt und verkündet.

Der Heilige Geist ist als der Geist Jesu Christi Auftrag und Lebensprinzip der Kirche in einem. Das bedeutet, dass Kirche niemals Selbstzweck ist, sondern immer nur Mittel zum Zweck. Kirche ist immer nur Kirche von Christus her: Ihn hat sie zu verkünden, für ihn hat sie geradezustehen. Es ist eine Grundversuchung von Kirche, sich selbst zu verabsolutieren und sich an die Stelle dessen zu setzen, dem sie zu dienen hat. Man hat das ganz treffend als institutionelle Häresie (Rainer Bucher) beschrieben und meint damit jene Gefahr, in der Kirche immer steht: sich selbst mit ihrem Auftrag zu verwechseln. Stattdessen gilt es, sich immer wieder aufs Neue klarzumachen: Kirche lebt nicht *aus sich* selbst. Christus ist ihr Lebensprinzip, das ihr im Geist geschenkt ist.

Christus ist aber auch ihr Auftrag, zu dem sie im Geist bestärkt und gesendet ist. Deshalb gilt zugleich: Kirche lebt nicht *für sich* selbst. Kirche ist von ihrem innersten Wesen her missionarische Kirche – nicht im Sinne des Rein-ins-eigene-Boot-Holens, des listenreichen Beschwätzens, wohl aber im Sinne des treuen Verkündens des Evangeliums, der tagtäglichen und manchmal ganz handfesten Arbeit daran, dass das Evangelium in Berührung mit der Wirklichkeit treten und seine freimachende Kraft entfalten kann. Kirche lebt nicht aus sich selbst, und sie lebt nicht für sich selbst (Bernd Jochen Hilberath). Deshalb ist sie – gottlob – nicht *von* der Welt, aber sie ist mitten *in* der Welt, und sie ist *für* die Welt.

Der pastoralstrategische Mythos der kleinen Herde, des heiligen Restes, der mancherorts gerne gepflegt wird, ist nicht nur anachronistisch, sondern er ist auch ein Verrat an der Botschaft von Pfingsten. Kirche weiß sich vom Geist hinausgeschleudert in die Welt, ihm zum Zeugnis und der Welt zu Diensten. Das war von Anfang an so, und das ist nur aufzugeben um den Preis des Umkippens der Kirche ins Sektiererische hinein. Mit anderen Worten: Die Kirche verkündet die frohe Botschaft Jesu Christi, indem sie sich inkulturiert. Inkulturation bedeutet nun nicht, sich gemein zu machen mit der Welt. Inkulturation bedeutet, die frohe Botschaft vom menschgewordenen, den Menschen in Liebe zugewandten Gott vor den Zeichen der jeweiligen Gegenwartszeit und in den Horizont der jeweiligen Adressatinnen und Adressaten hinein zu verkünden.

3 Von allen guten Geistern verlassen?

Natürlich ist mit einer solchen Programmatik die Gefahr des Missverstehens und des Sich-lächerlich-Machens aufs Engste verbunden. Nur: Auch das war schon immer so. Denn was uns die heutige Leseordnung diskret verschweigt, das ist die durchaus ambivalente Reaktion der herbeigeströmten Menge auf dieses wundersame Pfingstspektakel. Im direkten Anschluss an unseren letzten Lesungsvers findet sich neben dem Hinweis auf die allgemeine Ratlosigkeit der Umstehenden nämlich auch die Aussage: »Andere aber spotteten: Sie sind vom süßen Wein betrunken« (Apg 2,13).

Von Anfang an also standen Christinnen und Christen in Gefahr, mit ihrer Botschaft vom Tod des Todes und vom endgültigen Sieg des Lebens in Gott für schlechterdings unzurechnungsfähig erklärt zu werden. Und trotzdem ist es bleibend wichtig, sich nicht beleidigt oder resigniert in die eigenen ekklesialen Denk- und Sprechghettos zurückzuziehen, sondern immer wieder aufs Neue daran zu arbeiten, Sprachbarrieren zu überwinden und sich die Sprachfähigkeit auch in Milieus hinein zu erhalten, die vielleicht nicht die eigenen sind. Wir können das Sprachenwunder, das Lukas hier beschreibt, nicht herbeizwingen. Aber wir können zumindest daran mitarbeiten, dass in unseren Herzen die Offenheit, Wachsamkeit und Sehnsucht nach dem Kommen des Geistes nicht erlischt. Und damit zu meinem letzten Gedanken.

4 Der Geist weht, wo er will

Der Geist Gottes des Vaters, der Geist Jesu Christi, das ist auch der Geist der Freiheit, der weht, wo er will und wie er will. Wir können seiner nicht habhaft werden, können ihn nicht dingfest machen, ihn nicht nach unserem Belieben kanalisieren. Sondern wir müssen in allem Ernst mit dieser Freiheit des Geistes Gottes rechnen. Gottes Geist weht, wo er will – jenseits unserer Erwartungen, jenseits unserer Kategorisierungen, auch jenseits unserer kirchlich-institutionellen Parameter. Und manchmal weht er wohl auch im für uns Fremden, Verstörenden, Ärgerlichen. Gottes Geist weht, wie er will – manchmal im dröhnenden Getöse wie beim Pfingstereignis, in Feuer und Sturm, der manches Festgefahrene, aber auch manches Liebgewordene hinwegfegt; manchmal im leisen Säuseln wie bei der Berufung des Elija, das uns bestärken, bekräftigen und ermutigen will und das doch so leicht zu überhören ist.

Beides gehört zusammen, und beides bedingt sich wechselseitig: Gott hat sich seine Kirche erwählt, um im Geist bleibend in ihr gegenwärtig zu sein. Das ist das Versprechen von Pfingsten. Und er durchweht und durchglüht mit seinem Geist die ganze Schöpfung, um alles Geschaffene von innen her zu beleben und zu bekräftigen. Das ist die Freiheit des Geistes, der weht, wo er will und wie er will. Ersteres kann uns Trost und Hilfe sein, angesichts der diversen Kirchenkrisen unserer Zeit nicht zu verzagen und nicht zu resignieren. Letzteres nimmt uns mit hinein in die große Gemeinschaft aller Geschöpfe Gottes und bewahrt uns so vor dem Hochmut, unsere Sicht der Dinge zu verabsolutieren. Diese immer wieder verstörende Freiheit des Geistes bewahre die Kirche davor, sich mit dem zu verwechseln, für das sie da zu sein hat: der Schöpfung zu dienen und gerade so ihren Schöpfer zu preisen.

Erstveröffentlichung: 2012

Heiligen- und Herrenfeste

Geglückte Nachfolge

Heiliger Stephanus (26.12.)
Apg 6,8–10; 7,54–60 // Mt 10,17–22

I.

Sie muten uns einiges zu, die Texte der Leseordnung vom 26. Dezember, dem Fest des heiligen Stephanus. Es sind in allen drei Lesejahren die immergleichen. Wie ein Fremdkörper stehen sie in der Mitte zwischen dem *Stille Nacht* des Heiligabends, dem *O du fröhliche* des ersten Weihnachtsfeiertags einerseits und dem Fest der heiligen Familie, das am Sonntag in der Weihnachtsoktav gefeiert wird, andererseits. Freilich, auch im Evangelium des Stephanstages ist von Familien die Rede, wenn auch in ganz anderem Sinn: Von Brüdern wird da erzählt, die einander dem Tod ausliefern, von Vätern, die ihre Kinder und von Kindern, die ihre Eltern in den Tod schicken (vgl. Mt 10,21). Jegliche Familienromantik wird im Keim erstickt. Hier ist der absolute Ernstfall des Christseins das bestimmende Thema, die Nachfolge Jesu Christi, die auf soziale Bindungen keinerlei Rücksicht nimmt und die im äußersten Fall nicht nur zur Ablehnung, sondern zum Tod des Christus-Zeugen, der Christus-Zeugin führen kann.

Hinter der Wahl dieses Evangeliums in der Leseordnung steht natürlich die Figur des Stephanus, des ersten Märtyrers der noch jungen Christenheit, der irgendwann Mitte der 30er-Jahre für seinen Glauben in Jerusalem das Leben gab. Historisch gesichert wissen wir wenig über ihn. Das Wenige, was wir haben, findet sich in zwei Kapiteln der Apostelgeschichte und ist zudem von der Theologie des Lukas ganz überfärbt. Stephanus ist Mitglied einer Gruppe von Griechisch sprechenden Judenchristen aus der Diaspora, den sogenannten Hellenisten. Wohl wegen seiner Kritik an Tempelkult und Gesetz gerät er in Konflikt mit der jüdischen Obrigkeit. Sein wortgewaltiges Christuszeugnis erzürnt die

Gemüter so sehr, dass er schließlich von einem fanatisierten Mob vor die Tore Jerusalems getrieben und dort in einer Art Lynchjustiz gesteinigt wird (vgl. Apg 7,57–58).

Traditionell wird Stephanus als der erste Diakon betrachtet. Das rührt daher, dass er – Lukas zufolge – Teil eines Siebener-Kreises ist, der von den Aposteln mit dem »Dienst an den Tischen« (Apg 6,2), d. h. der Armenfürsorge unter den besagten Hellenisten beauftragt wurde. Tatsächlich verbirgt sich dahinter ein Konflikt innerhalb der Jerusalemer Urgemeinde zwischen dieser hellenistisch geprägten, nach Jerusalem zugewanderten Minderheit und der Aramäisch sprechenden, alteingesessenen Gemeindemehrheit. Der historische Stephanus war eine prominente Leitungsfigur unter den griechischsprachigen Judenchristen Jerusalems. Das erhellt, weshalb der vermeintliche Sozialdiakon Stephanus wenig später als geisterfüllter Wundertäter und charismatischer Prediger auftritt und die umfänglichste Rede hält, die die gesamte Apostelgeschichte aufzubieten hat (vgl. Apg 7,2–53).

II.

Es ist gewiss kein Zufall, dass sein Martyrium ausgerechnet am 26. Dezember auf der Agenda der Leseordnung steht. Am Tag zuvor feiert die Kirche die Geburt des Gottessohnes. Sie erzählt damit zugleich von dem Weg, den der menschenfreundliche Gott in dieser Welt nehmen will. Es ist ein Weg in die Niedrigkeit und Selbstentäußerung hinein: Die Geschichte von Weihnachten beginnt in einem Futtertrog, mitten in einem stinkenden und dreckigen Viehstall, und sie führt direkt zum Kreuz. In der Krippe des Weihnachtstages ist das Kreuz des Karfreitags schon eingezeichnet, zwischen Krippe und Kreuz ausgespannt liegt der Weg des Erlösers in dieser Welt.

Stephanus nun folgt diesem Weg Jesu in aller Ernsthaftigkeit und mit einer Konsequenz nach, die alles – auch das eigene

Leben – für dieses Zeugnis in die Waagschale zu werfen bereit ist. Der Blutzeuge Stephanus erlebt in seinem eigenen Geschick zugleich das Geschick dessen, den er bezeugt. Jesu Weg und Leben ist das Strukturmodell, das auch für diesen Christus-Zeugen gilt. Und so lässt sich an Stephanus ablesen, was gelebte Nachfolge und Glaubenszeugnis im Kern ausmachen: Sich ganz durchlässig machen auf den hin, den man bezeugt, sich ganz zum Sprachrohr dessen machen, von dem man erzählen will, den ganz durchscheinen lassen, von dem man erfüllt ist.

Zugegeben: Dass das bei Stephanus bis zum Martyrium führt und Lukas uns dieses gewaltvolle Sterben auch noch in leuchtenden Farben als Beispiel glückender Jesusnachfolge vor Augen stellt, mag befremden. Aber es geht hier nicht um irgendwelche krude Todessehnsucht oder lebensfeindliche Leidversessenheit, sondern um die schlichte Frage, welches Gewicht die Jesusnachfolge in meinem Leben haben darf. Und für ungezählte Christinnen und Christen heute in über 50 Ländern der Erde, nicht nur in Nordkorea, Iran und Irak, Saudi-Arabien und Somalia, ist das Schicksal des Stephanus ein ganz realistisches Szenario.

III.

Und wir, hier und heute? Wer sich dieser Tage in unseren Breiten als Christin oder Christ outet, wird vielleicht etwas erstaunt angesehen und belächelt werden. Gefahr für Leib und Leben droht eher selten. Was also hat uns die Stephanuserzählung hier und heute zu sagen? Auf drei Aspekte, die mir wichtig sind, möchte ich noch hinweisen:

Die Hellenisten um Stephanus haben die Weltgeltung des Evangeliums erkannt, sie wurden zu Initiatoren der Mission außerhalb Jerusalems und über Palästina hinaus. Das ist der erste Aspekt, den uns der Stephanstag heute lehren kann: Raus aus der Enge des eigenen Zirkels, raus aus der wohlbekannten Binnen-Community, raus aus der Selbstbestätigung durch Selbstbespiegelung und hinaus auf die Marktplätze unserer Zeit, hinein in die Öffentlichkeit, mitten hinein auch in die Debatten, die unsere Gesellschaft umtreiben! In Klarheit, Demut und Freimut für das Eigene einstehen – und keine Angst vor Widerspruch! Das galt für Stephanus, und das gilt auch für uns heute. Dieser Weltauftrag der Christinnen und Christen resultiert aus der weltenwendenden Bedeutung des Evangeliums. Es ist uns aufgetragen, von dem zu erzählen, was uns heilig und wertvoll ist, nicht im Sinn eines listenreichen Beschwätzens, wohl aber im ganz praktischen und alltäglichen Zeugnis eines Lebens, das sich jener größeren Hoffnung öffnet, die allein trägt.

Gerade wenn der Wind ins Gesicht zu wehen scheint, droht die Gefahr der Selbstabkapselung und Selbstgenügsamkeit. Auch wenn es bitter ist, langsam aber stetig zur gesellschaftlichen Minorität zu werden: Der Versuchung zur selbst gewählten Verfreikirchlichung und Sektenbildung gilt es zu wehren. Und dies auch in unserem ureigenen Interesse, weil anders soziale und spirituelle Selbstaustrocknung drohen. Denn das ist doch genau die Botschaft von Weihnachten: Gott will im Draußen, im Gegenüber, im Fremden gesucht und erkannt werden. Was von Stephanus zu lernen ist, das ist das Bild einer offenen Kirche, einer Kirche zwar nicht von, aber mitten in dieser Welt und für diese Welt. Mehr denn je gilt in unserer so unübersichtlichen Situation, die irgendwo zwischen dem Schwinden der volkskirchlichen Strukturen und der Suche nach einer neuen Spiritualität hin- und herschwankt: Die Kirche der Zukunft wird eine offene und einladende Kirche sein, oder sie wird nicht mehr Kirche sein.

IV.

Der zweite Aspekt, der mir wichtig ist: Wer sich so auf den Weg macht, wer in der Welt Gottes Spuren entdecken und für die Menschlichkeit dieses Gottes werben will, der oder die braucht eine Mitte, um sich nicht zu verlieren. Diese Mitte ist Christus, für Stephanus wie für uns; Christus, der für uns einsteht und der uns mit Gottes Geist beschenkt. Matthäus gießt diese Geistbegabung der Christinnen und Christen in seinem Evangelium vom heutigen Tag in das Bild des Gerichtshofes: Den angeklagten Christen wird der Geist Gottes die rechten Worte eingeben, er selbst wird durch sie reden (vgl. Mt 10,20). Lukas zeichnet in der Apostelgeschichte den Stephanus als erfüllt vom Heiligen Geist, der in einer Vision den Himmel offen und Jesus zur Rechten Gottes sieht (vgl. Apg 7,56). Nun werden wir vielleicht nicht alle Visionen haben, wie sie Lukas von Stephanus berichtet, und vielleicht sind unsere Geisterfahrungen ganz unspektakulärer Natur und wollen aus dem Schutt und Trott des Alltags erst ausgegraben, entdeckt und als solche identifiziert werden. Aber auch wenn wir es manchmal selbst nicht glauben können, dürfen wir uns zusagen lassen: Wir sind nicht auf uns allein gestellt, sind nicht alleingelassen mit unseren Ängsten und Nöten. Sondern wir sind Trägerinnen und Träger des guten Geistes Gottes, mit Geist erfüllt und geistbegabt. Der Himmel, den Stephanus offen sieht, auch uns öffnet er sich zur Erde hin.

Das Dritte, das mir bei der Stephanuserzählung nicht aus dem Sinn gehen mag, ist das Schwerste, das Ungeheuerlichste. Lukas legt es seinem sterbenden Stephanus selbst in den Mund: »Herr, rechne ihnen diese Sünde nicht an« (Apg 7,60)! Dieser Satz macht mich sprachlos. Wer hat die Kraft zu solch absoluter Feindesliebe? Wer kann für seinen Mörder beten? Eigentlich verzeihbar ist nur das Unverzeihliche, schreibt Jacques Derrida einmal. Genau davon ist hier die Rede. Es ist die äußerste Möglichkeit des Menschen, unerzwingbar, undiktierbar, das letzte Wort vor dem Verstummen. Und doch ist es diese Kraft zum Verzeihen, die ein unergründliches Licht in die Welt bringt.

Von Menschen und Göttern ist der Titel eines Films, der vor einigen Jahren mit großem Erfolg in den Kinos lief. Er erzählt die Geschichte von sieben französischen Trappistenmönchen, die 1996 in Algerien ermordet wurden. Der Prior dieser Kommunität, Frère Christian de Chergé, schreibt in seinem Testament, das mögliche Martyrium vor Augen: »Ich möchte, wenn dieser Augenblick kommt, so viel ruhige Klarheit haben, dass ich die Verzeihung Gottes und meiner Menschengeschwister anrufen kann, aber ebenso, dass ich dem aus ganzem Herzen vergeben kann, der mich umbringen wird.« Solche Sätze sind in ihrer ruhigen Entschiedenheit ungeheuerlich. Gesegnet, wer die Größe hat, sie allen Ernstes auszusprechen.

Für uns andere christgläubige Durchschnittsverbraucherinnen und -verbraucher gilt es, dieses Verzeihen im Kleinen jeden Tag auf Neue einzuüben. Das ist schwer genug. Aber es lässt uns, wenn wir es nicht leichtfertig und aus bloßer Konfliktscheu tun, reifer werden. Denn im Letzten ist es diese unergründliche Kraft zum Verzeihen, die uns Menschen allererst zu Menschen werden lässt.

Erstveröffentlichung: 2012

Ein Hoch auf die Nachrücker!

Heiliger Matthias (24.02.)
Apg 1,15–17.20ac–26

I.

Ein Geständnis vorneweg: Dass mein Vorname an den dreizehnten Apostel, den heiligen Matthias, erinnern soll, war mir über lange Jahre meiner Kindheit nicht bewusst. Das spielte bei uns zuhause keine Rolle. Meine Eltern hatten den Namen für mich nicht wegen des biblischen Namenspatrons, sondern wegen der Namensbedeutung ausgesucht: *Matthias* kommt vom gräzisierten hebräischen Wort *Mattathias*, hebräisch eigentlich *Mattitjah*, was ins Deutsche übersetzt »von JHWH gegeben«, also »Gottesgeschenk« bedeutet. Nun hoffe ich natürlich, inzwischen selbst schon etliche Jahre Vater, dass meine Eltern diese Namenswahl nie in Zweifel gezogen oder gar bereut haben! Aber so kam es, dass ich erst relativ spät erfahren habe, dass mein Namenstag auf den 24. Februar fällt. Ich war im Anschluss an meine Promotion einige Zeit an der RWTH Aachen beschäftigt, und mein damaliger Chef, ein westfälischer Priester und lange Jahre ebendort Professor, gratulierte seinem wissenschaftlichen Mitarbeiter immer um den 24.02. herum zum Namenstag – und tut dies im Übrigen bis heute mit der markanten Begründung, einen Geburtstag habe schließlich jede Kuh, das sei folglich nicht der Erwähnung wert, einen Namenstag hätten hingegen nur die Menschen. Während man also dem heiligen Matthias im deutschen Sprachraum am 24. Februar gedenkt, fällt sein weltweiter Gedenktag seit der nachkonziliaren Liturgiereform auf den 14. Mai.

II.

Werfen wir einen Blick ins Neue Testament! Die Wahl des Matthias in den Zwölferkreis ist von Lukas zu Beginn der Apostelgeschichte als eine Scharnierstelle platziert worden, die zwischen der Zeit des irdischen Jesus, seinem Leben, Leiden und Sterben, seiner Auferweckung und Himmelfahrt, und der Zeit der nachösterlichen Kirche, die mit der sich unmittelbar anschließenden Pfingsterzählung anhebt, vermitteln soll. Dabei zeigt sich: Es geht bei dieser Nachwahl des Matthias nicht um eine administrative Petitesse, sondern um das Ganze, um das eschatologische Heil ganz Israels. Das verdeutlicht schon die Zahlangabe, mit der Lukas die Gesamtzahl der bei dieser Nachwahl anwesenden Jüngerinnen und Jünger beziffert. Schon sie trägt einen Bezug zum Zwölferkreis, um den es eigentlich geht: 120 seien in Jerusalem zusammengekommen, heißt es in Apg 1,15; – also 10 mal 12. Der Zwölferkreis selbst aber steht symbolisch für die eschatologische Sammlung ganz Israels, des biblischen Zwölfstämmevolkes. So ist die Vollzahl des Zwölferkreises Sinnbild für die endzeitliche Rettung ganz Israels, letztlich – weil Israel seinen Gottesglauben immer auch stellvertretend für die Heidenvölker verstanden hat – für die Rettung aller Völker. Mit anderen Worten: Es geht um die *Apokatastasis*, wörtlich übersetzt um die eschatologische Wiederbringung aller Menschengruppen, um die universale Allerlösung und Allversöhnung im vollendeten Reich Gottes. Diese in Christus grundgelegte Hoffnung zu bezeugen und zu verkünden, dafür einzustehen, das ist die Aufgabe eines Apostels, einer Apostelin.

Deshalb ist es so wichtig, dass dieser Zwölferkreis vollständig ist. Nun klafft aber nach dem Verrat des Judas Iskariot und dessen Tod, den Apg 1,18 in drastischer Anschaulichkeit beschreibt, eine Lücke. Um die zu schließen, muss das Apostelamt, das Judas innehatte, nun ein anderer, ein Nachrücker, übernehmen. Deshalb – so der im Kern wohl historische Bericht des Lukas in

Apg 1,23–26 – stellen die Jüngerinnen und Jünger zwei Männer auf, Josef Barsabbas mit dem Beinamen Justus, also »der Gerechte«, und eben Matthias. Sie beten zu Gott, dass Er den Richtigen für diesen Dienst und für das Apostelamt erwähle, und werfen dann das Los. Das damit herbeigeführte Gottesurteil fällt auf Matthias, der fortan zum Zwölferkreis zugezählt wird.

III.

Soweit die Geschichte. Sie rührt mich auch persönlich an, weil ich in meiner Berufsbiografie ebenfalls nicht nur einmal ein solcher Nachrücker gewesen bin, der nur deshalb zum Zug kam, weil eine andere, eigentlich für die Aufgabe vorgesehene Person zuvor ausgefallen ist. Das war ein seltsames Gefühl. Natürlich habe ich mich über die Chance gefreut, sie auch gerne angenommen und dann mein Bestes gegeben. Aber zugleich war diese bange Frage im Hinterkopf, ob ich wohl gut genug sei, die Aufgabe zu erfüllen. Immerhin war ich ja »nur« die zweite Wahl. Ohne nun das Apostelamt mit einer simplen beruflichen Aufgabe vergleichen zu wollen: Bei der Lektüre dieser Verse aus der Apostelgeschichte frage ich mich schon, ob mein heiliger, urchristlicher Namensvetter wohl ähnlich empfunden hat. Oder ruhte er so in sich und vertraute der Gotteswahl, dass ihm keine Zweifel kamen?

Die Aufgabe, die auf ihn wartete, war jedenfalls gewaltig. Denn für den Nachrücker gilt die gleiche Qualifikationsanforderung wie für die anderen, für die Erstberufenen im Zwölferkreis. Es geht um Menschen, die diesen Jesus auf seinem Weg von Anfang an begleitet haben. Ausdrücklich heißt es in unserer Schriftperikope: angefangen von der Johannestaufe Jesu am Jordan bis zur Himmelfahrt. Nur so kann die Person, so Apg 1,22 wörtlich weiter, wirklich und wahrhaftig »Zeuge seiner [also Jesu] Auferstehung« sein. Das ist bedeutsam: Das getreue Zeugnis der Auferweckung schließt mit ein, dass es die Auferweckung des Gekreuzigten ist, die Auferweckung dessen also, der die Botschaft von der Menschenfreundlichkeit Gottes bis in den Tod hinein durchgetragen hat. Auferweckung ist kein isoliertes Mirakel, Gottessohnschaft keine punktuelle Auszeichnung. Vielmehr gilt: Dass dieser Jesus der Christus ist, dass Gott selbst in seiner Person mitten unter uns gegenwärtig ist und er ihn deshalb nicht im Tod gelassen hat, das erschließt sich nur, wenn man integral das ganze Leben, Leiden, Sterben und Auferstehen dieses Menschen aus Nazaret in Blick nimmt. Dieses ganze Integral bildet den Wurzelgrund der weltumspannenden Verheißung, den zu bezeugen dem Zwölferkreis aufgetragen ist.

IV.

Wie der Apostel Matthias diese Aufgabe erfüllt hat, wissen wir nicht. Er wird im gesamten Neuen Testament nur hier erwähnt, sonst nie mehr. Alles andere ist legendarisch: dass er aus einer wohlhabenden Familie in Betlehem stammt und später in Judäa, Äthiopien, Griechenland oder sogar dem Kaukasus gewirkt habe. Auch über seinen Tod kursieren verschiedene Traditionen. Eine gesonderte Überlieferung erzählt von einer wundersamen Rettung des Matthias aus den Händen von Menschenfressern durch den Apostel Andreas. Angeblich hat Kaiserin Helena seine Reliquien im 4. Jahrhundert nach Trier überführen lassen, das sich seither des einzigen Apostelgrabs nördlich der Alpen rühmt – doch finden sich erst seit dem 9. Jahrhundert schriftliche Zeugnisse darüber.

Selbst der eigentlich wenig schmeichelhafte Titel »dreizehnter Apostel« wird bisweilen in der Literatur damit in Verbindung gebracht, dass ein anderer ihm auch noch den damit angezeigten Nachrücker-Status streitig gemacht habe: Paulus von Tarsus nämlich, der sich seit seinem Damaskuserlebnis ebenfalls als Apostel, also als Christuszeuge und von Christus selbst Gesandter, bezeichnet – obwohl er ja dem irdischen Jesus zu dessen Lebzeiten nie begegnet ist und die in Apg 1,22 genannte Apostelkriteriologie deshalb eigentlich klar verpasst. Das zeigt (mindestens) zweierlei: erstens, dass der Apostelbegriff im Neuen Testament und in der Tradition uneinheitlich gebraucht wird und nicht einfachhin identisch mit dem Zwölferkreis ist. So trägt zum Beispiel die Erstzeugin der Auferweckung, Maria von Magdala, den Ehrentitel Apostelin der Apostel. Zweitens aber zeigt das Beispiel des Apostels Matthias, dass nicht nur die großen und gut bekannten heiligen Gestalten aus Schrift und Tradition ein wahres Gottesgeschenk sind, sondern eben auch die Kleinen, die Ungenannten und Unbekannten, die Zweit- und Drittplatzierten der Geschichte, die trotzdem oder grad deshalb ihr Bestes geben, um die gute Sache voranzubringen. Darum, meinem geschätzten Namensvetter zu Ehren: ein Hoch auf die Nachrückerinnen und die Nachrücker!

Erstveröffentlichung: 2024

Nah und zugleich entzogen

Christi Himmelfahrt, Lesejahr C
Apg 1,1–11 // Lk 24,46–53

I.

Über 60 Jahre ist es inzwischen her, dass Menschen das Weltall erobert haben. Am 12. April 1961 umrundete Juri Gagarin eine Stunde und 48 Minuten lang die Erde. Legendär wurde nach seiner Rückkehr zur Bodenstation der Satz: »Ich bin in den Weltraum geflogen, aber Gott habe ich dort nicht gesehen.« Auch wenn inzwischen klar ist, dass dieser Satz von Gagarin selbst nie gesprochen, sondern ihm von der russischen Propaganda in den Mund gelegt wurde, so bleibt er doch eine Herausforderung an uns, die wir heute das Fest Christi Himmelfahrt feiern: Wie verstehen wir dieses Fest? Welchen Sinn legen wir ihm bei, und wie gehen wir mit der Bildhaftigkeit dieses Wortes *Himmelfahrt* um?

Natürlich wissen wir heute, dass diese Vorstellung das antike dreistöckige Weltbild aus Unterwelt, Erdscheibe und darüber gespannter Himmelssphäre voraussetzt. Und natürlich kennen wir auch die zahlreichen Parallelen aus der jüdischen und griechisch-römischen Mythologie, die ebenfalls von solchen Himmelfahrten und leibhaftigen Entrückungen berichten: Elija und Henoch im Alten Testament, aber auch Herakles, Romulus oder Alexander der Große. Doch ebenso wenig wie für uns heute das antike Weltbild bindend sein kann, sind wir genötigt, an einer wortwörtlich-bildhaften Vorstellung dieser Erzählung festzuhalten: Der Auferstandene hat nicht wie eine Rakete vom Boden abgehoben, und er ist nicht auf mysteriöse Weise nach oben in die Wolken entschwebt. Was also ist der bleibende Sinn und worin liegt die Wahrheit dieser lukanischen Erzählung, die sich aus dem reichen Schatz der antiken Mythologie bedient?

II.

Erstaunlicherweise berichtet nur Lukas von einer Himmelfahrt Jesu. Die anderen Evangelien kennen dieses Bild nicht, und auch in der gesamten neutestamentlichen Briefliteratur wird es nicht erwähnt. Eine parallele Stelle aus dem Markusevangelium ist eine späte, nachträgliche Hinzufügung aus dem zweiten Jahrhundert, die von Lukas abschreibt (vgl. Mk 16,19). Lukas selbst aber überliefert zwei unterschiedliche Versionen, fast so, als wollte er selbst vor einer naiv-wortwörtlichen Auslegung warnen: Am Schluss seines Evangeliums legt er die Himmelfahrtszene auf das Ende des Ostertages (vgl. Lk 24,51), zu Beginn der Apostelgeschichte aber erzählt er sie als Abschluss einer 40tägigen Phase, in der der Auferstandene sich immer wieder den Jüngern zeigt und mit ihnen zusammen ist (vgl. Apg 1,9).

So markiert die Himmelfahrt Christi in der heilsgeschichtlichen Konzeption des Lukas eine Epochenschwelle und eine Zeitenwende. Einerseits bezeichnet Himmelfahrt die Vollendung des Osterfestes. Das mit der Chiffre *Himmelfahrt* Gemeinte ist ein integraler Teil des Auferweckungsgeschehens: Kreuz und Tod, Auferweckung und Entrückung des Menschgewordenen bilden einen einheitlichen Ereigniszusammenhang und lassen sich nicht auseinanderdividieren. Ganz deutlich wird das bei Johannes, der das alles im Stichwort der Erhöhung Jesu im Moment seines Todes zusammenfasst: erhöht am Kreuzesbalken, zugleich damit erhöht hin zu Gott (vgl. Joh 3,14; 8,28; 12,32–33). Auferweckung und Entrückung in den Himmel sind zwei sprachliche Konzepte (zwei Wortbilder), die gleichberechtigt am Anfang der Urkirche stehen und die beide das gleiche – eigentlich ganz und gar unsagbar – Neue meinen und ins Wort zu bringen versuchen: Der, der tot war, lebt; und er lebt neu und ganz anders bei Gott; und gerade so ist er jedem und jeder von uns auf unvergleichliche Weise nah und gegenwärtig.

Andererseits aber beginnt bei Lukas mit der Himmelfahrt Christi eine neue Epoche: die Zeit der Kirche, die Zeit der Aussendung der Jüngerinnen und Jünger zu weltweiter Verkündigung und Mission. Jeder Terminspekulation über das erwartete Ende und die Aufrichtung des Reiches für Israel wird von Jesus eine Absage erteilt. Die beiden Engel in den weißen Gewändern ermahnen die zurückbleibenden Jünger, ihr Blick solle nicht jenseitssehnsüchtig nach oben gehen, dem Auferstandenen nach, sondern nach vorne, in die Zukunft der Kirche hinein, die seine Wiederkunft in steter Bereitschaft und Wachsamkeit erwartet (vgl. Apg 1,10–11).

III.

Das Bild gewinnt in der Geschichtstheologie des Lukas einen gut bestimmbaren Sinn, weil es die Grenze markiert zwischen der Zeit des irdischen Jesus und der Zeit der Kirche. Was aber kann es uns Heutigen sagen? Ich denke, dass genau diese lukanische Schwebe zwischen den Zeiten, dieses Dazwischen zwischen Nähe und Distanz, zwischen Gegeben- und Entzogensein, zwischen Intimität und Universalität des Auferstandenen von Bedeutung ist, wenn wir nach dem Sinn des Festes Christi Himmelfahrt für unsere Gegenwart fragen.

Denn zunächst einmal ist es ja ein Fest des Abschieds. Die Zeit der irdisch-leiblichen Präsenz Jesu für die Seinen ist definitiv vorbei. Wir sehen ihn nicht mehr, haben ihn nicht so bei uns, wie die ersten Jüngerinnen und Jünger ihn bei sich hatten. Er ist uns entzogen, nicht greifbar. Karl Rahner hat einmal gesagt, Christi Himmelfahrt sei das »Fest des seligen Schmerzes«, weil diese Entzogenheit des Auferstandenen uns daran erinnern soll, dass hier und jetzt noch nicht alles vollendet ist, die ungebrochene Präsenz des Gottesreiches noch aussteht. Es soll uns daran erinnern, dass wir noch nicht am Ziel sind, sondern unterwegs, Suchende auf ihrem Weg durch die Zeit, voller Sehnsucht nach dem Kommenden. Gerade so würde uns, so Karl Rahner weiter, Christi Himmelfahrt zum »Fest des Glaubens schlechthin«, weil es uns lehrt, dass wir unsere Existenz nicht im Haben und Besitzen festigen können, sondern nur im Sich-Ausstrecken auf das Mögliche, im Sich-Festmachen am Zukünftigen und im Vertrauen auf die Wahrheit der Verheißungen, die uns mit diesem Jesus aus Nazaret geschenkt sind.

Mit anderen Worten: Wir haben den Auferweckten nicht wie eine Sache bei uns, können ihn nicht in den Rucksack unserer Weltdeutungen und Weltbilder hineinpacken und bei Gelegenheit daraus hervorziehen und vor uns hertragen. Nein, in dieser Hinsicht ist Jesus Christus uns verborgen. Er lässt sich nicht missbrauchen zur persönlichen Identitätsfixierung vermittels unterkomplexer Wir-Ihr-Dualismen. Dafür ist er uns nahe im hoffenden, zweifelnden und suchenden Glauben. Er ist uns nahe in seinem Geist, den er ausgießt in unsere Herzen, im Wort der Schrift und in den Sakramenten, in der Begegnung mit dem und der Nächsten.

Durch diese Distanz, die Nähe gewährt nur im Glauben, zerbricht Christus unser Bestreben, uns seiner habhaft zu machen, ihn einzuordnen in die Besitztümer unserer kleinen Welt. Eigentlich ermöglicht er erst auf diese Weise, zu ihm überhaupt in Beziehung zu treten. Denn nur so kann er uns nah sein, ohne von uns vereinnahmt zu werden. Diese Distanzierung bedeutet zugleich eine Universalisierung: Seine Entzogenheit gewährt ihm die Freiheit, allen Menschen zu allen Zeiten gleich nah, gleich intim gegenwärtig, gleich im Innersten verbunden zu sein. Erst sein Sich-Entziehen als Einzelperson in Raum und Zeit, das Lukas in das Bild der Himmelfahrt kleidet, ermöglicht Christi universale Gegenwart für alle Welt im Geist. Das Fest des Abschieds, das wir heute feiern, ist zugleich auf ganz eigentümliche Weise ein Fest der neuen Nähe; einer Nähe aber, die durch keine Raum-Zeit-Fixierung auf einen bestimmten Personen- oder Kulturkreis eingegrenzt ist. Seine Himmelfahrt ermöglicht Christus eine Nähe, die allen Menschen zu allen Zeiten gilt, die die ganze Welt umfasst.

IV.

Diese Nähe Gottes zu allen Menschen aller Zeiten zu verkünden, dazu sind wir Christinnen und Christen gesandt. Das ist der Zeuginnen- und Zeugendienst, zu dem wir aufgerufen sind. Einzig dazu ist Kirche da: immer wieder aufs Neue ihre eigene Vorläufigkeit zu verkünden und an ihrer eigenen Überholbarkeit zu arbeiten. Weil sie weiß, dass sie Gott nicht für sich allein hat.

Weil sie weiß, dass sie enden soll und enden wird, wenn die Nähe Gottes zu allen Menschen, die hier und jetzt am Himmelfahrtstag im Glauben erfahrbar ist, auch für alle Menschen offenbar geworden ist. Weil sie weiß, dass sie selbst heilig und sündig zugleich ist, daher beständig der Umkehr und Erneuerung bedarf. Weil sie weiß, dass sie beständig gegen die Versuchung anzukämpfen hat, der institutionellen Urhäresie (Rainer Bucher) zu erliegen und sich selbst mit Christus zu verwechseln, das eigene Christuszeugnis mit diesem selbst zu identifizieren und so gerade zu verunmöglichen.

Am universalen, weltumspannenden Inhalt dieser Botschaft hat sich die Art und Weise ihrer Verkündigung zu messen. Dann verbietet sich von vornherein jener plumpe, dumpfe und dabei so abgründig verzweifelte Hurra-Katholizismus, der die Welt mit etwas beglücken will, das vermeintlich ganz exklusiv nur im Besitz von uns Katholikinnen und Katholiken ist. Dann verbieten sich auch jene Dualismen im Denken und im Glauben, die zwischen Kirche und Welt, Geretteten und Verlorenen, Dazugehörigen und Abgefallenen trennscharf unterscheiden wollen. Nein, der Himmelfahrtstag lehrt uns: Wo immer wir auch hingehen mögen, Christus ist schon da. Wem immer wir begegnen mögen, Christus ist ihm und ihr je schon nahe und im Innersten gegenwärtig. Das mag uns ein Trost sein, wenn wir uns manchmal ganz verloren mitten in einer unübersichtlichen Welt fühlen. Das soll uns auch zur Bescheidenheit mahnen: Wir Christus-Zeuginnen und -Zeugen haben Christus immer neu in und an den Anderen zu lernen. Wir selbst sind das erste Ziel der Mission. Und es soll uns ermutigen, unsere Hoffnung weit zu machen: Wer auf Gott hofft, hofft für alle und alles. So weit wie der Grund unseres Glaubens, so weit soll unsere Hoffnung sein: nichts und niemanden ausschließend, für alle.

Erstveröffentlichung: 2019

Noch vieles habe ich euch zu sagen

Dreifaltigkeitssonntag, Lesejahr C
Joh 16,12–15

»Noch vieles habe ich euch zu sagen, aber ihr könnt es jetzt nicht tragen« (Joh 16,12): Als Schüler in der Oberstufe habe ich einmal eine Klassenarbeit in Religion mit diesem Satz aus dem heutigen Abschnitt des Johannesevangeliums beschlossen. Ich fand das damals unglaublich witzig, meine Religionslehrerin eher weniger. Über die Note, die sie mir gegeben hat, decke ich den Mantel des Schweigens.

Im Evangelium vom heutigen Tag verknüpft der Evangelist Johannes das Thema Wahrheit mit der Rede von Gott. Vom »Geist der Wahrheit« ist die Rede, der uns Leserinnen und Leser des Evangeliums »in der ganzen Wahrheit leiten« (Joh 16,13) wird. In der alten Einheitsübersetzung stand hier noch: der uns »in die ganze Wahrheit führen« wird. Nun wird stärker betont, dass wir uns bereits irgendwie in dieser Wahrheit bewegen und vom Geist geleitet werden. Und als wäre das nicht schon schwer genug zu verstehen, wird es dann auch noch einmal trinitarisch rückgebunden: Dieser Geist der Wahrheit, das ist der Heilige Geist, er verherrlicht und verkündet den Sohn, die zweite Person der Trinität, Jesus Christus. Weil aber der Sohn und der Vater eins sind, verkündet der Geist so auch das Werk des Vaters – und leitet uns Christinnen und Christen, in dieser Wahrheit des dreieinen Gottes unser Leben zu gestalten.

Nicht zuletzt aufgrund dieser Koppelung der Wahrheitsthematik an den dreipersönlichen Gott ist in der Theologie der Gegenwart viel von dem sogenannten personalen Wahrheitsbegriff die Rede. Jesus, so sagt man, sei die Wahrheit Gottes in Person. Damit habe das alte, überkommene Verständnis von Wahrheit als Satzwahrheit ausgedient oder müsse zumindest erheblich erweitert werden. Wahrheit ist nicht das wahre Urteil über eine Satzaussage, ist nicht die Angleichung von Intellekt und Sache also, sondern ein Beziehungsphänomen. Entsprechend gäbe es auch nicht mehr eine Wahrheit an sich, sondern nur noch eine Wahrheit für dich und für mich. Wahrheit ist ein situationsabhängiger, deutungsoffener Begriff geworden.

Ich stehe dem kritisch gegenüber. Nicht, dass ich glaube, dass wir so etwas wie einen Gottesstandpunkt besäßen, der uns absolut sicher *die* Wahrheit erkennen ließe. Wir Menschen haben keinen Gottesstandpunkt, keinen God's eye view, und es ist eine absolut offene Frage, was das auf lange Sicht mit unserem Verständnis von göttlicher Offenbarung und von kirchenlehramtlicher Autorität machen wird. Es geht mir auch nicht darum, das Mühen und Ringen um das angemessene Verständnis von Ereignissen und Texten, das das Geschäft der Hermeneutik ausmacht, zu ignorieren. Wir sind immer auf der Suche nach der Wahrheit, und in den allermeisten Fällen müssen wir uns mit Wahrscheinlichkeiten, mit Annahmen und Hypothesen über die Wirklichkeit begnügen.

Aber ich meine, dass wir als Zielperspektive unseres Handelns einen Begriff von Wahrheit annehmen sollten, der Wahrheit nicht einfach als eine Variable versteht, die relativ zu unseren sprachlichen Konstruktionen über Sachverhalte ist. Wir brauchen die Vorstellung, dass es »da draußen« eine Wirklichkeit gibt, die unabhängig und jenseits von unserem Blick auf diese Wirklichkeit existiert, die als solche Gültigkeit beansprucht und die unser Sprechen von ihr unter den Anspruch der Wahrheit stellt. Wie anders sollten wir begründet annehmen können, dass sich Tatsachen von Meinungen unterscheiden lassen? Philosophisch wird dieses Verständnis von Wahrheit als Wahrheitsrealismus bezeichnet. Theologisch lässt sich hinzufügen, dass Gott für diesen Wahrheitsrealismus garantiert.

Wird damit das wichtige und richtige Anliegen, das hinter der Rede von der personalen Wahrheit steht, obsolet? Keineswegs! Aber vielleicht geht es bei dieser personalen Dimension eher um den Begriff der Wahrhaftigkeit. Wahrhaftig ist, wer die Wahrheit eines Urteils noch einmal in die existenzielle Sprechsituation hineinhält, in Treue zu sich und in Ehrfurcht vor dem Gegenüber. Damit sind wir wieder beim Eingangssatz unseres Tagesevangeliums angelangt: Die Erkenntnis, dass die Wahrheit in einer bestimmten Situation überfordert, kann durchaus Ausdruck von Wahrhaftigkeit sein. Die etwas peinliche Arroganz des spätpubertären Pennälers freilich fällt eher nicht unter diesen Begriff. Das ist wohl leider wahr. Scheint mir zumindest.

Erstveröffentlichung: 2019

Die Tränen des Petrus

Heiliger Petrus und heiliger Paulus (29.06.)
Joh 21,1.15–19 // Mt 16,13–19

I.

Es gibt einen alten Merksatz in der Predigtausbildung: Der Prediger (noch muss ich hier ja mit Blick auf die sonntägliche Eucharistiefeier ärgerlicherweise nicht gendern …) predigt zunächst und zuvörderst sich selbst. Damit wird verdeutlicht, dass die Predigt einen lebensweltlichen Bezug zum Predigenden haben soll, dass sie existenziell gedeckt sein soll. Nur so kann sie authentisch sein. Der Merksatz ist aber zugleich als Mahnung gedacht, in der Predigt nicht die Adressatinnen und Adressaten aus dem Blick zu verlieren und die eigenen Befindlichkeiten einfach unreflektiert in den Mittelpunkt zu stellen. Kein leichter Spagat. Heute ist mir wichtig, diese Bemerkung vorauszuschicken.

Wir feiern das Hochfest der Apostel Petrus und Paulus. Die Leseordnung stellt hier verschiedene Texte zur Auswahl mit entsprechend reichhaltigen Anknüpfungsmöglichkeiten. Über allem steht aber als große Überschrift: Peter und Paul. Beide möglichen Varianten des Tagesevangeliums – am Vorabend (Joh 21,1.15–19) und am Tag (Mt 16,13–19) – bieten sogenannte Primatstexte; Texte also, in denen die Tradition der Kirche im Nachhinein die Würde und Bedeutung des Petrusamtes als des universalen Leitungsamtes in der Weltkirche schon von Anfang an grundgelegt findet. Was auch immer daher Gegenstand der Predigten heute sein mag in unseren Gottesdiensten: Es ist klar, um was es der Liturgie am heutigen Tage geht – um das Amt in der Kirche nämlich, insbesondere um das Leitungsamt. Nun habe ich zur Vorbereitung der heutigen Predigt einmal in meinen Unterlagen nachgeschaut. Vor genau sechs Jahren durfte ich schon einmal eine Predigt zu diesem doppelten Apostelfest schreiben. Lese ich das jetzt, kommt es mir vor wie aus einer anderen Zeit, einer anderen Welt.

II.

Seither geht ein Beben durch die katholische Kirche in Deutschland, das nicht enden will und das inzwischen zu einer mehr oder minder lautstarken Implosion einer ganzen Kirchengestalt, einer ganzen Kirchenkultur führt. Und mittendrin in dieser Spirale der Selbstzerstörung: das Amt in der Kirche. Corona hat da nur als Brandbeschleuniger gewirkt. Eigentlich hätte man spätestens 2010 mit den Geschehnissen um das Berliner Canisius-Kolleg auch in Deutschland Bescheid wissen müssen, was die Stunde geschlagen hat. Doch es brauchte (auch bei mir) bis zum Herbst 2018, als mit der Veröffentlichung der großen MHG-Studie das Thema sexueller Missbrauch an Kindern und Schutzbefohlenen – und dessen Vertuschung – in der katholischen Kirche in Deutschland plötzlich ganz oben auf der Agenda stand.

Was seither passierte und andauernd passiert, lässt sich vielleicht am besten mit dem Soziologen Hartmut Rosa als *rasender*

Stillstand beschreiben: Man hat sich erschüttert und beschämt gezeigt, verschiedentlich um Entschuldigung gebeten, Leitlinien verschärft, Anerkennungszahlungen nach oben gesetzt, Präventionsschulungen intensiviert, Betroffenenbeiräte installiert und Aufarbeitungskommissionen zusammengestellt. Weitere Gutachten und Untersuchungen wurden in Auftrag gegeben, historische wie juristische. Doch hat man nicht den Eindruck, dass bei all dem wirklich bei allen Bischöfen auch in der Tiefe des Herzens angekommen ist, welches Maß an Schuld und Versagen hier zutage tritt, welches Maß an Schuld auch durch bischöfliches Verschweigen, Vertuschen und bloßes Weiterversetzen der Täter. Stattdessen drängt sich der Eindruck auf, als würde immer nur das zugestanden, was eh nicht zu leugnen ist, als solle durch mehr oder minder kosmetische Korrekturen das Gesamtsystem irgendwie am Laufen gehalten werden.

Auch die Erzdiözese München und Freising hat ein eigenes Gutachten in Auftrag gegeben. Es wurde am 20. Januar 2022 veröffentlicht. Dieses Gutachten ist nochmals besonders, weil das bereits bekannte Handlungsmuster einer Systemstabilisierung um jeden Preis, auch um den Preis des immer neuen Täterschutzes und der beständigen Missachtung der Opfer, in aller Klarheit herausgearbeitet und in seiner moralischen Verwerflichkeit auch so benannt wurde. Und es ist besonders, weil wichtige und zum Teil noch lebende Gestalten der jüngeren Kirchengeschichte mit dem Vorwurf der Vertuschung und Strafvereitelung, gar der Beihilfe zu sexualisierter Gewalt konfrontiert werden: die Kardinäle Faulhaber und Döpfner, Wetter und Marx – und allen voran natürlich Joseph Ratzinger, der spätere Papst Benedikt.

Dieser nun erging sich als Reaktion in einer von ihm gezeichneten, 82-seitigen Stellungnahme in dem argumentativen Dreiklang: Ich war nicht dabei, ich habe von nichts gewusst, ich kann nichts dafür. Er räsoniert – oder macht es sich durch Unterschrift zu eigen – über den juristischen Unterschied zwischen Missbrauch und Exhibitionismus. Schließlich muss er zugeben, mit Blick auf eine entscheidende Sitzung eine Falschaussage getätigt zu haben.

III.

Und nun? Die abgrundtiefe Dysfunktionalität eines Systems aus Macht und Verschleierung, aus Klerikalismus und Autoritarismus in Demutsrhetorik ist erneut grell ans Licht gezerrt. Aber schlimmer noch: Fast paradoxerweise schwindet mit jedem neuen Gutachten das Vertrauen in die Selbstheilungskräfte dieses Systems nur noch mehr. Wie soll man da das Apostelhochfest begehen? Wie den beiden Gründungsfiguren des kirchlichen Apostelamtes gedenken? Das Vertrauen ist weg. Was da noch predigen? Für gewöhnlich bringt man dann an dieser Stelle das Spannungspaar aus Amt und Charisma. Für Ersteres stehe Petrus, für Letzteres Paulus. Beides brauche die Kirche, beides tariere sich wechselseitig aus. Doch hilft Charisma gegen Amtsversagen? Es waren doch grade charismatische Figuren, angefangen von Marcial Maciel, dem schwerkriminellen Gründer der Legionäre Christi, über die Jesuiten am Canisius-Kolleg bis hin zu den vielen Verführern in den Ortsgemeinden, die ihr Charisma nutzten, um Menschen gefügig zu machen und Kindern Gewalt anzutun.

Nein, wir brauchen nicht einfach weniger Institution, wir brauchen mehr Gerechtigkeit, Transparenz und Machtkontrolle in der Institution. Wir brauchen das Amt, und wir brauchen die sakramentale Struktur in der Kirche. Wir brauchen Priester und Bischöfe. Wir brauchen auch Priesterinnen und Bischöfinnen, doch das wäre wiederum eine eigene Predigt. Aber wir brauchen all das anders. Klarer, transparenter, ausbalancierter, eingehegt durch Amtszeitbegrenzung, Gewaltenteilung und Kontrollmechanismen, ehrlicher und bescheidener, in jedem Fall aber neu ausgerichtet am Auftrag der Kirche: Gott zum Leuchten zu bringen in der Welt. Ihm die Ehre zu geben. Und das heißt, die

Schwachen zu schützen. Nicht die eigene Institution, das eigene System.

IV.

Was sollen wir tun? Es ist wahr: Für viele Menschen ist der Weg aus der Kirche ein Weg in die Freiheit, ein Weg in den Glauben. Mir scheint, am Ende dieser Implosion bleiben als Alternative zwei Gestalten von Kirche, und es ist noch nicht ausgemacht, welche die Oberhand behalten wird: Entweder die Kirche schließt sich ab, verschärft die Innen-Außen-Grenzen, stabilisiert ihre Identität durch Abgrenzung und verdrängt das Unliebsame im Inneren weiter. Dann wird sie zur Großsekte. Der äußere Glanz, der schöne Schein wird noch eine Weile weiterbestehen, aber sie wird innen hohl und nach außen ganz und gar bedeutungslos werden.

Oder aber es gelingt der Kirche in Deutschland, sich wirklich ihrer Schuld und ihrem Versagen zu stellen. Neu anzufangen. Sich endlich den Betroffenen zuzuwenden. Sich nicht zu entschuldigen, sondern ehrlichen Herzens um Vergebung zu bitten. Macht abzugeben und zu teilen. Nicht länger zu belehren und zu beschämen, sondern zu schweigen und zu akzeptieren, dass die einzige Autoritätsform, die bleibt und die fortan trägt, die Autorität der Bitte (Eberhard Jüngel) ist. Das wäre ein Weg in die Weite, in die Offenheit und in die Freiheit der Kinder Gottes hinein. Dieser Weg wäre von den Verantwortlichen, an erster Stelle natürlich von den Bischöfen, zu gehen. Er wäre mit dem Mut zur erstpersönlichen Rede und zur erstpersönlichen Verantwortungsübernahme verbunden.

Wenn Sie, liebe Leserinnen und Leser, liebe Zuhörerinnen und Zuhörer, die Kraft noch haben, dann helfen Sie mit an dem Platz, an den Sie gestellt sind, dass das Volk Gottes diesen zweiten Weg zu gehen lernt. Nehmen Sie sich dazu die Freiheit, die Sie brauchen und die Ihnen guttut. Arbeiten Sie an der Angst, dass sie zumindest nicht mehr das Leben und den Glauben diktiere. Lassen Sie Wut und Enttäuschung zu, aber tragen Sie Sorge, dass sie nicht in Raserei oder Resignation überborden. So kann vielleicht der Schmerz über den Verlust der Heimat zum Anfang des Weges in die Weite und die Freiheit hinein werden. Stützen Sie einander. Und vor allem: Orientieren Sie sich dabei an dem, was Sie vom Evangelium begriffen haben. Suchen Sie sich jenes Wort in der Schrift, das Ihr Herz berührt, damit Glaube, Hoffnung und Liebe nicht ersterben.

V.

Ein Letztes: Wozu das Klagen? War es denn jemals anders? Ist es denn irgendwo anders, wo Menschen Macht haben über andere, dass diese Macht auch missbraucht und verzweckt wird? Lehrt nicht ein Blick in die Schrift, dass das auch in der Kirche von Anfang an so war? Hat nicht Petrus seinen Herrn gleich drei Mal verraten, ehe der Hand krähte, in jener Nacht im Hof des hohepriesterlichen Hauses (vgl. Mk 14,66–72)? Doch, das hat er. Und so wurde er zum »exemplarischen Jünger« (Joachim Gnilka). Nicht nur zum exemplarischen Apostel, sondern zum exemplarischen Jünger. In Größe und Grenze uns allen ein Vorbild und eine Mahnung zugleich. Wo also ist der Unterschied zu heute?

Es gibt einen Unterschied, und der könnte größer nicht sein. Petrus hat, als er das Desaster seiner Schuld erkannt hat, nicht mit Betroffenheitsrhetorik darüber hinwegmoderiert. Er hat nicht auf die Regeln jener Zeit verwiesen, in der anderes eben nicht denkbar gewesen wäre. Er hat nicht auf seine Entourage gezeigt, die das alles für ihn erledigt hätte. Er hat auch nicht an dieser und jener Stellschraube gedreht, um das System als Ganzes weiterlaufen zu lassen. Nein, all das hat er nicht getan.

Er hat geweint. Bitterlich geweint. Aus der tiefen Erkenntnis seiner Schuld und aus Scham. Aus Selbsterkenntnis.

Petrus hat geweint.

Erstveröffentlichung: 2022; geschrieben wenige Tage nach Veröffentlichung des Münchener Gutachtens

Ein König in Zeiten des Krieges

Christkönigssonntag, Lesejahr C
Kol 1,12–20 // Lk 23,35b–43

Eines muss man der katholischen Kirche lassen, trotz all ihrer Skandale, ihrer Krisen und der allgegenwärtig zu beobachtenden Verfallsphänomene: Drama kann sie, und die ganz große Inszenierung kann sie auch. Sie hat einen feinen Sinn für Ästhetik und Ritual. Das lässt sich an jedem kunstvoll inszenierten Pontifikalgottesdienst und an jedem gut gestalteten Hochamt beobachten. Das lässt sich aber auch an dem Aufbau des Kirchenjahres, dem kirchlichen Festkalender und der daran angepassten Leseordnung ablesen. Denn auch dieser alljährlich wiederkehrend-kreisende Gang durch Zeit und Geschichte ist kunstvoll gestaltet und von hoher ästhetischer Dichte. Er verwebt den Lauf der Natur und der Jahreszeiten mit der biblischen Heilsgeschichte und schreibt sich so tief in das Empfinden und Erleben derer ein, die ihn mitvollziehen wollen.

Heute nun erleben wir nach Sonntagen, die eher die Endlichkeit und Sterblichkeit von Welt und Mensch ins Zentrum stellen, das große Finale des Kirchenjahres: Christkönig. Es ist ein eigentümliches Hochfest, dieser Christkönigssonntag, der das katholische Kirchenjahr beendet und den Weg freimacht für den Advent, für die Erwartung des Kommens des Herrn als ein Kind in der Krippe. Heute aber steht noch einmal das Kreuz im Mittelpunkt und mit ihm die seltsame Spannung zwischen Macht und Ohnmacht, zwischen Herrschaft und Scheitern. Welcher Kontrast zwischen dem feierlichen und erhabenen Kolosserhymnus und der bitteren Kreuzeserzählung bei Lukas: Der Erstgeborene der Schöpfung, in dem und durch den und auf den hin alles, was ist, geschaffen ist, in dem Gott mit seiner ganzen Fülle Wohnung genommen hat – hängt am Kreuz wie ein Verbrecher, elendiglich erstickend und selbst im Todeskampf ein Spott der Leute. Das ist Christkönig.

Der Christkönigsonntag ist ein hoch politisches Fest, so oder so. Papst Pius XI. hat das Hochfest Christkönig im Jahr 1925 eingeführt und auf den Sonntag vor Allerheiligen gelegt, um die Herrschaft Christi gegen alle Tendenzen zur Verweltlichung in Staat, Gesellschaft und Familie erneut einzuschärfen. So war es ein politisches Signal kirchlichen Machtanspruchs gegen eine sich zunehmend pluralisierende und säkularisierende Moderne. Unter den Nazis dann wurde das Fest vielerorts zum Zeichen des Widerstands gegen den totalen Machtanspruch der Faschisten – wieder hoch politisch, nun aber ganz anders. Erst die Liturgiereform nach dem Zweiten Vatikanischen Konzil rückte das Hochfest Christkönig an das Ende des Kirchenjahres und gab ihm so sein eher eschatologisch-endzeitliches Gepräge, wie wir es heute kennen.

Es ist wieder Krieg in Europa. Am 24. Februar 2022 gab Präsident Putin den Befehl zum Einmarsch, russische Truppen drangen in die Ukraine ein. Seitdem erleben wir ein Morden, Brennen und Sterben, das in der Tat eine Zeitenwende markiert – politisch, wirtschaftlich und kulturell. Was nach dem Fall der Mauer niemand mehr für möglich hielt, ist plötzlich abgründige Realität: Wieder wird Europa Schauplatz eines imperialistischen Angriffskrieges – diesmal mit der besonders geschmacklosen Note, dass der Überfall auf das Nachbarland vom russischen Aggressor propagandistisch als Kampf ausgerechnet gegen den Faschismus verbrämt wird.

Was bedeuten die Bomben auf Mariupol und die Toten auf den Straßen von Butscha, was die Verwüstungen in Bachmut und in Awdijiwka für unser Verständnis von Christkönig? Es sind Christen, die schießen, bomben und töten, und es sind Christen, die leiden, weinen und sterben. Es sind Christen wie Patriarch Kyrill von Moskau, die bis zuletzt treu zu Putin stehen und das Nichtrechtfertigbare zu rechtfertigen versuchen. Es sind Christen, die mit der Waffe in der Hand ihr Land verteidigen, und es sind Christen, die sich mit bloßen Händen gegen Panzer stellen und den Himmel beschreien, er möge ein Einsehen haben und dem Krieg ein Ende bereiten. Über allen thront der Christuskönig, in einem unvorstellbaren Paradox zugleich ohnmächtig-unschuldiges Opfer politischer Gewalttat und Herr über Himmel und Erde.

Klar ist, dass die klassische Botschaft des Christkönigsonntags, die jahraus-jahrein zum heutigen Tag von den Kanzeln verkündet wurde, uns heuer nicht mehr so leicht über die Lippen und ins Ohr gehen mag: dass nämlich die wahre Macht in der Ohnmacht und der wahre Sieg in der Annahme des Kreuzes lägen, dass Schwachheit in Wirklichkeit Stärke und Scheitern ein Gewinn sei. Haben nicht die Ukrainerinnen und Ukrainer alles Recht der Welt, sich auch mit schweren Waffen zu verteidigen? Kann es christlich gewollt sein, einem Diktatfrieden zuzustimmen, bei dem sich der Stärkere nimmt, was er will, einfach weil er es kann? Und umgekehrt, falls jemand auf die Idee käme, nun die Selbsthingabe des Gekreuzigten zum ukrainischen Heldenepos ummünzen zu wollen: Haben nicht auch jene Männer, die unerlaubt aus der Ukraine fliehen, einfach weil sie leben wollen, alles moralische Recht dazu auf ihrer Seite? Was also heißt das in Zeiten des Krieges: Der Gekreuzigte ist König aller Welt?

Kriegszeiten sind Zeiten der Verunsicherung, existenziell wie intellektuell. Das gilt auch für die christliche Friedensethik, die sich angesichts der Geschehnisse neu sortieren muss. Aber wie? Frieden schaffen ohne Waffen! Tja. Sodann der Satz vom Hinhalten der anderen Wange (vgl. Mt 5,39; Lk 6,29): Wenn er schon nicht radikal pazifistisch zu deuten ist, dann doch wenigstens als Aufruf zum Durchbrechen der Eskalationsspiralen. Nun gut. Immerhin. Es ist eine weitere, ernüchternde Lektion: Dass das unschuldige Opfer der Gewalttat der eigentliche Weltenkönig sei – diese tiefe Wahrheit des Christentums lässt sich offensichtlich nur schwer in politische Handlungsmaximen übersetzen.

Aber, und das ist die vielleicht zentrale Botschaft dieses Christkönigstages: Es ist eine Wahrheit, die einen geheimnisvollen Glanz verbreitet, gerade auch angesichts des Krieges in der Ukraine. Denn auch das steht in dem grandiosen Christuslied, das wir in der Lesung gehört haben: »Gott wollte mit seiner ganzen Fülle in ihm wohnen, um durch ihn alles auf ihn hin zu versöhnen« – auf ihn hin, »der Frieden gestiftet hat am Kreuz« (Kol 1,19–20). Auch wenn hier und heute ganz unvorstellbar ist, wie diese Versöhnung und dieser Frieden in Christus einmal Wirklichkeit werden könnten: Wir sollten von dieser Hoffnung für alle nicht lassen. Sie ist es, die uns Menschen wahrhaft menschlich leben und handeln lässt.

Erstveröffentlichung: 2022

Sonntage im Jahreskreis

Für Fang und Fülle bürgt ein anderer

3. Sonntag im Jahreskreis, Lesejahr B
Mk 1,14–20

1 Eine Begegnung am Buffet

Stellen Sie sich einmal vor, Sie sind auf einem der zu Beginn eines jeden Jahres immer wieder neu über uns hereinbrechenden Neujahrsempfänge. Ein klassisch-langweiliger Stehempfang, Sie kennen niemand, müssen sich mit Smalltalk über die Zeit retten. Da kommt ein Unbekannter auf Sie zu und stellt sich vor: »Guten Tag, Müller-Lüdenscheid mein Name, Patentanwalt.« Und Sie antworten: »Guten Tag, Meier-Wattenscheid der meine, Menschenfischer.« Mit viel Glück wird Ihr Gegenüber nicht sofort die Flucht zu den Lachshäppchen am Buffet ergreifen, sondern lediglich mit einem »Ach so? Wie interessant!« seiner Irritation Ausdruck verleihen.

Dabei haben Sie doch nichts anderes getan, als den Beruf einer jeden Christin, eines jeden Christen zu benennen, der uns seit jener Begebenheit am Ufer des Sees von Galiläa vor 2000 Jahren aufgetragen ist, von der das heutige Evangelium uns erzählt: eine Menschenfischerin, ein Menschenfischer zu sein, das heißt von der Hoffnung zu erzählen, die uns geschenkt ist, und die frohe Botschaft vom uns nahegekommenen Reich Gottes weiterzusagen (vgl. Mk 1,17). Und Sie haben nichts anderes getan, als jenen Christenberuf zu benennen, der einziger Daseinszweck der Kirche ist: offen und einladend – missionarisch – in der Welt und für die Welt da zu sein; das heißt weder in der selbstgenügsamen Abkapselung des Eigenen zu verharren, noch heißt es, im listenreichen Beschwatzen die anderen zu überrumpeln und ins eigene Boot zu zerren. Sondern das heißt, sich einzumischen in die Debatten und die Nöte unserer Zeit und mit Kopf, Herz und Hand die Botschaft vom menschenfreundlichen

Gott immer wieder aufs Neue weiterzusagen und mit dem eigenen Lebensbeispiel zu verlebendigen.

2 Ein irritierendes Bildwort, eine existenzielle Zumutung

Und trotzdem: Die Irritation des Patentanwalts Müller-Lüdenscheid ist – abgesehen von der abstrusen Situation – ganz berechtigt. Denn das Bildwort vom Menschenfischer (Mk 1,17) ist für uns Heutige ein sperriges, ein anstößiges und kantiges Wort. Der Evangelist Markus wählt es, weil es den Beruf der ersten Jünger aufgreift. Sie waren Fischer. Als Metapher verwendet, trifft es die Lebenswelt seiner damaligen Zuhörerinnen und Zuhörer und wird von ihnen unmittelbar verstanden.

Uns aber irritiert die tiefe Zweideutigkeit des fremd gewordenen Bildes. Der Prozess des Fischens endet für den Fisch bekanntermaßen in aller Regel tödlich. Und wer ein Fangnetz auswirft, der oder die verstrickt und umgarnt, der oder die fesselt und zieht in seine oder ihre Gewalt. Das gilt für die Netze der galiläischen Fischer wie für die Wurfnetze der römischen Gladiatoren. Das gilt aber zumindest als Gefahr ebenso für all die virtuellen wie für die gesellschaftlichen und beruflichen Netzwerke, in denen wir uns heute bewegen.

Doch selbst dann, wenn ich die Zweideutigkeit des Bildes beiseiteschiebe und versuche, das Bild vom Menschenfischer und die damit gemeinte Sache ganz positiv zu verstehen – andere einladen, mit in das Boot Christi einzusteigen und mitzumachen bei der großen Geschichte vom Reich Gottes; anderen helfen, den reichen Schatz, den sie immer schon in sich tragen, zu entdecken und zu bergen – selbst dann merke ich: Das Wort vom Menschenfischer beunruhigt und verstört mich. Und wenn ich ehrlich bin, dann liegt das nicht an der Sperrigkeit des Bildes, sondern daran, dass ich Angst davor habe, mich im Ernst auf das damit Gemeinte einzulassen: Ich, ausgerechnet ich, in all meiner Zerrissenheit, mit meinen Unfertigkeiten und Halbwahrheiten? Ich – mit all dem Zweifel, den ich in mir trage? Ich – mit all den unerlösten Seiten an mir, die mir das Leben oft genug so schwer machen?

Vor allem: Wer sagt mir denn, dass ich wirklich im Namen dessen fische, der mich in Dienst nehmen will und nicht stattdessen und klammheimlich in meiner eigenen kleinen Sache? Es gibt so viele selbsternannte Menschenfischerinnen und Menschenfischer, die auf eigene Rechnung fischen, und sie wissen es oft noch nicht einmal. Wer sagt mir denn, dass die Netze, die ich werfe, wirklich Lebens- und Beziehungsnetze, Rettungsleinen sind und keine Schlingnetze, die mein Gegenüber einschnüren, es zappeln und nach Luft schnappen lassen?

Nein, das Wort vom Menschenfischer liegt mir quer im Magen und wühlt mich auf. Aber gerade so lässt es mich auch nicht los, es treibt mich um: Was bedeutet denn der Nachfolgeruf Jesu für mich, für meinen Lebensentwurf? Welches Gewicht darf die Sache Jesu denn tatsächlich in meinem Leben einnehmen? Wenn ich mit diesen Fragen ringe – und ich vermute, es geht Ihnen in Vielem ähnlich –, dann ist es für mich gut zu wissen, dass der, der mich zu Umkehr und Nachfolge ruft, nicht nur das Himmelreich verkündet, sondern es selbst in Person schon ist. Und es ist tröstlich, dass der, der mich in Dienst nimmt, immer schon selbst als der Diener aller vorangeht.

3 Von der Vorgängigkeit der Gnade

Denn schauen wir noch mal genau auf das Evangelium vom heutigen Tag: Noch bevor Simon und Andreas, Jakobus und Johannes losziehen und zu verkündigen beginnen, ist in der Person Jesu schon jenes Licht Mensch geworden, das auch das finsterste Schattenreich des Todes taghell machen wird. Es hängt also nicht allein an Simon und Andreas und nicht an Jakobus und

Johannes – und es hängt auch nicht allein an mir und an uns. Das Reich Gottes ist schon da und mitten unter uns, weil Gott selbst da ist und Mensch geworden ist, einer von uns und uns zum Heil. Vorgängig zu unserem Tun sind wir doch schon als Gottes geliebte Kinder angenommen. Eben diese Bedingungslosigkeit und Unbedingtheit der Heilszusage Gottes ist mit dem altertümlichen Wort *Gnade* gemeint, und eben das ist auch die tiefe, alles umstürzende Befreiungserfahrung des jungen Luther: Du bist gerechtfertigt, von Gott gerecht gesprochen vor allen deinen Werken!

Der Evangelist Markus bringt das Gemeinte kurz und knapp auf den Punkt: »Die Zeit ist erfüllt, das Reich Gottes ist nahe. Kehrt um und glaubt an das Evangelium« (Mk 1,15)! Diese wenigen Worte sind die Überschrift und zugleich die Zusammenfassung, die der Evangelist Markus seiner Niederschrift der gesamten Jesusgeschichte voranstellt. Das Reich Gottes ist unmittelbar nahe – das ist Grund und Gehalt des ganzen Evangeliums, und die Person Jesu Christi als das Reich Gottes in Person ist die zentrale (Selbst-) Gabe Gottes an uns. Doch – um einen Gedanken des Bonner Theologen Karl-Heinz Menke aufzugreifen – diese Gabe Gottes wird von uns nur recht empfangen im Modus ihrer Weitergabe, im Modus also der Selbstgabe der Empfangenden. Deshalb der sich unmittelbar anschließende Ruf zur Umkehr. Eines freilich ist in diesem gott-menschlichen Beziehungsgefüge entscheidend: Der Indikativ des Handelns Gottes steht immer vor dem Imperativ des Umkehrrufs. Die Initiative liegt bei Gott. Je neu.

Die existenzielle Dimension dieser Reihung bringt der Evangelist Matthäus, der die Markusperikope in sein Evangelium aufnimmt, mit Hilfe eines Zitates aus dem Buch des Propheten Jesaja zum Klingen: »Das Volk, das im Dunkeln saß, hat ein helles Licht gesehen; denen, die im Schattenreich des Todes wohnten, ist ein Licht erschienen« (Mt 4,16; vgl. Jes 9,1). Gottes zuvorkommende, bedingungs- und grundlose Initiative ist es, die unsere Nächte hell und unsere Dunkelheiten lichterfüllt werden lässt.

Vorgängig zu unserem Tun und Entscheiden hat er schon alle Schattenreiche des Todes mit seinem Licht ins Leben verwandelt. Deshalb jubelt Jesaja im direkten Anschluss (vgl. Jes 9,3): Gott zerbricht das drückende Joch, das Tragholz auf der Schulter und den Stock des Antreibers. Wir dürfen darauf vertrauen, dass diese Verheißung sich in Christus erfüllt hat, auch dann, wenn wir weiterhin die Wassereimer unserer Ängste und Nöte auf den Schultern spüren werden, auch dann, wenn wir noch manche Todeserfahrung machen werden.

So leben wir als Christinnen und Christen in einer paradoxen Doppelsituation, in einer Zeit des »Jetzt« und des »auch Jetzt« (so der evangelische Theologe Gerhard M. Martin): Jetzt ist die Zeit der Gnade, in der ich mich ganz und gar angenommen wissen darf, und jetzt ist auch die Zeit, in der es zu ringen und sich zu entscheiden gilt. Jetzt ist die Zeit der Gegenwart des Himmelreiches, in der ich befreit und getragen bin, und jetzt ist auch die Zeit, in der es sich zu engagieren, zu widerstreiten und sich der Not entgegenzustemmen gilt.

4 Ein Menschenfischer, eine Menschenfischerin sein

Wenn ich den Mut habe, mir das zusprechen zu lassen, dann – so glaube ich – verliert auch das Bild vom Menschenfischer, von der Menschenfischerin etwas von seiner Anstößigkeit, dann wird es leichter, dieser sperrigen Metapher im eigenen Leben Raum zu geben. Denn beides, das Wort des Trostes und der Heilszusage einerseits und das Wort von Umkehr und Nachfolge, das Wort vom Menschenfischer, von der Menschenfischerin andererseits – beides gehört zusammen und bedingt sich gegenseitig; keines kann ohne das andere sein.

Das Trostwort ohne Umkehr und Nachfolge verkommt zur bloßen Selbstbeschwichtigung und wird letztlich zum frommen Selbstbetrug, zur Lebenslüge. Und der Umkehr- und Nachfolgeruf ohne die vorgängige Heilszusage führt zu Selbstüberforderung und mündet letztlich im zerstörerischen Versuch, aus eigener Kraft die Erlösung zu schaffen. Entscheidend ist aber: Das erste dieser beiden Worte ist immer das des Trostes. Die Zusage des Heils durch und in Jesus Christus hat in allem den Primat. Erst danach kommt das Wort vom Menschenfischer, von der Menschenfischerin. Es umreißt nur den je eigenen Modus der Annahme der Heilsbotschaft, nicht mehr, aber auch nicht weniger. So gilt nicht mehr: Du musst, weil du sollst (und ansonsten großen Ärger bekommst); sondern es gilt: Du darfst, weil du kannst! Du bist erlöst, befreit und angenommen, und deshalb darfst du das Wort von der Erlösung und Befreiung, das Wort vom großen, die ganze Welt umspannenden Generalpardon (Johann Christoph Blumhardt) weitersagen.

Du darfst und du kannst das Netz auswerfen, weil du selbst erfahren hast, dass es trägt und heilt. Du darfst und du kannst das Netz auswerfen, weil es nicht dein eigenes Netz ist, sondern das Netz dessen, der all unser Todesdunkel und all unsere Abgründe taghell geliebt hat. Du kannst und du darfst das Netz auswerfen, weil es nicht einengt und gefangen nimmt, sondern weil es so weit ist, dass die ganze Welt darin Platz und Heimat findet.

Wenn wir also einmal davon ausgehen, dass der eingangs erwähnte Patentanwalt namens Müller-Lüdenscheid nicht panisch die Flucht ergriffen, sondern kritisch und irritiert nachgefragt hat, was das denn sei, ein Menschenfischer, eine Menschenfischerin, dann könnten wir ihm vielleicht antworten:

Eine Menschenfischerin ist eine, die etwas erfahren hat; einer, dem etwas widerfahren ist. Ein Menschenfischer ist ein von Gott Gezeichneter. Eine, die verzeiht, weil ihr verziehen wurde. Eine, die Mut macht, weil ihr in ihre Ängstlichkeit hinein Mut zugesprochen wurde.

Ein zum Glauben Einladender, weil er sich in seinen eigenen Zweifeln getragen weiß. Eine die Hoffnung Bestärkende, weil ihr eine Verheißung geschenkt ist. Ein die Liebe Verschenkender, weil er selbst sich geliebt wissen darf – auch und gerade in jenen Dunkelheiten und Abgründen, in denen ihm all das als hohl und schal zu zerrinnen scheint.

Vor allem aber ist ein Menschenfischer einer, der weiß: Für Fang und Fülle bürgt ein anderer, Größerer. Er will uns gut. Uns kommt es nur zu, ihm nicht allzu sehr im Wege zu stehen.

Erstveröffentlichung: 2015

Lebensfülle trotz winterlicher Zeit

3. Sonntag im Jahreskreis, Lesejahr C
1 Kor 12,12–31a // Lk 1,1–4; 4,14–21

I.

Haben Sie einen Lieblingssatz, ein Lieblingswort in der Bibel? Ein Vers, der Ihnen wichtig geworden ist und der Sie tagein, tagaus begleitet? Für mich ist ein Wort Jesu aus dem Johannesevangelium zentral geworden: »Ich bin gekommen, damit sie das Leben haben und es in Fülle haben« (Joh 10,10b). Unser Hochzeitsevangelium bestand nur aus diesem einen Satz, und er ist auch mein Weihespruch bei der Diakonenweihe Jahre später geworden. Er bedeutet für mich: Gott ist ein Gott des Lebens. Er will, dass Leben ist, Leben in Fülle. Und er hat fest versprochen, uns allen dieses Leben in Fülle zu schenken.

Das heutige Tagesevangelium greift diesen Gedanken auf und konkretisiert ihn. Der Text berichtet vom Beginn des öffentlichen Wirkens Jesu in Galiläa. Er enthält sozusagen die öffentliche Antrittsrede Jesu als des von Gott in die Welt gesandten, endzeitlichen Messias. Jesus ist in der Synagoge von Nazaret, und man reicht ihm einen Lesungstext aus dem Buch Jesaja. Der Prophet Jesaja schreibt dort von der Überfülle des Heils, das Gott den

Menschen durch seinen gesalbten Boten schenken wird: Den Armen wird eine gute Nachricht gebracht, Gefangenen die Entlassung verkündet, Blinden das Augenlicht geschenkt und Zerschlagene werden in Freiheit gesetzt. Mit der Sendung des Messias Gottes bricht eine Gnadenzeit an, eine Zeit des Heils, das nicht nur alle Menschen, sondern auch alle Dimensionen ihres Menschseins umfasst (vgl. Jes 61,1–2).

Die sich anschließende Predigt Jesu zu dieser Jesaja-Stelle besteht nur aus einem einzigen Satz: »Heute hat sich das Schriftwort, das ihr eben gehört habt, erfüllt« (Lk 4,21). Das ist eine ganz unerhörte Aussage, denn sie enthält zwei Pointen: Zum einen sagt Jesus damit, dass die Verse aus dem Buch Jesaja nichts weniger als die Proklamation seiner eigenen Botschaft darstellen. Mit den Worten Jesajas fasst Jesus zusammen, was den Kern seiner eigenen Sendung ausmacht, was er selbst den Menschen zu verkünden gesandt ist. Diese ganzheitliche und niemand ausschließende Heilszusage des Gottes Israels ist wahrlich ein Evangelium, eine gute Nachricht.

Die andere Pointe ist der unerhörte Sendungsanspruch, der aus den Worten Jesu spricht: Heute, an seiner Person, hat sich diese jahrhundertealte Verheißung erfüllt. Er selbst ist der Messias, der endzeitliche Gesalbte, der im Namen Gottes diese Gnadenzeit ausrufen kann. Er verkündet nicht nur eine frohe Botschaft, sondern er selbst ist die Gegenwart Gottes in Person. »Heute hat sich das Schriftwort […] erfüllt« (Lk 4,21): In Jesus Christus sind die Lebensverheißungen Gottes mitten unter uns, in ihm ist die Lebensfülle Gottes Teil unserer Wirklichkeit geworden. Denn dieses Heute, von dem Jesus spricht, gilt nicht nur für die Zeit seiner Zuhörerinnen und Zuhörer in Nazaret. Dieses Heute reicht bis in unsere Zeit hinein. Es ist das Heute Gottes, der will, dass auch wir das Leben haben und es in Fülle haben. Es gilt über den Tag hinaus, für alle Zeiten.

II.

Und wir? Wir leben weiterhin in einer winterlichen Zeit! Es wird ja immer noch gelitten und gestorben, geweint und getrauert. Wie wenig ist vom Anbruch einer Gnadenzeit zu spüren! Nein, die vollendete Erfüllung dieser in Jesus Christus angebrochenen Lebensverheißungen steht augenscheinlich noch aus. Wenn wir wachen Auges in unsere Welt und in uns selbst hineinsehen, wird schnell klar: Es besteht nicht der geringste Grund zu einem vorzeitigen Vollendungspathos. Es besteht nicht der geringste Grund zu einem Erfüllungsenthusiasmus, als ob alles schon hier und jetzt erledigt sei. Wir sind noch nicht im Himmel. Auf uns – und schlimmer noch: auf die, die wir lieben – warten das Sterben und der Tod. Trotzdem wissen wir, dass uns in Christi Tod und Auferweckung eine Hoffnung über den Tod hinaus geschenkt ist, weil dessen Macht ein für alle Mal gebrochen ist. Wir wissen, dass die Lebensverheißungen Gottes unverbrüchlich sind. Paulus bringt diese Dialektik auf die Formel: Wir sind gerettet – aber »auf Hoffnung hin« (Röm 8,24).

Daraus resultiert die eigentümliche Zeitspannung, in der wir Christinnen und Christen leben. Wir leben in einer Zeit des »Schon« und des »Noch-nicht«. Das Reich Gottes ist in Jesus Christus schon angebrochen, es ist endgültig mitten unter uns. Und doch ist es noch nicht vollendet, steht die letztendliche Erfüllung aller Verheißungen noch aus. Thomas Pröpper sprach hier von der Spannung zwischen der Endgültigkeit und der Vollendung der Erlösung. Existenziell resultiert daraus eine fast paradoxe Zeit des »Jetzt« und des »auch Jetzt« (so der evangelische Theologe Gerhard M. Martin): Jetzt ist die Zeit des Unterwegsseins, des Suchens und Ringens, die Zeit des Scheiterns, der Zweifel und der Bedrängnis. Jetzt ist aber auch die Zeit, in der wir aus der Kraft des Evangeliums heraus mit diesen Nöten umgehen können. Die Lebensverheißungen Gottes reißen dabei einen weiten Horizont auf, der uns jetzt schon frei atmen lässt.

Wir ahnen schon die kommende, durch nichts und niemand mehr angefochtene Geborgenheit in Gott, wir nehmen sie in unserer Hoffnung vorweg und lassen uns von ihr verwandeln. So wissen wir uns hier und jetzt – trotz allem – von Gott getragen, gehalten und in Freiheit gesetzt.

III.

Gibt es ein Bild, das diese beiden widerstreitenden Grunderfahrungen des Christseins zusammenbinden kann? Für den Apostel Paulus ist das zweifelsfrei das Bild vom Leib Christi. »Ihr aber seid der Leib Christi und jeder Einzelne ist ein Glied an ihm« (1 Kor 12,27), so haben wir es gerade in der Lesung aus dem Korintherbrief gehört. »Ihr aber seid der Leib Christi« (1 Kor 12,27) – das ist die Ansage des Paulus an die bedrängten und untereinander zerstrittenen Christinnen und Christen in Korinth. Bei allem Streit und Zwist, in aller Not und Angefochtenheit sollen sie wissen: Ihr gehört zu Christus, und Christus ist bei euch. Und dieses Miteinander ist so eng und so intim, dass es wie ein einziger Leib ist. Zugleich ist für Paulus klar: Dieser Leib ist noch nicht vollendet, sondern er wandert mit durch die Zeit und geht seiner endgültigen Vollgestalt erst noch entgegen, dann nämlich, wenn die ganze Schöpfung mit hineingenommen sein wird in dieses Sein bei Christus.

So ist das Bild vom Leib Christi zunächst einmal ein Bild der Hoffnung: Unsere letzte, unsere äußerste Hoffnung zielt darauf ab, bei Christus zu sein. Christinnen und Christen denken die Vollendung im und nach dem Tod nicht in erster Linie räumlich oder örtlich, sondern personal und relational. Unsere tiefste Hoffnung ist eine Beziehung, eine Person, ein Du: bei Christus sein, bei ihm zuhause und geborgen sein, bei ihm ganz frei und ganz ich selbst sein.

Das Bild vom Leib Christi ist sodann, gegenwartsbezogen, ein Trostwort für jeden und jede Einzelne: Wir sind schon hier und jetzt mit hineingenommen in die Lebensfülle Gottes, und zwar nicht aufgrund unseres Wohlverhaltens oder irgendwelcher guten Taten (in denen doch immer auch ein Stück Selbstsucht liegt), sondern weil Christus selbst es so will, weil er uns beschenken will. Das ist die Brücke, die uns von der Zukunftsverheißung ins Heute geschlagen ist. Sie verändert uns schon jetzt. Etwas altertümlich formuliert, könnte man das den Primat der Gnade nennen.

Erst nachrangig erwächst daraus der Anspruch, dem im eigenen Leben gerecht zu werden. Und mit dem immer neuen Scheitern daran reift wohl auch die Erkenntnis, dass wir eben nicht Christus sind … Das Bild vom Leib Christi transportiert also neben der Identitätszusage – du gehörst zu Christus, du lebst aus Christus – auch eine eigentümliche Erfahrung der Differenz: Es geht nicht um eine mystische oder gar pantheistische Verschmelzung mit Gott, sondern um eine geschenkhafte Partizipation an Gottes Lebensfülle. Diese Teilhabe, das lehrt das Bild vom Leib Christi, geht über eine rein äußerlich bleibende Verbindung weit hinaus. Sie umfasst unser innerstes Sein. Aber je mehr wir erkennen, dass wir ganz aus dieser Quelle leben, desto mehr wird uns klar, dass wir nicht mit ihr identisch sind. Wir leben in und aus Christus, aber wir sind nicht Christus. Wir sollen Christus bezeugen, aber wir dürfen ihn nicht für uns vereinnahmen.

IV.

Ein letzter Gedanke. Vielleicht ist es ja an der Zeit, über das Bild vom Leib Christi als Metapher für die Kirche wieder neu nachzudenken, jetzt in einer ideologiekritischen Weise, die um die Gefährlichkeit und die Missbrauchsanfälligkeit dieses Bildes weiß. Natürlich, das Bild von der Kirche als Leib Christi wurde vielfältig missbraucht, weil die Kirche sich mit Christus verwechselt hat: Klerikalismus und Triumphalismus waren die Folge ebenso wie eine Selbstabschottung und eine entsprechende Einbahn-Kommunikation von innen nach außen. Aber das Bild vom Leib Christi ist zu kostbar, um es wegen diesen Missbräuchen einfach beiseite zu lassen. Denn es spannt den Bogen vom neuen Morgen einer geheilten und vollendeten Schöpfung ins Hier und Heute hinein. So verbindet es nicht nur Zeit und Ewigkeit miteinander, sondern die Kirche als das pilgernde Gottesvolk wird in Christus verbunden mit allen Menschen und mit der ganzen Schöpfung.

Das Bild vom Leib Christi lässt etwas erahnen von der Lebensfülle Gottes trotz winterlicher Zeit, von seinen Lebensverheißungen für hier und für dort. Wir haben Teil an Christi Leben, weil Christus es so will. Wir sind bei Christus, anfanghaft und gebrochen zwar hier und jetzt, aber vollendet und geheilt dort und dann. Nichts, aber auch gar nichts, weder Mächte noch Gewalten, weder Tod noch Leben können uns davon scheiden (vgl. Röm 8,38–39). Diese Glaubensgewissheit haben wir nicht exklusiv für uns, sondern als ein Versprechen Gottes an alle Menschen, an die ganze Schöpfung. Es stellvertretend in unserem Tun und Lassen zu bezeugen, das ist unser Beruf als Christin und als Christ.

Gehalten am 26./27.01.2013 in St. Ludwig, Berlin/Wilmersdorf

Wirklichkeitshaltige Reich-Gottes-Zeichen

4. Sonntag im Jahreskreis, Lesejahr B
Mk 1,21–28

Es sind Wundergeschichten wie diese, die man gerne Theologiestudierenden in der Prüfung vorlegt, weil sich an ihnen das literarische Genus der Dämonenaustreibung so gut studieren lässt. Auf knappstem Raum sind alle Formelemente vorhanden, die in den klassischen Erzählrahmen hineingehören: Der wirkmächtige Wunderheiler tritt auf, der Dämon realisiert die für ihn damit verbundene Gefahr, versucht sie abzuwehren und bekennt auf diese Weise zugleich und ungewollt die Macht des Exorzisten. Auf dessen Befehlswort hin erfolgt sogleich die Austreibung des Dämons, der den Besessenen unter für alle sichtbaren Begleitumständen verlässt. Nachdem der Erfolg der Wunderhandlung solchermaßen öffentlich konstatiert wurde, bildet die abschließende Darstellung der Reaktionen der Zuschauer den rahmenden Schluss der Geschichte. Diese Art der Erzählung ist in der Antike weit verbreitet. Ihre Stilmerkmale werden hier so eindeutig typisierend eingesetzt, dass man einen konkreten historischen Kern bezweifeln und stattdessen von der Übernahme einer vorgeprägten legendarischen Literaturform durch den Evangelisten sprechen kann. Also alles nur ein frommes Märchen, alles nur Mythologie?

Ganz so einfach ist es nicht. Denn zweifellos verbirgt sich hinter der literarisch generalisierenden Fassade der historisch belastbare Umstand, dass Jesus von Nazaret Menschen geheilt und von ihren seelischen und körperlichen Leiden befreit hat. Dieser einfache Wanderprediger aus Galiläa muss ein ganz außergewöhnliches Charisma ausgestrahlt haben, das viele seiner Zeitgenossen als heilsam und gesundmachend, als erlösend von inneren wie äußeren Nöten und Zwängen erfahren haben. Deshalb bieten solche Dämonenaustreibungen einer psychologisierenden Exegese ein reichhaltiges Übungsmaterial: Ein Mensch, der an sich selbst leidet, an seinen Zwängen und Ängsten, an Unbewältigtem und Verdrängtem, gefangen im Teufelskreis aus Fremdbestimmung und Selbsthass, wird von Jesus zum eigenen Selbstsein, zu einem Leben in Selbstannahme, Achtsamkeit und Entschiedenheit befreit. Also alles nur Psychologie, alles nur Individualtherapie?

So hilfreich sie auch sein mag, für sich allein genommen greift eine solche Exegese ebenfalls zu kurz. Denn erstaunlicherweise bleibt das wundersame Charisma des Heilbringers ganz im Hintergrund. Auch die Dämonenaustreibung als solche steht gar nicht im Mittelpunkt, sondern dient nur als sprechendes Beispiel, als wirksames Anzeichen von etwas anderem, etwas Größerem, das im Text gleich zwei Mal – vor und nach dem eigentlichen Wunderbericht – hervorgehoben wird: der Vollmacht, mit der hier von Jesus eine neue Lehre verkündet wird (vgl. Mk 1,22.27). Den Inhalt dieser neuen Lehre hat der Evangelist wenige Zeilen zuvor auf den knappsten Nenner gebracht: »Die Zeit ist erfüllt, das Reich Gottes ist nahe« (Mk 1,15). Entscheidend ist nun, dass diese Botschaft untrennbar mit dem Boten verknüpft ist, der sie mit göttlicher Vollmacht verkündet: Jesu Vollmacht, seine unvergleichliche Autorität besteht darin, das Reich Gottes in Person zu sein. Er ist nicht nur der Reich-Gottes-Künder, nicht nur der Reich-Gottes-Vermittler, sondern er ist auf ganz und gar einzigartige Weise der vollmächtige Reich-Gottes-Träger, der als der Heilige Gottes, als der Sohn des Vaters dessen Reich der Menschenfreundlichkeit und Allerbarmung in Person schon ist. Das ist das eigentliche Wunder, das Wunder hinter dem Wunder gewissermaßen, das sich in den Dämonenaustreibungen und Heilungserfahrungen exemplarisch offenbart. Jesu Wort reicht aus, um unsere Gegenwart heilsam und befreiend zu verändern. Sein Wort reicht aus, um das Dämonische ins Gesunde, um das Lebensverneinende ins Leben zu verwandeln. Weil er das Reich Gottes in Person schon ist, hat Jesu Wort wirklichkeitsgestaltende Kraft. Das hat auch einen individualtherapeutischen Aspekt. Ganz gewiss. Aber es ist mehr. Es ist der Beginn einer neuen Zeit, die alle Menschen zu allen Zeiten umfassen und zurechtbringen will. Es ist der Beginn einer neuen Schöpfung, die die ganze Welt erneuern und erfrischen will.

Erstveröffentlichung: 2012

Der Sabbat ist für den Menschen da: Halte ihn heilig!

9. Sonntag im Jahreskreis, Lesejahr B
Dtn 5,12–15 // Mk 2,23 – 3,6

1 Umzug, Ladenschluss und KAB

Vor nicht allzu langer Zeit sind wir von Berlin nach Würzburg umgezogen. In den ersten Tagen und Wochen, noch inmitten von Kisten, halb aufgebauten Schränken und anderen Provisorien, kam es oft vor, dass wir die Zeit aus dem Blick verloren und gerade noch so, ganz kurz vor Ladenschluss, in den Supermarkt hetzten, um uns mit dem Nötigsten einzudecken. Wie unpraktisch ist das denn: In unserem neuen Zuhause schließen die Läden schon um acht Uhr abends! Wie viel bequemer war das Leben doch in Berlin: Öffnungszeiten der Supermärkte bis Mitternacht, und wer dann immer noch etwas braucht, der geht halt zu den Spätis – Einkaufsbuden, die auch die Nacht hindurch offen haben. – Achte auf den Feierabend, vor allem auf den der anderen: Halte ihn heilig!

Die Katholische Arbeitnehmer-Bewegung – kurz: KAB – ist ein katholischer Sozialverband, der sich den Rechten insbesondere von Arbeitnehmerinnen und Arbeitnehmern im Ringen um gerechtere Arbeitsbedingungen verschrieben hat und der sich für eine sozialere Gesellschaft einsetzt. In einem Jahr, in dem der Heilige Abend auf einen Sonntag fiel, hat die KAB eine große Kampagne für den arbeitsfreien 24. Dezember gestartet. Wenigstens an diesem so besonderen Tag sollten die Läden doch geschlossen haben! Gemeinsam mit den Gewerkschaften kämpft die KAB schon lange gegen die schleichende Aushöhlung des Sonntagsschutzes. – Achte auf den Sonntag: Halte ihn heilig, wie es dir der Herr, dein Gott, zur Pflicht gemacht hat!

2 Menschenfreundliche Praxis

Das Gebot, den Sabbat zu heiligen, ist – je nach Zählung – das dritte oder vierte der Zehn Gebote. Wir haben es in der Fassung aus dem Buch Deuteronomium gerade in der ersten Lesung gehört: »Halte den Sabbat: Halte ihn heilig, wie es dir der Herr, dein Gott, geboten hat« (Dtn 5,12)! Die beiden eingangs genannten kleinen Blitzlichter zeigen, dass das Sabbatgebot einen klaren Platz im Leben nicht nur der biblischen Zeit des Alten wie des Neuen Testaments, sondern auch für uns heute hat. Immer wieder kommt es in diesem Zusammenhang zu gerichtlichen Auseinandersetzungen, werden Entscheidungen zugunsten der Sonntagsruhe wieder gekippt und verkaufsoffene Sonntage genehmigt. Aber auch wenn die Meinungen über die konkrete Umsetzung insofern ganz offensichtlich auseinandergehen: Dass der arbeitsfreie Sonntag grundsätzlich ein hohes und schützenswertes Gut ist, darüber sind sich, von einigen wenigen Marktradikalen vielleicht abgesehen, die meisten doch einigermaßen einig. Und nur zur Klarstellung und ganz am Rande: Auch ich habe mich schnell und ohne spürbaren Verlust an Lebensqualität an fränkisch-moderate Ladenöffnungszeiten gewöhnen können …

Deutlich wird: Viele Normen und Lebensregeln, die die Heilige Schrift formuliert, haben einen tiefen kulturellen und sozialen Sinn. Das Sabbatgebot ist ein Paradebeispiel dafür. Die Rhythmisierung von Arbeit und Ruhe, die es anzeigt und einfordert, gilt für jede einzelne Person: Ohne Arbeit wird der Mensch genauso krank wie ohne Arbeitspausen. Es braucht eine gute Balance von Arbeit und Erholung, von Produktivität und Muße. Und es braucht einen festen Rhythmus dieser Größen, wie die signifikant höheren Krankenstandszahlen von Schichtarbeitenden deutlich machen. Die Notwendigkeit einer solchen Balance erstreckt sich aber über die einzelne Person hinaus auf das persönliche Nahfeld, die Familie und den Freundeskreis, und auf die Gesellschaft insgesamt. Ohne gemeinsame und verlässliche Zeitstrukturen würde das soziale Miteinander schlicht kollabieren.

Inhaltlich geht es uns heute vor allem um die Frage nach dem, was unser persönliches Leben und unser gesellschaftliches Miteinander bestimmen darf. Was soll bei uns im Mittelpunkt stehen: der Konsum, der Gewinn und das Bruttosozialprodukt – oder der Mensch, sein individuelles und soziales Wohlergehen? Ist also der Mensch für die Arbeit da oder die Arbeit für den Menschen?

3 Gott groß sein lassen

Mag sein, dass das Sabbatgebot im alten Israel in einem jahrhundertelangen Prozess entstanden ist, dessen historischer Ankerpunkt in der Tat die Erfahrung war, dass Personwerdung und gelingendes soziales Miteinander einen lebensdienlichen und festen Wechsel von Arbeit und Ruhe brauchen. Mag also sein, dass die faktische Genese des Sabbatgebots sich solchen personalen und sozialen Dynamiken verdankt. Entscheidend ist jedoch, dass schon im Alten Testament die absolute Geltung dieses Gebotes ganz anders, nämlich theozentrisch, begründet wird. Es geht nicht vorrangig und schon gar nicht ausschließlich um das zwischenmenschliche Miteinander, sondern es geht darum, im konkreten Lebensrhythmus Gott groß sein zu lassen. Die Präambel, die den Zehn Geboten vorangestellt ist, besagt: Gott ist ein Gott der Befreiung. Er hat Israel aus dem Sklavenhaus befreit, und er will, dass auch du frei bist vom Totaldiktat der Leistung, der Arbeit, des Profits und des Konsums über dein Leben. Der eigentliche Impuls des Sabbatgebotes lautet: Gib Gott die Ehre, indem du dich seiner Taten erinnerst – und lass diese Erinnerung Fleisch gewinnen in deinem Lebensrhythmus. Darum halte den Sabbat, den Sonntag heilig.

Das hat Jesus ganz gewiss keinen Deut anders gesehen. Der zentrale Satz, der sich im heutigen Tagesevangelium dazu findet, lautet: »Der Sabbat wurde für den Menschen gemacht, nicht der Mensch für den Sabbat« (Mk 2,27). Dieser Satz wäre grob missverstanden, wenn man meinen wollte, dass damit das alttestamentliche Sabbatgebot in Frage gestellt wäre. Das Gegenteil ist der Fall! Jesus kommt nicht im Traum auf die Idee, die Zehn Gebote zu revidieren. Weder an dieser noch an irgendeiner anderen Stelle der Evangelien steht davon auch nur ein Wort zu lesen. Es wäre theologisch zu kurz gegriffen, das Alte Testament als ein Buch des Gesetzes einfach dem Neuen Testament als einem Buch der Freiheit oder, wie es auch oft zu hören ist, der Liebe gegenüberzustellen. Nein, wer so denkt, verkennt die lebensdienliche und freimachende Intention alttestamentlicher Verhaltensnormen ebenso wie die Ernsthaftigkeit, die Konkretheit und die Existenzbedeutsamkeit der neutestamentlichen Frohbotschaft – von dem latenten Antijudaismus, der in solchen und ähnlichen Formulierungen oft mitschwingt, einmal ganz zu schweigen.

Und schon gar nicht kommt Jesus auf die Idee, die Theozentrik, die Ausrichtung des ganzen Lebens auf Gott hin, die sich in diesen uralten Lebensregeln ausspricht, zugunsten einer Anthropozentrik abzuändern, die den Menschen in den Mittelpunkt stellt. Auch eine solche Frontstellung zwischen Theo- und Anthropozentrik ist theologischer Unfug – und zwar, das sei in aller Deutlichkeit gesagt, in ihrer Auflösung zu beiden Seiten hin. Grundintuition der Texte des Alten wie des Neuen Testaments ist vielmehr, dass die Nähe zu Gott und die Freiheit, der Eigenstand und die Lebensfülle des Geschöpfes nicht in gegenläufigem, sondern im selben, im gleichsinnigen Maße wachsen. Es ist eine tiefe theologische Frage, wie eine solche (mit Karl Rahner gesprochen) direkte Proportionalität von Gottbezogenheit und Selbststand des Geschöpfes zu denken ist, und es ist eine tiefe praktisch-existenzielle Frage, wie sie mit Leben zu füllen ist. Klar aber ist, dass es grundfalsch wäre, das eine gegen das andere auszuspielen.

4 Vollmächtiges Handeln

Was also ist dann gemeint mit dem Satz: »Der Sabbat wurde für den Menschen gemacht, nicht der Mensch für den Sabbat« (Mk 2,27)? Die Antwort, so meine ich, findet sich im direkten Satzanschluss: Der Menschensohn ist »Herr auch über den Sabbat« (Mk 2,28). Der Menschensohn, das ist Jesus. Er ist der bevollmächtigte Repräsentant der Gottesherrschaft; mehr noch: Er ist Gottes liebende Gegenwart in Person. Das ist die Botschaft, um die es dem Evangelisten Markus geht, als er um das Jahr 70 herum sein Evangelium niederschreibt. Es geht ihm um die Frage, wer dieser Jesus ist, um seine Vollmacht und Gottgesandtheit. Und es geht ihm um die Frage, was daraus für sein und für unser Weltverhältnis folgt. Deshalb ist das Markusevangelium so eminent politisch. Die Freiheit Jesu gegenüber dem Sabbat, die Gegenstand der heutigen Sonntagsperikope ist, ist keine Ablehnung der Sinai-Gesetzgebung. Aus ihr spricht vielmehr der Wille, sie von innen her mit Leben zu füllen, sie also von Legalismus und Formalismus zu befreien und neu auszurichten an ihrem eigentlichen Glutkern: der freimachenden Nähe Gottes bei seinem Volk und dessen praktisch-lebensweltlicher, antwortender Ausrichtung daran.

So erklärt sich auch die Verbindung der Geschichte vom Ährenraufen mit der Krankenheilung am Sabbat. Gerade die Wundertaten und Krankenheilungen Jesu sind in den Evangelien Ausweis seiner von Gott gegebenen Vollmacht. Die Christinnen und Christen der Zeit des Markus erkennen darin Jesu Göttlichkeit, sein Herr- und Christus-Sein, seine Gottessohnschaft in einem starken, seinshaften Sinn. Aber auch in dieser nachösterlichen, christologischen Perspektive greift die gleiche Logik: Dieser Christus setzt das göttliche Gebot nicht außer Kraft, sondern füllt es von innen her neu mit Leben und legt so seine lebensdienliche Substanz aufs Neue frei. »Was ist am Sabbat erlaubt – Gutes zu tun oder Böses, ein Leben zu retten oder es zu vernichten« (Mk 3,4)? Der Satz spricht nicht per se gegen die jüdische

Gesetzesauslegung. Dass Lebensgefahr die Sabbatruhe bricht, ist im Judentum zur Zeit Jesu Konsens. Gestritten wird eher über die Frage, ob es am Sabbat erlaubt sei, gute Werke wie z. B. Krankenbesuche zu tun. Jesus greift das auf und überbietet es, indem er die gute Tat mit der Lebensrettung, das böse Tun aber mit der Lebensvernichtung parallelisiert.

5 Gottes- und Menschendienst

Die Pointe ist klar: Gottes- und Menschendienst entsprechen sich. Das Tun des Guten ist die wahre Sabbatheiligung, weil es Gott die Ehre gibt. Wenn der Kern des Sabbatgebots in der Heiligung Gottes liegt, so liegt die Erfüllung des Gotteswillens im Tun des Guten auf der Sinnlinie des Sabbatgebots. Christinnen und Christen bekennen im Glauben, dass der ewige, ungewordene Gott in Jesus von Nazareth ein menschliches, uns zugewandtes Antlitz gewonnen hat. Um wieviel mehr also müsste uns diese Entsprechung von Gottes- und Menschendienst durch den Alltag leiten! Und um wieviel mehr müsste sie uns als Warnung vor Augen stehen, wenn wir heute Gefahr laufen, in Legalismus und Formalismus zu erstarren.

Insofern: Das heutige Evangelium konterkariert nicht den Kampf der KAB für einen flächendeckend und durchgehend arbeitsfreien Sonntag, denn dieses Engagement ist getragen vom Protest gegen die versklavenden Mächte unserer Zeit – um der Menschen und um Gottes willen. Aber das Tagesevangelium wirft nochmals ein anderes Licht auf unsere aktuellen kirchenpolitischen Reizthemen, die wir momentan geradezu als Identitätsmarker des Christkatholischen aufzublasen geneigt sind. Ich meine, es mahnt hier zu Gelassenheit. Was würde geschehen, wenn wir den Streit um die Kommunionzulassung von wiederverheiratet Geschiedenen oder um die Segnung homosexueller Paare einmal in das Licht des Evangeliums vom heutigen Tag hielten?

Erstveröffentlichung: 2018

Alternative facts?

12. Sonntag im Jahreskreis, Lesejahr A
Jer 20,10–13 // Röm 5,12–15 // Mt 10,26–33

1 Fürchte dich nicht!

Hab keine Angst, sagt die Mutter des Nachts zu ihrem Kind. Hab keine Angst, ich bin doch bei dir. Hab keine Angst, das sagen die Mütter zu ihren Kindern auch in Aleppo, in Mossul, im Donbass. Eine Lüge? Oder, wie man heute bisweilen lieber sagt: *alternative facts*? Eine nur gefühlte Wahrheit? Eine von den Realitäten dieser Welt etwas abweichende Deutung derselben, postfaktisch eben? Sagen wir es doch lieber offen: eine Lüge! Das Kind hätte doch allen Grund, sich zu fürchten! – Hab keine Angst, sagt die Mutter zu ihrem Kind. Und sie sagt die Wahrheit, nicht nur eine eingebildete, virtuelle Pseudowahrheit, sondern nichts als die nackte Tatsachenwahrheit. Denn sie spricht aus ihrem Herzen, offenbart mit diesem Satz die ganze Beziehungswahrheit zu ihrem Kind. Diese Beziehung ist eine felsenfeste Tatsache, so wie die Bomben über Aleppo, die Gewaltherrscher in Mossul und die Kämpfe im Donbass Tatsachen sind. Der Satz der Mutter bezeugt die Wahrheit der Liebe, die in ihr brennt, und der Sorge, die sie verzehrt. Er erzählt vom Besten, das sie will für ihr Kind. Hab keine Angst, mein Kind – das heißt: Ich will, dass du lebst. Ich will, dass du bist. Und ich werde alles tun, dass du leben und wachsen kannst. Ich bin da. Für dich.

Hab keine Angst, mein liebes Kind, hab keine Angst, mein teurer Freund, meine teure Freundin. Ich bin doch da. Für dich. So spricht auch unser Gott zu uns. Im Evangelium des heutigen Tages findet sich gleich dreimal dieser Zaubersatz, der, fänden wir nur Kraft ihn zu leben, die ganze Welt aus den Angeln heben könnte: »Fürchtet euch nicht« (Mt 10,26.28.31)! Jesus ermutigt damit seine Jüngerinnen und Jünger, ohne Furcht die frohe Botschaft vom menschenfreundlichen Gott weiterzutragen und mit dem eigenen Leben zu bezeugen. »Denn nichts ist verhüllt, was nicht enthüllt wird, und nichts ist verborgen, was nicht bekannt wird« (Mt 10,26). Für mich bedeutet das: Leg ab deine Furcht vor Menschen und vor Mächten. Mag auch noch so vieles dich bedrängen und dich ängstigen – die Wahrheit der Menschenfreundlichkeit Gottes wird sich durchsetzen. Mag die Welt heute noch so eng und verdunkelt sein, die Strahlkraft der Gotteswahrheit wird sie licht und weit machen. »Die Welt ist verbesserlich«, so hat es der Limburger Altbischof Franz Kamphaus einmal formuliert, und Gott ein »unverbesserlicher Weltverbesserer«.

2 Arbeit an der Angst

Das Evangelium des heutigen Tages fordert uns zur Arbeit an der Angst auf: Fürchte dich nicht! Lauf nicht weg, sieh deiner Angst ins Gesicht und stell dich ihrer Fratze, denn sie hat nicht das letzte Wort über dein Leben. Arbeite an den Ängsten, die an dir nagen, nachts, in der dunklen Stunde kurz vor dem Morgengrauen, und lass nicht zu, dass sie über Gebühr Macht gewinnen über dein Leben. Nicht Menschen noch Mächte, nicht einmal Tod und Teufel brauchst du im Letzten zu fürchten, denn dein Gott ist ein Gott des Lebens (vgl. Joh 10,10b), ein Gott der Nähe; ein Gott, der alles, was ist, trägt und hält, selbst den kleinsten Spatz: »Fürchtet euch also nicht! Ihr seid mehr wert als viele Spatzen« (Mt 10,31).

Diese Ermutigung vom heutigen Tag steht in der Heiligen Schrift nicht allein. Hier tönt vielmehr eine Grundmelodie durch, die das Alte wie das Neue Testament von der ersten bis zur letzten Seite durchzieht. Immer nämlich, wenn es ernst wird um uns Menschen, immer, wenn es wirklich hart auf hart kommt in der Begegnung mit Gott und untereinander, findet sich in der Bibel dieser Satz: Fürchte dich nicht. Hab keine Angst. Es ist die

Herzmitte der Gottesbotschaft: die Befreiung zu einem Leben in Angstfreiheit, weil da ein Gott ist, der das Leben liebt und den Tod überwindet. Er ist das Alpha und das Omega, der Erste und der Letzte, der alle unsere Tage und Nächte, das Helle und das Dunkle, einhegt und birgt.

Es ist eine beeindruckende Liste, und ich will sie an dieser Stelle einmal in ihrer ganzen Länge auch nennen: Egal welche Nahtstellen der biblischen Traditionen man heranzieht; seien es die Verheißungen an Abraham (Gen 15,1), Isaak (Gen 26,24) und Jakob (Gen 46,3), sei es die Proklamation der Zehn Gebote (Ex 20,20), sei es die Prophetie eines Deuterojesaja (Jes 41,13; 43,1) oder Jeremia (Jer 1,8), eines Joël (Joël 2,21) oder Sacharja (Sach 8,13), sei es – nun mit einem Schwenk in das Neue Testament hinein – die Verkündigung an Maria und an die Hirten (Lk 1,30; 2,10), die Auferweckung der Tochter des Jaïrus (Lk 8,50) oder die Auferweckung und Erscheinung des Gekreuzigten selbst (Mt 28,5; 28,10), seien es die nächtlichen Visionen des Paulus (Apg 18,9; 27,24) oder die große Endzeitrede in der Offenbarung des Johannes (Offb 1,17) – immer zeigt das programmatische »Fürchte dich nicht!« an: Die recht verstandene Furcht des Herrn vertreibt die Lebensangst; – nicht, weil sie die Angst naiv überblendet, sondern weil sie ihr durch den Perspektivenwechsel auf Gott die lähmende Absolutheit nimmt.

3 Alternative facts?

Natürlich wissen wir, dass das Leben nicht immer so spielt, wie wir uns das wünschen. Nicht alle Blütenträume reifen. Die meisten landen schon auf dem Komposthaufen der Geschichte, ehe wir sie recht zu träumen wagten. Oft ist das, was das Leben bietet, bestenfalls als eine üble Geschmacklosigkeit zu bezeichnen. Nur – das wussten die ersten Hörerinnen und Hörer des Evangeliums ebenso gut wie der Evangelist Matthäus, der die heutige

Perikope aufgeschrieben hat. Mehr noch: Sein Text greift motivisch das Prophetenschicksal auf, erinnert also an das Los der alttestamentlichen Gotteszeugen und stellt die Jüngerinnen und Jünger Jesu hinein in diese Traditionslinie. Allerdings drohte denen bekanntlich nicht nur Geschmackloses, sondern denen ging es nicht selten buchstäblich ans Leben. Der Prophet Jeremia z. B., von dem in der heutigen ersten Lesung die Rede ist, wird verfolgt, inhaftiert, in ein Schlammloch geworfen und zum Schluss nach Ägypten deportiert. Und trotzdem heißt es da: »Singt dem Herrn, rühmt den Herrn; denn er rettet das Leben des Armen aus der Hand der Übeltäter« (Jer 20,13).

Wie gehen wir mit diesem Satz um angesichts der Wirklichkeiten dieser Welt? In gewisser Weise ist dieser Satz aus dem Buch Jeremia ebenso wie das mehrmalige »Fürchtet euch nicht!« des heutigen Tagesevangeliums in der Tat ein *alternative fact*, freilich gerade nicht im Sinne von Kellyanne Conway, der Beraterin von Donald Trump, die diese Formulierung zu Beginn der Präsidentschaft Trumps gewählt hat, um die glatten Lügen ihrer Regierung zu kaschieren. Die Sätze des Jeremia und des matthäischen Jesus leugnen nicht die Wirklichkeit, und sie übertünchen auch nicht die Wahrheit durch Lüge oder schönen Schein. Ganz im Gegenteil: Sie nennen diese Wirklichkeit in ihrer ganzen Härte ungeschönt beim Namen. Zugleich bieten sie aber Deutungsangebote an, wie diese Wirklichkeit trotz ihrer Härte zu bestehen und zu gestalten ist. Damit tauchen sie die Wirklichkeit, wie sie ist, in ein neues Licht. Das ist nicht postfaktisch im Sinn der Populisten, die derzeit so mächtig Auftrieb erhalten jenseits wie diesseits des Atlantiks, sondern das ist – wenn man so will – kontrafaktisch, weil es nicht nur der Wirklichkeit, wie sie ist, den Spiegel vorhält, sondern durch das Benennen von Gegenwelten und die Neuperspektivierung auf Gott hin Handlungsspielräume zur Veränderung eröffnet.

»Fürchtet euch nicht« (Mt 10,31) und »Singt dem Herrn, rühmt den Herrn; denn er rettet das Leben des Armen aus der

Hand der Übeltäter« (Jer 20,13) – das sind Sätze, die die Dunkelheiten nicht leugnen, sondern die trotz und angesichts des Unheils dieser Zeit die Heilszeit Gottes über unserem Leben proklamieren. Es sind Sätze, die Rechenschaft geben wollen über die tiefere Wahrheit des Gottesglaubens: dass das, was ist, nicht alles ist; dass das Offensichtliche nicht das letzte Wort hat; dass, wie es Paulus in der heutigen zweiten Lesung aus dem Römerbrief schreibt, über allem Leid, über allem Tod, über aller Schuld der Welt die Gnade und das neue Leben in Jesus Christus gerade dieser Welt mit ihren Dunkelheiten und Abgründen überreich zuteilgeworden sind (vgl. Röm 5,15).

4 Rosa Elefanten

Die Sprachwissenschaft lehrt uns, dass Aufforderungen wie: »Fürchte dich nicht!« eigentlich kontraproduktiv sind, weil sie auch in der Negation das Augenmerk noch auf das zu Fürchtende richten. So würde die Furcht eher noch gesteigert als zu ihrer Überwindung beigetragen. Klassisches Beispiel: Denken Sie jetzt nicht an rosa Elefanten! Das ist zweifellos wahr – aber vielleicht ist es in diesem speziellen Fall gerade gut so. Denn der erste Schritt muss doch sein, das, was ist, so nüchtern und ideologiefrei wie nur möglich wahrzunehmen: die Wirklichkeit um uns herum und die Angst in uns drinnen. Schönfärben hilft ja nichts. Die Welt ist, wie sie ist, und wir fühlen, was wir fühlen. Doch dabei darf es nicht bleiben. Die Arbeit an der Angst muss weitergehen, und zwar in einem doppelten Sinne: nicht nur in der genannten Weise als Arbeit an unseren Ängsten, sondern auch als Arbeit gegen die politischen wie religiösen Angstmacher, gegen die dunklen, die destruktiven Untergangspropheten, gegen die Claqueure der Nacht. Deren Verzerrungen der Wirklichkeit gilt es aufzudecken und mit der frohen Botschaft des Evangeliums zu kontrastieren. Das Geschäft mit der Angst, der Versuch, Kapital zu schlagen aus dem Schüren und dem Instrumentalisieren von Angst, muss ein Ende haben. Wer Angst verbreitet, will Macht. »Fürchtet euch nicht!« – das ist die Kampfansage der Wahrheit des Gottesreiches gegen derlei Demagogie. »Fürchtet euch nicht!« – das heißt auch: Werdet Widerstandskämpferinnen und Widerstandskämpfer gegen die Geschäftemacherei mit der Angst. Das Evangelium ist ein Ruf in die Freiheit der Kinder Gottes, nicht in die Herzensverhärtung der Furchtsamkeit hinein.

Erstveröffentlichung: 2017

Meine Gnade genügt dir

14. Sonntag im Jahreskreis, Lesejahr B
2 Kor 12,7–10

Die historische Einordnung dieser Verse ist einigermaßen klar: Paulus weiß um seine einzigartige Berufung als Apostel, sieht sich aber in Korinth von Gegnern attackiert, die seine Person und seine besondere Rolle in der Gemeinde scharf ablehnen. Zugleich erfährt er sich selbst als angefochten und schwach. Was dieser Stachel ist, der ihm ins Fleisch gestoßen wurde, dieser Bote Satans, der ihn quält (vgl. 2 Kor 12,7), wissen wir nicht genau. Wahrscheinlich thematisiert Paulus hier – eingekleidet in mythologische Sprache – ein chronisches körperliches oder seelisches Leiden, eventuell eine Depression oder eine Epilepsie. Der Lesungstext beschreibt, wie Paulus gerade in dieser Situation der Schwäche die besondere Nähe Gottes spürt. Deshalb rühmt er sich nicht seiner Stärken, seiner besonderen Leistungen oder Begabungen, sondern eben dieser Schwachheit (vgl. 2 Kor 12,9) – und stellt damit auch unsere gängigen gesellschaftlichen Konventionen und Wertvorstellungen kurzerhand auf den Kopf.

Dieser Lobpreis der Schwachheit ist zu einem Zentralwort des christlichen Glaubens geworden. Der auferstandene Christus spricht Paulus in seine Krise hinein zu: »Meine Gnade genügt dir; denn die Kraft wird in der Schwachheit vollendet« (2 Kor 12,9). Das ist die Magna Charta des christlichen Weges. Der christliche Glaube ist ein Glaube daran, dass Gott sich klein macht, sich auf den Weg der Niedrigkeit begibt, weg von sich und hin zu uns Menschen; der Glaube daran, dass er einer von uns wird, an unserer Schwachheit partizipiert, unser Leiden kennt, bis hin zum Tod am Kreuz – und gerade so zum Retter aller wird. Paulus zieht die existenzielle Konsequenz daraus: »Deswegen bejahe ich meine Ohnmacht, [...] denn wenn ich schwach bin, bin ich stark« (2 Kor 12,10).

»Lass dir an meiner Gnade genügen, denn meine Kraft ist in den Schwachen mächtig« – so formuliert ein neues geistliches Lied diesen Kernsatz der heutigen Lesung. Er ist uns allen zugesprochen. Was das bedeuten kann? Ich möchte einen Antwortversuch in vier Schritten versuchen: Zunächst einmal gilt es, genauso realistisch wie Paulus die Situation anzunehmen, in der wir diese Schwachheit wahrnehmen. Das mag für jede und jeden lebensweltlich anders gefärbt sein. Immer aber geht es darum, die eigene Ohnmacht ungeschönt anzusehen und die Wirklichkeit, wie sie ist, ohne ideologische Brille zur Kenntnis zu nehmen. Es ist nicht leicht, uns selbst anzunehmen in dieser Machtlosigkeit. Genauso wenig ist es leicht, die Ohnmacht uns nahestehender Dritter auszuhalten, die vielleicht ganz anders als wir auf dieses Erleben der eigenen Begrenzung reagieren.

Diese Schwäche – mein zweiter Impuls – dürfen wir Christus hinhalten. Wir dürfen sie deuten als Mitvollzug seines Weges, als Verähnlichung mit ihm. Früher hat man dazu das schöne Wort gebraucht: die eigenen Nöte Christus weihen. Man meinte damit Christusnachfolge mit der eigenen, angefochtenen Existenz nicht nur in Aktivität und Strahlkraft, sondern auch in Passivität und Leid. Das ist so lange legitim, so lange wir daraus keine Glorifizierung des Leidens machen und so lange wir uns darin nicht wohlig einrichten (auch das gibt es).

Denn wir dürfen – drittens – darauf vertrauen, dass sich Gott gerade in dieser Ohnmachtserfahrung verstehbar und erfahrbar machen will. Es kann sein, dass sich Gottes guter Geist gerade in der Enttäuschung unserer Erwartungen, im Durchkreuzen unserer Pläne zeigen will. Wir wissen nicht, welchen Weg Gott uns führen will. Wir wissen nur, dass es gut sein wird. Aber diese Unwissenheit ist unser größter Schatz. Denn sie führt uns zu einer Haltung der Indifferenz, des inneren Zurücktretens vor dem, was uns antreibt, was erstrebenswert und vielleicht auch unmittelbar naheliegend erscheinen mag. So lehrt sie uns, sensibel auf die Zeichen der Zeit zu achten und je neu zu fragen, was Gottes Wille in der konkreten Situation sein kann. Sie lehrt uns, wirklich aus ganzem Herzen auf Gott zu vertrauen.

Mein vierter Punkt. Aus diesem Vertrauen heraus, dass Gottes Gnade, seine Kraft und seine Wahrheit in den Schwachen dieser Zeit mächtig sein wollen, dürfen und können wir das eigene Tun gestalten; und das heißt: den Geist wach und weit halten, das Herz offen, die Hände zugewandt; ohne Überforderung und Selbstüberhebung, aber auch ohne Angst, ohne Kleinmut und ohne Resignation, um das uns Mögliche möglichst gut zu tun. Dazu gebe Gott uns allen seinen Segen.

Erstveröffentlichung: 2015

Weizen und Unkraut

16. Sonntag im Jahreskreis, Lesejahr A
Weish 12,13.16–19 // Mt 13,24–43

Gerade die Gleichnisse vom Senfkorn und vom Sauerteig, in denen das Reich Gottes als eine zwar kleine und verborgene, aber jetzt schon gegenwärtige und wirksame Größe beschrieben wird, zeigen: Das Reich Gottes kommt nicht irgendwann und irgendwo, sondern es ist schon da, mitten unter uns. Auch dann, wenn es noch anfanghaft und unscheinbar ist. In Jesus Christus, in seiner Botschaft, seinem Leben, Sterben und Auferstehen ist die Zeitenwende ein für alle Mal vollzogen. Und trotzdem wissen wir aus alltäglicher leidvoller Erfahrung: Es ist noch nicht alles gut. Es wird weiterhin gelitten und gestorben. Das Endgültige ist noch nicht vollendet, das Wirkliche des Gottesreiches ist noch nicht ungebrochen offenbar geworden. Dabei geht es nicht um eine Aufteilung der Gegenwart in verschiedene Bereiche, sondern um zwei paradoxe Totalaussagen über diese eine und ganze Welt: Jetzt ist die Zeit des Heils, und jetzt ist zugleich die Zeit, in der um das Kommen des Reiches Gottes gebetet werden muss (Gerhard M. Martin).

Wir Christinnen und Christen leben deshalb in einer ganz eigentümlichen Doppelsituation: In Christus dürfen wir unsere und unser aller Geschichte als jetzt schon geheilt, befreit und erlöst begreifen. Die Macht des Bösen und die Endgültigkeit des Todes sind endgültig gebrochen. Und zugleich erfahren wir an all den Dunkelheiten, Abgründen und Boshaftigkeiten unserer eigenen kleinen wie der großen weltumspannenden Geschichte, in die hinein wir verwoben sind, täglich aufs Neue: Es gibt nicht nur den Tod und die Tränen, sondern auch unsagbar viel Böses, Gemeines und Ungerechtes in uns und um uns herum.

Wie sollen wir uns angesichts dieser janusköpfigen Zeitsignatur verhalten? Das Gleichnis vom Unkraut und Weizen sagt:

beides wachsen lassen und das uns mögliche Gute tun! Angesichts der Verhülltheit der Geschichte bietet es so ein unschätzbares lebensweltliches Entlastungsprogramm, weil es Gelassenheit im Umgang mit den vermeintlichen oder tatsächlichen Unzulänglichkeiten Dritter, aber auch mit den Schwachstellen in uns selbst lehren will. Vielleicht, weil gut und böse, richtig und falsch oft gar nicht so leicht zu unterscheiden sind, vielleicht, weil sich manchmal erst vom Ende her zeigen wird, was Unkraut und was Weizen war. Entscheidend ist doch dieses: Wir sollen nicht alles Mögliche, sondern das uns Mögliche möglichst gut tun. Wir sollen mit Kopf, Herz und Hand gegen Ungerechtigkeit und Boshaftigkeit aufstehen (zuerst bei uns selbst!), uns mit aller Kraft gegen Not und Leiden wenden. Aber wir sollen uns bei diesem Geschäft weder selbst überschätzen noch uns überfordern: Wir haben nicht das letzte Wort, wir sind nicht die letzte Instanz. Ein anderer ist der Richter. Das zu wissen beengt nicht, sondern befreit und entlastet.

Was aber hat es mit dem endzeitlichen Richter auf sich? Wie wird sein gerechtes Richten aussehen? Gewiss – wir dürfen das sperrige Bild nicht wegschieben. Ein Gott der Liebe ohne Gerechtigkeit ist ebenso wenig zu haben wie Rettung und Versöhnung ohne Gericht. Das ist für Opfer wie für Täter eine Hoffnung, wenn auch in unterschiedlicher Weise. Vor allem aber sind bei Gott Barmherzigkeit und Gerechtigkeit in einem viel höheren, größeren Maß vereint, als wir uns das in unseren forensischen, zuteilenden Gerechtigkeitskategorien überhaupt vorstellen können. Die erste Lesung vom heutigen Tag ist da eine tröstliche Ratgeberin. Gerade Gottes Stärke ist nicht nur Grundlage seiner Gerechtigkeit, sondern auch seiner Nachsicht und Milde: »Weil du über Stärke verfügst, richtest du in Milde und behandelst uns mit großer Schonung« (Weish 12,18). Nichts anderes lehrt uns das heutige Evangelium im Gleichnis vom Unkraut und Weizen: Wir sollen Gerechtigkeit üben. Aber unsere Gerechtigkeit soll menschenfreundlich bleiben –

menschenfreundlich gegenüber den anderen, menschenfreundlich gegenüber uns selbst.

Erstveröffentlichung: 2011

Wahret die Einheit!

17. Sonntag im Jahreskreis, Lesejahr B
Eph 4,1–6

1 Nicht nur zu Taufe und Hochzeit

Mein Dienst als Ständiger Diakon im Ehrenamt bringt es mit sich, dass ich zumindest ab und zu (und nicht zuletzt im eigenen Freundes- und Bekanntenkreis) das Glück habe, Kinder taufen und der Eheschließung assistieren zu dürfen. Bei diesen Gelegenheiten ist die heutige Lesung aus dem Epheserbrief eine gern gewählte Variante. »*Ein* Herr, *ein* Glaube, *eine* Taufe« (Eph 4,5) – das bietet sich natürlich genauso für Taufgottesdienste an wie sich die Ermahnung, einander in Liebe zu ertragen (vgl. Eph 4,2), als Lebensratgeber für Eheleute eignet. Auch wenn sich, nebenbei bemerkt, der lebenspraktische Sinn und die zwischenmenschliche Herausforderung, die sich in Letzterem verbergen, einem Paar erst mit den langen Jahren des Zusammenlebens so richtig erschließen dürften. Aber in welche Situation hinein ist dieser Lesungstext zu uns als einer Gottesdienstgemeinde gesprochen, die zur sonntäglichen Eucharistiefeier zusammengekommen ist? Was ist hier sein, wie man so schön sagt, Sitz im Leben? Und was lässt sich daraus lernen für unser Zusammenleben als Gemeinde, für unser Kirchesein vor Ort?

2 Ein sperriges und kunstvolles Gebilde

Es ist nicht leicht, sich diesem Lesungstext zu nähern. Er ist gegen Ende des ersten Jahrhunderts entstanden und spiegelt die Situation der Gemeinden in Kleinasien wider, die eine Generation nach dem Tod des Apostels Paulus um den gemeinsamen Kurs ringen. Die Ermahnungen des uns unbekannten Briefschreibers, die Einheit des Geistes zu wahren und das Band des Friedens zu halten (vgl. Eph 4,3), können als ein Hinweis auf derartige Richtungsdebatten verstanden werden. Zugleich zeigt das Schreiben an, wie sich die junge Kirche allmählich als ein Ganzes konsolidiert. Zum ersten Mal ist hier die Kirche nicht als einzelne Ortsgemeinde, sondern als Universalgröße im Blick. Die Kirche wird dabei als ein Leib gesehen, als ein lebendiger Organismus, mit Christus als dem Haupt.

Der Aufbau des Textes ist kunstvoll durch mehrere hintereinander geschaltete Dreierreihen gestaltet: »Demütig, friedfertig und geduldig« sollen die Christinnen und Christen sein, so heißt es wörtlich in Eph 4,2. Das sind drei Grundtugenden, die ein bekömmliches Zusammenleben in der Gemeinde allererst ermöglichen; man könnte sie mit Selbstbescheidung, Empathie und Geduld übersetzen. Des Weiteren sollen Christinnen und Christen einander in Liebe ertragen, die vom Geist Gottes gestiftete Einheit untereinander wahren und das Band des Friedens achten, das alles zusammenhält (vgl. Eph 4,2–3). Besonders markant sind dann die folgenden beiden Dreierketten, die fast flehentlich die unumstößlichen Grundlagen dieser Einheit beschwören: Christinnen und Christen sind immer schon »*ein* Leib und *ein* Geist« in Christus, wie ihnen auch mit ihrer Berufung zum Christsein *eine* Hoffnung geschenkt ist. Denn es gilt: »*ein* Herr, *ein* Glaube, *eine* Taufe« – ebenso wie der eine und einzige Gott und Vater aller (das ist dann die letzte Dreierreihe) »*über* allem und *durch* alles und *in* allem ist« (Eph 4,4–6).

3 Unterwegs zur Einheit: Die ökumenische Herausforderung

Fragen wir nach dem Ort, den dieser Lesungstext in unserer heutigen Situation hat, dann geht natürlich der erste Gedanke hin zur Ökumene. Wie steht es mit diesen Mahnungen zur Einheit angesichts der realen Trennungen unter den verschiedenen christlichen Konfessionen, Kirchen und kirchlichen Gemeinschaften?

Zunächst einmal dürfen wir diesen Briefausschnitt als ein großes Wort der Ermutigung nehmen. Denn er zeigt mit großer Eindringlichkeit auf, was Christinnen und Christen immer schon eint. Wir glauben an denselben Gott, der in Christus Mensch geworden ist, und beten dasselbe Glaubensbekenntnis. Wir kennen nur die eine, christliche Taufe. So sind wir als auf Christi Namen Getaufte immer schon – im Bild des Epheserbriefes gesprochen – Glieder seines Leibes, Teil der einzigen und heiligen Kirche Christi, Teil auch der einen Gemeinschaft des Glaubens, der Hoffnung und der Liebe, wie es die Kirchenkonstitution des Zweiten Vatikanischen Konzils (vgl. LG 8) ausdrückt. Diese einzige Kirche Christi ist als eine mystische Größe nicht einfach in jeder Hinsicht deckungsgleich mit der römisch-katholischen Kirche. Sie umfasst vielmehr seit Anbeginn der Menschheit all jene, die zu Christus gehören.

Vor allem ist es der Geist Gottes, der vorgängig zu allen Differenzen Einheit wirkt. Uns kommt es zu, im konkreten ökumenischen Tun dieser immer schon geschenkten Einheit immer mehr gerecht zu werden. Das heißt nicht, dass deshalb bestehende Unterschiede kleingeredet oder unter den Tisch gekehrt werden sollten. Eine Scheinökumene der wechselseitigen Ignoranz nützt genauso wenig wie irgendein abstrakter Einheitsbegriff. Aber es ist gut zu wissen, dass der Weg immer schon ein gemeinsamer ist. Das Ärgernis der Kirchenspaltung ist ein bleibender Skandal der Christenheit. Aber es ist vielleicht doch möglich, auf der im Epheserbrief genannten Basis das Gemeinsame zu würdigen und auch die wechselseitigen Impulse, von denen alle profitieren. Das sich immer wieder aufs Neue vor Augen zu führen, scheint mir wichtig zu sein – nicht nur im späten Nachgang zum großen Reformationsjahr 2017 mit seinem Gedenken auf eine 500jährige Geschichte von Abgrenzung und Widerspruch, aber auch von wechselseitigem Lernen und geteilten Reformimpulsen, sondern auch angesichts einer zunehmend auseinanderdriftenden Ökumene der je eigenen kirchlichen Profile in der Gegenwart.

4 Einheit in Gefahr: Die fundamentalistische Herausforderung

Ich möchte noch einen Aspekt dazulegen, der speziell unsere innerkatholische Situation betrifft und der mich derzeit sehr umtreibt: Auch innerhalb der katholischen Kirche driften die Positionen immer weiter auseinander. Die Flügel innerhalb des katholischen Spektrums spreizen sich immer mehr auf, und die radikalen Stimmen an den Rändern werden lauter. Die Konfliktlinie ist überdeutlich und bricht immer wieder mit Heftigkeit auf, sei es beim Streit um Kirchenfinanzen und um das kirchliche Arbeitsrecht, beim Umgang mit wiederverheiratet Geschiedenen oder bei der Sexualmoral, bei der Einstellung zum Islam oder bei der Seelsorgeorganisation auf Bistumsebene, um nur einige der nervösen Punkte zu nennen. Der Synodale Weg der katholischen Kirche in Deutschland von 2019–2023 war als Reaktion auf den Skandal des Missbrauchs und seiner Vertuschung notwendig und richtig, aber hat diese Dynamik eher noch verstärkt, weil nun die Ungleichzeitigkeiten umso deutlicher zutage traten.

Einerseits ist eine solche Spreizung normal, weil sie eine natürliche Folge der gesellschaftlichen Pluralisierung ist. Es gibt in Deutschland schon lange kein einheitliches katholisches Milieu mehr, und das ist auch gut so. Was für die säkulare Gesellschaft gilt, gilt auch für religiöse Gemeinschaften: Fundamentalismen jeder Couleur sind unter anderem auch Kinder der Postmoderne, weil sie in der Pluralität der Optionen zu einer Möglichkeit unter vielen anderen Möglichkeiten werden, die keiner besonderen Begründung mehr bedarf. Andererseits stellt der heutige Lesungstext hier vor eine große Herausforderung. Wie können wir angesichts dieser Situation die Einheit des Geistes wahren?

5 Einheit in Vielfalt: Die katholische Option

Zunächst einmal sollte man sich vor Augen führen, dass der Text auf eine akute Phase der Verunsicherung reagiert und die gemeinsamen, identitätsstiftenden Grundlagen der Gemeinde in Erinnerung ruft. Keineswegs kann er als Vorlage für eine plane, differenzlose Uniformität in Anspruch genommen werden. Das zeigen schon die unmittelbaren Folgeverse, die von der Buntheit der von Gott gestifteten Charismen handeln. Vor einem ideologisch fixierten Begriff der Einheit kann nur gewarnt werden.

Die Einheit, von der der Epheserbrief stattdessen spricht, ist eine Einheit in der Vielfalt. Mit unserem unbekannten Briefautor möchte ich für eine Einheit der offenen Augen und der offenen Herzen plädieren. Denn in Rede steht doch ein von Gott gewirktes Einssein im Glauben, das auf unserer Seite immer auch mit dem Ringen darüber verbunden ist, was dieser uns einende Geist Gottes denn an konkreten Schritten von uns verlangt, mit einer Debatte also um den gemeinsamen Weg und mit Kompromissen. Dabei gilt es, so meine ich, neben den anfangs genannten Tugenden das vom Zweiten Vatikanischen Konzil aufgestellte Prinzip einer Hierarchie der Wahrheiten (UR 11) zu beachten: Wer kritisch fragt, warum Frauen nicht Priesterinnen werden dürfen, stellt sich damit noch lange nicht außerhalb der Gemeinschaft. Wer verneint, dass Jesus von Nazaret der Christus Gottes ist, dagegen schon.

Die Gretchenfrage aller kirchlichen Identitätsbildungsprozesse lautet freilich: Worauf gründet diese Einheit? Stabilisieren wir unsere kirchliche und gemeindliche Identität, indem wir uns gegenüber allem abgrenzen, was nicht in unser Bild von Kirche, in unsere Idee von Gemeinde passt? Versichern wir uns unseres Weges durch die Fixierung von Innen-Außen-Grenzen, durch den Rückzug ins Ghetto? Oder nehmen wir den Epheserbrief beim Wort, dessen Bild von der Kirche als Leib Christi ja nicht auf einen Exklusivismus oder gar Totalitarismus hinausläuft, sondern auf die Aufforderung, im eigenen Tun diesem Ideal der Verähnlichung mit Christus immer mehr zu entsprechen? Konkret gesprochen: Setzen wir uns selbst und unser Kirchenbild absolut oder mühen wir uns, durchlässig zu werden auf den je größeren Gott hin, der in Christus Mensch geworden ist? Mühen wir uns, die Menschenfreundlichkeit zu üben, mit der er uns in Christus begegnet ist? Leben wir jene niemand ausschließende Gastfreundschaft, mit der er uns als seine Freundinnen und Freunde angenommen hat?

Wir haben kein Recht, selbstgefällig oder auch selbstgenügsam den Gott Jesu Christi und seinen Geist der Einheit einzig für uns und unsere kleine Sicht auf die Dinge zu beanspruchen. Denn auch mit dieser Satzbetonung will ich den Epheserbrief gerne hören: Es ist »ein Gott und Vater *aller*, der über *allem* und durch *alles* und in *allem* ist« (Eph 4,6) – und damit gerade auch *über*, *durch* und *in* dem uns Ärgerlichen, Fremden, Störenden.

Erstveröffentlichung: 2015

Brot vom Himmel will ich regnen lassen

18. Sonntag im Jahreskreis, Lesejahr B
Ex 16,2–4.12–15 // Joh 6,24–35

Diese kurze Passage aus dem Buch Exodus ist in mehrfacher Hinsicht faszinierend. Zunächst liest es sich wie ein intimes Reisetagebuch, in das die ganze Müdigkeit und Verzweiflung der Israelitinnen und Israeliten auf ihrer langen Wanderung ins gelobte

Land eingeschrieben sind. Im Niemandsland der Wüste, mitten in einer lebensfeindlichen Umgebung, weit weg von der relativen Sicherheit Ägyptens, weit weg aber auch vom verheißenen Ziel der Reise, fürchtet das Volk elendig an Hunger zu sterben.

Zwei tieferliegende Dimensionen dieser komplexen Wüstensituation werden erkennbar: Psychisch bricht sich so etwas wie eine regressive Sehnsucht nach gestern Bahn, fast als hätten die Menschen Angst vor ihrem eigenen Mut bekommen, ins Neue aufzubrechen. Alles Unbekannte wird plötzlich bedrohlich und beängstigend, das Volk wünscht sich zurück in die Stabilität des Altbekannten. Auch wenn das Leben in Ägypten ein geknechtetes und unfreies war, so war dieser Zustand doch zumindest berechenbar. Das physische Überleben war einigermaßen gesichert. Wollte man diese psychologische Deutung weit ausreizen, so könnte man den Text auch interpretieren als ein Dokument, das die Krise des Mündigwerdens beschreibt. Das Volk Israel ist auf dem Weg, erwachsen zu werden und spürt zum ersten Mal diesen angsterregenden »Schwindel der Freiheit« (Sören Kierkegaard), der aus der bewussten Übernahme von Selbstverantwortung resultieren kann.

Die zweite Dimension, die dieser bedrohlichen Notsituation innewohnt, kommt im Phänomen der Gottesklage zum Vorschein. Die desaströse Lage wird religiös gedeutet, der Gott Israels wird gewissermaßen lebensgeschichtlich in die Pflicht genommen. Das Murren gegen Mose und Aaron ist auch zu lesen als ein Murren gegen den Gott, auf dessen Verheißungswort hin die Israelitinnen und Israeliten sich den beiden anvertraut hatten. Wo also ist der Gott, der ein Land voll Milch und Honig versprochen hatte? Wo ist der Gott, der sich dem Mose als der Gott Abrahams, Isaaks und Jakobs, als der treue »Ich-bin-da« zu erkennen gegeben hatte?

Überaus erstaunlich freilich ist die Reaktion dieses solcherart haftbar gemachten Gottes. Kein Wort göttlicher Kritik an dieser Klage steht da zu lesen, keine Mahnung zu mehr Glaubensfestigkeit auch in dürren und notvollen Zeiten. Vielmehr ist es so, dass

Gott den Ball aufnimmt, um sich selbst aufs Neue als der Gott Israels ins Spiel zu bringen. Auf die wütenden Fragen des Volkes reagiert er mit einer erneuten Beziehungsansage und damit mit einer Bestätigung seiner am Horeb geoffenbarten, wesenhaften Treue und Nähe: Ich habe euer Murren gehört, so legt es ihm der Lesungstext in den Mund, und stille euren Hunger. Ganz physisch, ganz direkt: »Ich will euch Brot vom Himmel regnen lassen« (Ex 16,4). Das stillt den leiblichen Hunger. Das stillt aber auch den metaphysischen Hunger: Ihr »werdet erkennen, dass ich der Herr, euer Gott, bin« (Ex 16,12).

Der Text bewahrt die Erinnerung an zwei Naturphänomene dieser Wüstenregion: Wachtelschwärme rasten auf ihrer Frühjahrsroute in den Norden entkräftet in dieser Gegend und können leicht mit bloßen Händen gefangen werden. Und das sagenumwobene Manna ist tatsächlich die essbare, süßlich schmeckende Absonderung eines blattlosen Wüstenbaumes (die sogenannte Tamariske), auch wenn das *realiter* kaum ausreichen dürfte, eine ganze Volksgruppe zu ernähren. Natürlich, allein die Kennzeichnung als »Brot vom Himmel« (Ex 16,4) macht überdeutlich: Es geht den Textautoren und -redaktoren nicht nur um diese physisch-naturhafte Ebene, sondern um die weit umfassendere Aussage, dass die ganze Existenz Israels in allen ihren Dimensionen von Gott abhängt, und dass Gott in umfassender Hinsicht für das Lebensrecht, die Existenz und das Wohlergehen Israels einsteht. Eben diese integrale, ganzheitliche Heilszusage hat das Johannesevangelium im Blick, wenn es Jesus als das wahre Manna Gottes charakterisiert: »Ich bin das Brot des Lebens« (Joh 6,35). Allerdings ist das Christentum angesichts dieser Parallele immer in Gefahr gewesen, das Manna-Motiv einseitig zu spiritualisieren und die konkret-lebensweltliche Seite, um die es hierbei eben *auch* geht, zugunsten eines vermeintlich weltfernen Seelenheils auszublenden. Da stellt die alttestamentliche Textvorlage eine heilsame Korrektur dar.

Was daraus für uns Heutige folgt? Vielleicht manchmal die Notwendigkeit, dem geglaubten Gott gegenüber dem erfahrenen

Gott die Ehre zu erweisen und auf die Beständigkeit seiner Verheißungen entgegen dem ersten Augenschein glaubend zu vertrauen. Wohl auch die Bereitschaft, Gott wirklich Gott sein zu lassen, ihn also aus dem Käfig unserer Konventionen frei zu lassen und die Spur seiner Verheißung auch jenseits unseres Erwartungshorizontes und durch alle Enttäuschungen hindurch zu suchen. Vielleicht lässt Gott das Brot, das wir so dringend zum Leben brauchen, ganz anders vom Himmel regnen, als wir uns das denken und wünschen. Ganz sicher aber folgt für uns Heutige daraus die Aufforderung, mit Herz und Hirn und Hand daran mitzuarbeiten, dass anderen immer wieder aufs Neue Wachteln und Manna vom Himmel regnen können.

Erstveröffentlichung: 2012

Angstwandel statt Seewandel

19. Sonntag im Jahreskreis, Lesejahr A
Mt 14,22–33

Abgesehen von den Passionserzählungen gibt es wenige Jesusgeschichten, die prominenter sind als die des heutigen Sonntags, die – so die verbreitete Fokussierung – vom Gang Jesu auf dem Wasser berichtet. Heerscharen an Theologinnen und Predigern, aber auch an Künstlerinnen, Kabarettisten, Literatinnen und Liedermachern haben sich im Lauf der Geschichte am sogenannten Seewandel Jesu abgearbeitet.

Theologisch wurde an dieser kurzen Erzählung die ganze Frage nach Jesu Wunderkraft, nach seiner Fähigkeit zur Überwindung der Naturgesetze und davon abgeleitet dann nach der Wahrheit und dem rechten Aussagesinn der Heiligen Schrift festgemacht. Mindestens zwei Positionen stehen sich dabei gegenüber: Für die einen entscheidet sich gerade daran die Echtheit des Glaubens, dass er für wahr hält, was er rational nicht einholen kann. Warum sollten wir daran zweifeln, dass Jesus übers Wasser gehen konnte, wenn er es denn nur gewollt hätte? Für die anderen ist die Seewandel-Geschichte umgekehrt ein Paradebeispiel notwendiger Bibelkritik, um Glauben von Aberglauben unterscheiden zu können. So spekulierte z. B. schon die Aufklärungstheologie im 18. Jahrhundert über knapp unterhalb der Wasseroberfläche versteckt liegende Balken, um so das eigentlich Unerklärliche irgendwie verstehbar machen zu können.

In der Tat gibt es hier allen Grund, exegetische Sorgfalt walten zu lassen. Zeigt doch ein genauerer Blick auf die Komposition dieser Geschichte, dass es Matthäus in erster Linie gar nicht um ein spektakuläres Naturwunder, sondern um eine Begegnung der Jünger mit Jesus Christus in seiner Göttlichkeit geht. Matthäus beschreibt hier eine Christophanie, eine Christuserscheinung der Jünger, vergleichbar mit Gotteserscheinungen vor Mose oder Elija im Alten Testament. Die gestaltet er dann mit den literarischen Mitteln seiner Zeit aus. Und liegt nicht gerade darin Sinn und Gehalt der Wunder Jesu überhaupt, dass sie Gott als den Grund allen Seins und als die Liebe, die alles trägt, offenbaren? Das wäre das eigentliche Wunder hinter allen Wundern, das nur glaubendes Vertrauen zu erfassen vermag: nicht, dass Gott auf mirakulöse Weise die Naturgesetze zu brechen vermag, sondern dass er auf wunderbare Weise das, was er einst geschaffen hat, bleibend in seinen guten Händen hält.

Das nun öffnet den Blick auf die eigentliche Dimension dieser im wahrsten Sinn des Wortes wunderhaften Erzählung. Vielleicht ist ja unser Blickwinkel, mit dem wir sie für gewöhnlich betrachten, einseitig und verkürzt. Vielleicht ist es ja tatsächlich so, dass Matthäus bei der Niederschrift dieser kurzen Geschichte gar kein Naturphänomen, sondern ein Beziehungsphänomen im Sinn hatte, und dass gerade das das wirkliche Wunder bezeichnet, auf das die beigefügten Naturzeichen nur einen blassen Hinweis geben können. Sieht man die Sache so, dann wird klar: Es geht nicht um ein spektakuläres Durchbrechen der Schwerkraftgesetze, sondern um ein Durchbrechen der Schwerkraft unserer Ängstlichkeit und Herzensträgheit. Nicht Seewandel, sondern Angstwandel also; eine unvermutete und wunderbare Herzensverwandlung nämlich, die uns ermutigen will, uns trotz der Stürme unserer Glaubens- und Lebensnot aus uns selbst herauszuwagen und uns auf den Weg zu machen – nicht ins Blaue hinein, sondern auf Jesus zu. »Habt Vertrauen, ich bin es; fürchtet euch nicht« (Mt 14,27) – diese Ermutigung rettet nicht vor weiteren Stürmen, Abstürzen und Untergängen. Das zeigt das von Matthäus eigens eingefügte Beispiel des Petrus. Aber sie hilft uns bei der Arbeit an der Angst, weil sie Furcht in Vertrauen wandeln will – und rettet gerade so durch die Stürme, Abstürze und Untergänge des Lebens hindurch.

Erstveröffentlichung: 2014

Vom Glauben

19. Sonntag im Jahreskreis, Lesejahr C
Hebr 11,1–2.8–19

»Glaube aber ist: Feststehen in dem, was man erhofft, Überzeugtsein von Dingen, die man nicht sieht« (Hebr 11,1). So formuliert die alte Einheitsübersetzung von 1980, die bis 2016 in Gebrauch war, den Kernsatz, um den es heute gehen soll. In der neuen Einheitsübersetzung, die seither auch für die Leseordnung im Gottesdienst in Gebrauch ist, heißt es: »Glaube aber ist: Grundlage dessen, was man erhofft, ein Zutagetreten von Tatsachen, die man nicht sieht« (Hebr 11,1).

Was für ein Satz. Er steht da wie ein Monument, tönt in mir nach wie ein Fanal. Wie in einer Definition wird mit einer Klarheit, die augenscheinlich nichts zu wünschen übriglässt, den Leserinnen und Lesern des Hebräerbriefes eingeprägt, was es mit dem Glauben auf sich hat. Dabei stehen zwei Begriffe im Vordergrund: Glauben bedeutet – erstens – ein »Feststehen«, eine »Grundlage«. Im griechischen Original steht hier der Begriff *hypostasis*; gemeint ist ein In-sich-Stehen, ein Gegründetsein und ein Sich-Festmachen in einer Wirklichkeit, die zwar erhofft und erwartet wird, die aber noch nicht voll offenbar geworden ist – und die uns gleichwohl schon hier und jetzt zu tragen vermag. Der zweite Begriff, der im Zentrum steht, wird von der Einheitsübersetzung als »Überzeugtsein« bzw. als »Zutagetreten« (gr. *elenchos*) wiedergegeben. Wörtlich geht es aber eher um etwas, das mich packt, das mich im Innersten umtreibt und nicht mehr loslässt, weil es mich wie mit der Kraft eines unwiderlegbaren Beweises überführt. Glauben ist also – zweitens – ein Ergriffen- und Überführtwerden von einer Wirklichkeit, die sich von sich aus schenkt, die aber nicht einfach hergestellt werden kann. Wer glaubt, wird ergriffen von etwas Nichtsichtbarem und macht sich entsprechend fest in dem solcherart Erhofften und Verheißenen.

Glauben, wie er hier beschrieben wird, meint weniger einen bestimmten satzhaften Glaubensinhalt, sondern eher den Vollzug, den Akt des Glaubens. Beschrieben wird der Glaube, in dem und mit dem wir glauben: Glauben als Existenzvollzug und Lebenshaltung. Dabei wird deutlich, dass Glauben in diesem Sinn nie gegenstandslos, sondern immer auf ein Objekt bezogen ist. Ich glaube *an* … Und dieses Objekt, auf das hin sich der Glaube ausstreckt bzw. von dem er sich als ergriffen erfährt, ist nicht irgendein Sachverhalt, sondern eine Person, ein Du: Ich glaube an *dich*. Deshalb ist religiöser Glaube etwas grundlegend anderes als das bloße Nichtwissen oder das vage Fürwahrhalten eines empirisch bislang unbestätigten Faktums. Glauben ist mehr und anderes als Meinung. Glauben im religiösen Sprachspiel ist eine Form des Vertrauens. Wer glaubt, hängt sein Herz an ein Du. Der Gegenbegriff zu Glauben ist nicht das Wissen und Beweisen, sondern das Sich-Abkapseln, das Sich-in-sich-Verschließen, hervorgerufen durch die tiefe existenzielle Angst, die uns hindert, uns dem Leben zu öffnen.

Glauben fußt auf Beziehung. So geht es immer um beides: um den subjektiven und den objektiven Pol, um das aktive Sich-Festmachen im Anderen und um das passive Ergriffenwerden von diesem Anderen, um das von außen kommende Ereignis der Begegnung und das innerliche Sich-zu-eigen-Machen des Begegnenden. Glauben bedeutet, paradox genug, beides zugleich: ein existenzieller Entscheid, ein freies Sich-Ausrichten und zugleich die Erfahrung einer Wirklichkeit, in die man hineingestellt ist und die über einen verfügt. Diese Paradoxie ist schon im zwischenmenschlichen *Ich glaube an dich* gegeben. Sie verschärft sich im Gottesglauben. Denn hier geht es um das vertrauende Sich-Festmachen in einer Wirklichkeit, die einerseits zwar alles innerweltlich Erfahrbare übersteigt, die aber andererseits gerade deshalb innerweltlich stets strittig bleiben muss. Wer an Gott glaubt, will sich festmachen an einer Wirklichkeit, die sich, gerade weil sie alle Wirklichkeit übersteigt, in allem Sich-Geben zugleich auch entzieht. Deshalb assoziiert der Vers im Hebräerbrief auch einerseits die Überzeugungskraft eines unwiderlegbaren Beweises und spricht doch andererseits von dem noch ausständigen Erhofften und dem empirisch gerade nicht evidenten Unsichtbaren. So ist der Zweifel, allem Augenschein zum Trotz, diesem existenziellen Glaubensakt durchaus angemessen und zugehörig. Mehr noch: Es könnte sein, dass sich eine allzu ostentativ zur Schau getragene Glaubenssicherheit als eigentliche Blasphemie entpuppt, weil sie das allererst Erhoffte, noch nicht Erfüllte des Gottesglaubens ausblendet und so die alles übersteigende Wirklichkeit Gottes herabwürdigt auf ein innerweltlich Zuhandenes.

Übertragen auf die Zeitachse, folgt daraus die eigentümliche Schwebe der religiösen Existenz, wie sie der Hebräerbrief im Folgenden mit einer beeindruckenden, langen Liste an Glaubenszeuginnen und Glaubenszeugen aufruft und für die beispielhaft der Name Abrahams steht. Ausgespannt zwischen dem erhofften zukünftigen Heimischwerden in Gott und der durchaus leidvollen gegenwärtigen Erfahrung bezeugen die Glaubenden ihre Hoffnung angesichts einer mitunter überaus kontrafaktisch erscheinenden Realität. Dasjenige, was beides zusammenhält, was Gegenwart und Zukunft miteinander verklammert, ist der Begriff der Verheißung. Glaubensgeschichten sind Verheißungsgeschichten. Aufgrund dieser Verheißung brechen Glaubende aus dem Gewohnten aus und machen sich auf den Weg. Das hat nichts, aber auch gar nichts mit Romantik zu tun, und das führt zumeist auch nicht zu dem, was man im Allgemeinen unter einer erfüllten Existenz versteht: Glaubende sind Fremde, Suchende und Heimatlose, die sterben werden, ohne je das Verheißene erlangt zu haben und die hier und jetzt auf ihrem Weg bestenfalls Gastrecht genießen dürfen. Sie grüßen das Glück der Findenden nur von fern (vgl. Hebr 11,13–14). Und doch bezeugen sie das Kostbarste, was Menschen nur bezeugen können: dass das, was ist, nicht alles ist.

Erstveröffentlichung: 2016

Identität und Abgrenzung

20. Sonntag im Jahreskreis, Lesejahr A
Jes 56,1.6–7 // Röm 11,13–15.29–32 // Mt 15,21–28

1 Identität durch Differenz

Schon kleine Kinder lernen: Ich bin ich, weil ich nicht du bin. Das Kind lernt, dass es Kind ist, indem es lernt, dass es nicht eins mit der Mutter ist. Es ist ein Grundgesetz der Entwicklungspsychologie: Ichfindung funktioniert bei uns Menschen durch Abgrenzung und Ausgrenzung, Identitätsbildung geschieht durch Differenzsetzung. Dasselbe Spiel gilt nach den Gesetzen der Gruppendynamik für alle Formen der Gruppenbildung. Eine Gruppe findet sich dann am leichtesten, wenn klare Grenzen der Zugehörigkeit gezogen werden können, wenn es ein Außen gibt, über das man sich abgrenzend selbst definieren kann. Ein Blick auf jeden x-beliebigen Pausenhof kann das bestätigen. Und schon hier kann das im Extremfall Menschenleben kosten; man denke nur an Mobbing. Wie viel mehr erst, wenn es sich auf der Ebene ganzer Bevölkerungsgruppen oder zwischen Staaten wiederholt!

Nun scheint es, als griffe diese Grundregel der Selbstdefinition durch Abgrenzung auch auf dem Feld des Religiösen. Nicht nur, dass das Heilige vom Säkularen, das Arkanum vom Profanen abgegrenzt wird. Sondern auch zwischen den einzelnen Religionen ist dieses Phänomen zu beobachten, am schärfsten vielleicht sogar, wenn sich benachbarte Denominationen innerhalb ein und derselben Religion gegenüberstehen: Katholiken und Protestanten, Schiiten und Sunniten usw.

2 Eine ziemlich peinliche Geschichte

Das Evangelium vom heutigen Sonntag verstört, weil es dieses Muster genau zu bedienen scheint. In der kurzen Erzählung, die der Evangelist Matthäus uns heute vorlegt, scheint Jesus nicht besonders gut wegzukommen. Während sich die Leserin, der Leser mit der heidnischen Frau identifizieren kann, stößt Jesu Verhalten eher ab. Sein Benehmen der fremden Kanaanitin gegenüber ist nicht nur reichlich ungehobelt, es kann mit Fug und Recht als beleidigend interpretiert werden. Sie kommt nicht nur in einer großen Not zu ihm, sondern bekennt ihn überdies als Messias – Sohn Davids – und Herrn (vgl. Mt 15,22). *Kyrios* ist im Sprachgebrauch des Matthäus ein Christustitel. Sie weiß also um seine besondere Sendung und setzt ihre ganze Hoffnung auf ihn. Und Jesu Reaktion? Er würdigt sie noch nicht einmal einer Antwort! Jedes Wort ihr gegenüber ist ihm zu viel. Eine glatte

Kommunikationsverweigerung. Die Jünger kommen keinen Deut besser weg: Ihnen geht es nicht um die Frau und deren Sorge um die Tochter, sondern sie wollen schlicht ihre Ruhe haben. Die Heidin nervt. Sie schreit hinter ihnen her. Jesus soll sie gefälligst abwimmeln (vgl. Mt 15,23). Der aber kommt seinerseits nicht etwa auf die Idee zu intervenieren, sondern bestätigt die brüske Reaktion und begründet sie in einer fast schon feierlich zu nennenden Formulierung mit der Exklusivität seiner Sendung, die nur Israel, nicht aber den Heidenvölkern gelte: »Ich bin nur zu den verlorenen Schafen des Hauses Israel gesandt« (Mt 15,24) – nicht aber, so wäre zu ergänzen, zu den Kanaanitern.

Und die Frau? Sie fällt vor ihm nieder, bittet noch flehentlicher. Diesmal garniert Jesus seine Ablehnung noch mit einer glatten Beleidigung. Es hilft ja nichts, dass gelehrte Exegese herausgefunden hat, dass mit den »kleinen Hunden« (Mt 15,26), mit denen die heidnische Frau von Jesus verglichen wird, nicht räudige Straßenköter, sondern durchaus geschätzte Haus- und Hofhunde gemeint sind. Nein, dieser Vergleich Jesu ist nicht nur unverschämt, er ist auch völlig unlogisch: Weshalb denn sollte seine Zuwendung zu Israel geringer werden, nur weil er darüber hinaus noch andere im Blick behält? Erst nachdem die Kanaanitin auch diese Attacke souverän unterläuft und – das eigentlich beleidigende Bildwort aufgreifend – weiterhin hartnäckig ihr Anliegen vertritt, knickt Jesus ein, erfüllt mit Verweis auf ihren festen Glauben die vorgetragene Bitte und heilt die Tochter (vgl. Mt 15,27–28).

3 Tiefenbohrungen

Wir sollten die Sperrigkeit dieser Geschichte nicht vorschnell weginterpretieren, ihre Anstößigkeit nicht in vorauseilendem Gehorsam glätten. Manchmal ist das Evangelium gerade deshalb ein Evangelium, weil es uns vor den Kopf stößt und dadurch zum Perspektivenwechsel zwingt. Aber es hilft auch nicht weiter, bei wohlfeiler Empörung stehen zu bleiben. Deshalb ist es gut, etwas in die Tiefe zu gehen und die Komposition der ganzen Erzählung in den Blick zu nehmen, wie sie Matthäus gestaltet hat. Dabei ist es außerdem wichtig, die nachösterliche Gemeindesituation zu beachten, in die hinein Matthäus erzählt. Dann aber wird – mindestens – zweierlei deutlich: Zum einen ist es natürlich eine Geschichte, die von der Notwendigkeit des Gebets und der Stärke des Glaubens erzählt. Sie behalten ihren Wert, auch wenn der erste Augenscheint dem Hohn zu sprechen scheint. Das tröstet bei innerer Anfechtung genauso wie in Zeiten äußerer Bedrängnis. Das lehrt das Beispiel der heidnischen Frau.

Zum anderen aber wird hier von Matthäus die Frage verhandelt, wem Jesu Sendung gilt: nur Israel oder auch den Heidenvölkern, also schlechthin allen Menschen? Exklusivismus oder Universalismus der Botschaft, das ist nicht nur für die matthäischen, zumeist heidenchristlich geprägten Gemeinden nach den Osterereignissen die Frage. Und hier ist die Antwort des Matthäus klar. Indem nämlich Jesus als ein Lernender gezeichnet wird, der in der Begegnung mit der heidnischen Frau eine neue Erfahrung macht und am Ende entgegen seiner ersten Ankündigung dann doch deren Bitte entspricht, wird auf Ebene der Gesamtkomposition dieser Erzählung deutlich: Spätestens seit Ostern ist die Sendung universal, kann es keine Begrenzung der Verkündigung geben. Die Heilsbotschaft duldet keine Limitierung. Gottes Zuwendung gilt allen Menschen und allen Völkern, sein Heilswille umgreift die ganze Schöpfung. Gleichzeitig macht Matthäus in der Art und Weise, wie er die – eigentlich ja ganz absonderliche – Kommunikation Jesu zeichnet, deutlich: Universaler Heilswille Gottes und Heidenmission bedeuten noch lange keine Absage an die heilsgeschichtliche Sonderrolle und die besondere Erwählung des Volkes Israel. Beides gehört vielmehr zusammen und bedingt sich wechselseitig.

Es ist deshalb gut, dass die Leseordnung zu diesem Evangelium nicht nur die Passage aus dem Buch Jesaja hinzugesellt hat, die von der Wertschätzung gegenüber den Fremden und der Offenheit des Hauses Gottes für schlechterdings alle Menschen handelt (vgl. Jes 56,7: ein »Haus des Gebets für alle Völker«), sondern auch jene Passage aus dem Römerbrief, die als die Magna Charta einer jeden christlichen Israeltheologie zu gelten hat. Denn hier macht Paulus in aller Deutlichkeit klar: Auch wenn die Mehrheit des jüdischen Volkes sich nicht zum Messias Jesus bekennt, so ist sie doch nicht von Gott verworfen. Gott steht in Treue zu seinem ersterwählten Volk, seine Gnade und Berufung sind unwiderruflich. Ihre – wie Paulus sagt – Verstockung hat eine heilsgeschichtliche Dimension. Sie dient dazu, die Gottesbotschaft des Juden Jesus allen Völkern zu verkünden, damit niemand, wirklich niemand verlorengehe: »Gott hat alle in den Ungehorsam eingeschlossen, um sich aller zu erbarmen« (Röm 11,32).

4 Eine unmögliche Möglichkeit?

Der alle und alles umfassende Universalismus des Heilswillens Gottes, der hier deutlich wird, berührt mich sehr. Denn er tröstet mich mit Blick auf meine Unzulänglichkeiten und auf jene Dunkelheiten in mir, in denen ich mir selbst zum Fremden werde. Er lässt mich hoffen, trotz aller Schuld, trotz allen Versagens. Zugleich ist er aber auch eine große existenzielle Herausforderung. Denn er fordert mich dazu auf, ihm in meinem Denken und Tun zu entsprechen. Sich Christus anhangen, sein Leben in Christus festmachen, das bedeutet dann, die eigene – nun christliche – Identität gerade nicht über Abgrenzung und Ausgrenzung zu definieren, sondern im Mitgehen mit seinem Weg, im Mitvollziehen dieser Bewegung des Sich-Verschenkens und Sich-Weggebens Jesu. Das ist schwer. Es stellt Gewohnheiten und Sicherheiten in Frage. Es verbietet ein Denken in Dualen. Vor allem aber unterläuft es völlig unsere gängigen Muster der Gruppenbildung und Selbstdefinition.

Das ist im Übrigen auch kirchlich die wohl momentan stärkste Herausforderung, vor der wir stehen. Denn die zahlenmäßige und auch weltanschauliche Minderheitensituation, in die wir Christinnen und Christen in Nordeuropa zusehends geraten, verleitet dazu, die eigene – brüchig gewordene, weil nicht mehr selbstverständliche – Identität durch Kontrastierung und Abgrenzung zu stabilisieren: Wir sind anders als ihr. Das führt fast zwangsläufig zu Separierung und Selbstghettoisierung: Ihr gehört nicht zu uns. Wagenburgmentalitäten wiederum provozieren notwendigerweise Angst: Ihr steht uns feindlich gegenüber. Wenn dann noch moralische Selbstüberhöhung dazukommt – wir sind besser als ihr – führt das nicht nur zu Realitäts-, sondern angesichts gewachsener Fallhöhe bei Erweis des Gegenteils überdies zu Glaubwürdigkeitsverlust. Ich bin überzeugt davon, dass es eine Überlebensfrage der Kirche sein wird, den heilsgeschichtlichen Universalismus, der in den Texten des heutigen Sonntags zum Tragen kommt, auch mit Blick auf kirchliche Identitätsbildung intensiv zu meditieren.

Erstveröffentlichung: 2014

Unwiderruflich: das Allerbarmen Gottes

20. Sonntag im Jahreskreis, Lesejahr A
Röm 11,13–15.29–32 // Mt 15,21–28

Das elfte Kapitel des Römerbriefs, das wir heute in der zweiten Lesung in einer seltsamen Verszusammenstückelung auszugsweise zu hören bekamen, ist von ungeheurer literarischer Dichte und entsprechend großem theologischem Gewicht. Es enthält die Magna Charta der Israeltheologie der Kirche. Die Botschaft des Paulus ist sonnenklar: Der Bund, den Gott mit dem Volk Israel geschlossen hat, ist ungekündigt. Die Verheißungen an Israel sind bleibend in Kraft. Denn, so haben wir gerade gehört, »unwiderruflich sind die Gnadengaben und die Berufung Gottes« (Röm 11,29). Das bedeutet: Jegliche Substitutionstheorie, die die Kirche als das neue Israel an dessen heilsgeschichtliche Stelle setzen möchte, ist damit obsolet. Jede Form der christlichen Judenmission sowieso. Obsolet ist aber auch eine Theologie, die das Verhältnis von Judentum und Christentum nach dem Schema von alt und neu, von Verheißung und Erfüllung denkt; so, als sei das Christusereignis oder gar das Christentum die Erfüllung der Hoffnung Israels, dessen heilsgeschichtliche Rolle damit an ein Ende gekommen wäre. Nein, auch hier gilt: Die Gnadengaben Gottes an sein Eigenvolk und dessen heilsgeschichtliche Berufung sind »unwiderruflich«.

Paulus belässt es nicht bei seiner Mahnung, den bleibenden Heilsberuf Israels auch über die christliche Zeitenwende hinaus im Blick zu behalten, sondern er bezieht in diese Überlegungen die Heidenvölker mit ein. In einem kunstvoll komponierten und hochkomplexen Gedankengang universalisiert er die bleibende Heilszusage Gottes an Israel auf alle Völker, auf potenziell alle Menschen hin. Ein solcher Universalismus ist im Judentum der biblischen Zeit nicht völlig unbekannt. Das Bild der endzeitlichen Völkerwallfahrt zum Berg Zion etwa (Jes 2,2–4; Mi 4,1–4 u. ö.) oder auch die Zionspsalmen selbst – man denke z. B. an Ps 87,5: »Ja, über Zion wird man sagen: Ein jeder ist in ihr geboren« – thematisieren Ähnliches.

Dass das für viele im antiken Judentum dennoch ein unerhörter Gedanke ist, reflektiert das heutige Tagesevangelium am Beispiel Jesu selbst. Auch Jesus, so erzählt es uns Matthäus, muss erst mühsam lernen, dass seine Frohbotschaft vom nahegekommenen Gottesreich nicht nur dem Volk Israel, sondern allen Menschen gilt. Angesichts einer heidnischen Frau, die ihn um Hilfe für ihre kranke Tochter bittet, erklärt er schroff, er sei nur zu den Kindern Israels gesandt, nicht aber zu den Heiden, die er dann auch noch zu allem Überfluss mit Hunden vergleicht. Erst nach nochmaliger Intervention der kanaanäischen Frau auf diese Beleidigung hin sieht er sich bereit, ihre Tochter zu heilen (vgl. Mt 15,21–28).

Paulus reflektiert nun dieses schwierige Verhältnis von Israel und den Völkern als ein zutiefst dialektisches Miteinander, dessen entscheidende Pointe aber darin liegt, dass beide – Israel und die Völker – schlussendlich in Gottes allumfassendes Erbarmen eingeborgen werden. Gott, so schreibt Paulus in Röm 11,32, »hat alle in den Ungehorsam eingeschlossen, um sich aller zu erbarmen«. Das ist schlicht atemberaubend. Zunächst die israeltheologische These: Der Bund ist ungekündigt, Gottes Treue ist unwiderruflich. »Ganz Israel wird gerettet werden« (Röm 11,26). Und dann die heilsuniversale Konsequenz: Wiewohl alle gesündigt haben, wird Gott sich aller erbarmen, Juden wie Heiden, Israel und den Völkern.[1]

Der Satz vom universalen Heilswillen, vom Erbarmen Gottes schlechthin allen Menschen gegenüber hat eine tiefe, wenn auch subversive Spur in die Geschichte der christlichen Hoffnung gezogen. Er ist – neben einigen anderen Aussagen der Heiligen Schrift, die in eine ähnliche Richtung gehen (vgl. Joh 12,32; Röm 5,15–21; 1 Kor 15,28; Eph 1,10; Phil 2,10f.; Kol 1,20; 1 Tim 2,4; Tit 2,11 u. a. m.) – zur zentralen biblischen Belegstelle für eine Hoffnung auf Allerlösung und Allversöhnung geworden, die im Laufe der Jahrhunderte immer wieder gegen das kirchlich vorherrschende Bild einer endzeitlichen Scheidung von Guten und Bösen sowie einer ewigen Bestrafung der Letzteren in der Hölle in Stellung gebracht wurde. Mittels Versen wie Röm 11,32 lässt sich begründet gegen einen eschatologischen Himmel-Hölle-Dualismus die Hoffnung auf eine endzeitliche Rettung aller Menschen aufrechterhalten. Die Rede ist hier von der Hoffnung auf *Apokatastasis*, wörtlich der Hoffnung auf Wiederbringung und Wiederherstellung aller Dinge, einschließlich eben der Verlorenen und Verdammten.

Lässt sich eine solche universale Heilshoffnung, dass schlussendlich alle, wirklich alle gerettet werden, rational vertreten? Ist das nicht geschichtsnihilistisch, weil dann die Untaten der Bösen und das Leid der Unschuldigen und Gerechten vor Gott nichts mehr zählen? Ist es tatsächlich vorstellbar, dass beim himmlischen Hochzeitsmahl die Mörder neben ihren Opfern sitzen werden? Und – wenn man den Gedanken weitertreibt, hin zu einer eschatologischen Versöhnung von Opfern und Tätern – kann ernsthaft theologisch argumentiert werden, dass auch Gott selbst den Tätern nicht einfach so am Willen der Opfer vorbei vergeben kann? Doch hängt dann das Gelingen des eschatologischen Gottesreiches am Vergebungswillen der Opfer – und wäre das nicht wiederum eine zynische Verdoppelung ihrer Last, weil ihnen die Pflicht zur Vergebung aufgebürdet würde?

Schwierige und abgründige Fragen. Drei Gedanken dabei sind mir wichtig: Erstens, dass diese Hoffnung nicht am Jüngsten Gericht vorbei zu haben ist. Die Hoffnung auf Allerlösung und Allversöhnung ist nicht eine Hoffnung auf Ausbleiben des Gerichts, sondern eine Hoffnung auf Rettung aller durch das Gericht hindurch. Es geht nicht um eschatologische Amnesie (so eine Art göttliche Schwamm-drüber-Mentalität), sondern um die Hoffnung, dass Gott in seinem Gericht Barmherzigkeit und Gerechtigkeit zum Heil aller zu verbinden wissen möge. Zweitens, dass aus dieser Hoffnung für alle niemals eine Pflicht zur Vergebung abgeleitet werden kann. Schon gar nicht wäre es statthaft, diesen Gedanken dadurch zu pervertieren, dass man ihn hier und jetzt nutzt, um etwa Betroffene sexueller Gewalt in der Kirche mundtot zu machen.

Drittens schließlich scheint mir, dass diese universale Heilshoffnung bei aller existenziellen Zumutung, die sie mit sich bringt, einen geheimnisvollen Glanz ausstrahlt, weil sie lehrt, niemanden, wirklich niemanden ganz und gar und ein für alle Mal abzuschreiben. Sie relativiert unser ethisches Bemühen also nicht, wie manche argwöhnen, sondern intensiviert es. Unsere eigene Menschlichkeit hängt genau daran, anderen das Menschsein nicht abzusprechen. Wir müssen klar sein in unseren Taten und in unserer Sprache, müssen Unrecht beim Namen nennen und mit den von Gewalt Betroffenen und den Opfern der Geschichte solidarisch sein. Auch Gott selbst ist parteiisch, ein Gott der Kleinen und Zukurzgekommenen, der die Mächtigen vom Thron stürzt und die Niedrigen erhöht (vgl. Lk 1,52). Aber auch der schlimmste Kriegsverbrecher ist und bleibt ein Geschöpf Gottes. Diese Spannung zwischen der klaren Scheidung von Recht und Unrecht und der dennoch durchgehaltenen Hoffnung für alle gilt es existenziell und habituell auszuhalten – um unser aller Menschlichkeit willen, und um Gott gerade so die Ehre zu geben, der ein Gott aller Menschen, aller Geschöpfe ist. Wie sollten wir die Größe und die Herrlichkeit unseres Gottes preisen können, wenn wir nicht im Glauben darauf vertrauen dürften, dass sein allumfassender Liebeswillen Wege finden wird, am Ende auch wirklich alle für sich zu gewinnen?

Erstveröffentlichung: 2023

Du bist Petrus

21. Sonntag im Jahreskreis, Lesejahr A
Mt 16,13–20

Wenig Worte haben kirchengeschichtlich so großen Einfluss genommen wie diese kurze Perikope aus dem Matthäusevangelium, die Gegenstand der heutigen sonntäglichen Leseordnung ist: »Du bist Petrus – der Fels – und auf diesen Felsen werde ich meine Kirche bauen« (Mt 16,18). Es handelt sich dabei um einen der drei sogenannten Primatstexte im Neuen Testament. Neben dem Felsenwort sind das noch eine Passage aus dem Lukasevangelium und eine aus dem Johannesevangelium, beide ebenfalls von Jesus an Petrus gerichtet: »Und wenn du wieder umgekehrt bist, dann stärke deine Brüder« (Lk 22,32) sowie: »Weide meine

Lämmer, weide meine Schafe« (Joh 21,15–17). Man hat diese drei Texte herangezogen, um das Papstamt und die damit verbundene Vorrangstellung des Bischofs von Rom theologisch zu legitimieren. Inzwischen ist längst Konsens, dass keine der drei Textstellen dieses Gewicht tragen kann. Das Papsttum, wie wir es heute kennen, ist Gegenstand einer langen Entwicklung, die erst etwa zweihundert Jahre nach Abfassung der Evangelien ihren Ausgang nahm. Wohl aber wird hier eine Wertschätzung gegenüber der Person des Petrus erkennbar, die ihm von Anfang an entgegengebracht wurde. Was also tun mit diesen Versen, mit diesem Satz: »Du bist Petrus, der Fels …«?

Man kann das gewiss aus der Brille des bzw. der historisch Interessierten lesen. Dann steht man staunend vor dem Befund, was alles an Weltgeschichte aus einem gemeindetheologisch motivierten Eintrag in das Matthäusevangelium geworden ist: das Papsttum als eine Institution, die nicht nur Kirchen-, sondern die zumindest mit Blick auf die westliche Hemisphäre Menschheitsgeschichte geschrieben hat. Eine Institution, die in der etwa 1700jährigen Geschichte ihres Bestehens Zeiten des Glanzes und des Niedergangs, der überbordenden Machtfülle und der tiefsten Zerrissenheit erlebt hat. Eine Institution, die Personen von erstaunlicher Niedertracht und von nicht minder erstaunlicher Heiligkeit hervorgebracht hat. Und eine Institution, die auch theologisch immer in Bewegung geblieben ist. Erinnert sei nur an die beiden letzten Päpste: an Benedikt, der mit seinem frei gewählten Rücktritt das Papstamt entmythologisiert hat wie wohl noch nie ein Papst zuvor, und an Franziskus, der immer wieder aufs Neue deutlich macht, dass auch bei Päpsten Rede und Haltung, Satz und Performanz miteinander in Einklang stehen müssen, um Glaubwürdigkeit auszustrahlen.

Man kann das Felsenwort aber auch existenziell und biografisch-spirituell lesen: »Du bist Petrus …«. Dann wird deutlich: Dieser Petrus ist der »exemplarische Jünger« (Joachim Gnilka). In ihm bündelt sich paradigmatisch, was es heißt, wenn Menschen sich auf den Weg der Nachfolge machen. Petrus, wie ihn das Neue Testament zeichnet, ist ja alles andere als perfekt: Erstberufener, Osterzeuge, Leitfigur der Jerusalemer Urgemeinde; ein Heißsporn, von ganzem Herzen brennend für die Sache Jesu, gewiss, aber zugleich schwankend, bisweilen regelrecht verblendet. Jesus schimpft ihn einmal einen Satan (vgl. Mk 8,33), in der Nacht vor seiner Hinrichtung wird er gleich drei Mal von ihm verleugnet (vgl. Mk 14,66–72). Aber in dieser ganzen Widersprüchlichkeit wird Petrus zum Prototyp des Jesusjüngers. Trotz, oder vielleicht gerade wegen dieser unentwirrbaren Mischung aus Größe und Versagen, aus Scheitern und Wiederaufstehen, gilt: Auf eben diesen Menschen wollte Christus seine Kirche gebaut wissen. Wir Heutigen, Nachfolgerinnen und Nachfolger dieses einen, exemplarischen Jesus-Nachfolgers, dürfen den Satz aus dem Sonntagsevangelium auch so lesen: Auf Menschen wie ihn will Christus seine Kirche gebaut wissen. Worin besteht mein petrinischer Teil? Wo will ich, wo kann ich mittun, Kirche immer wieder aufs Neue zu gründen? Und was ist meine Weise, Jesus Christus in meinem Leben zum Leuchten zu bringen?

Erstveröffentlichung: 2017

Gerechtigkeit, Friede – und immer wieder: die Kinder

25. Sonntag im Jahreskreis, Lesejahr B
Weish 2,1a.12.17–20 // Jak 3,16 – 4,3 // Mk 9,30–37

Sie können es schon fast nicht mehr hören, ich weiß. Es nervt, es stört, es lähmt – und es kommt ja auch scheinbar nichts Neues an Erkenntnis hinzu. Trotzdem. Ich kann einfach nicht anders, als bei Betrachtung der heutigen Schrifttexte ein weiteres Mal an die Verbrechen des sexuellen Missbrauchs im Raum der Kirche zu denken, der sexuellen Gewalt an Minderjährigen und Schutzbefohlenen durch Kleriker und ihrer Vertuschung durch deren Obere. Das Evangelium spricht stets mit der allergrößten Hochachtung, mit Wertschätzung und Zärtlichkeit von den Kindern. Kinder sind Prophetinnen und Propheten des Himmelreiches, die Lieblinge Gottes. »Wer das Reich Gottes nicht so annimmt wie ein Kind, der wird nicht hineinkommen« (Mk 10,15), sagt Jesus einmal. Ein anderes Mal warnt er mit drastischen Worten: »Wer einem von diesen Kleinen [...] Ärgernis gibt, für den wäre es besser, wenn ihm ein Mühlstein um den Hals gehängt und er in der Tiefe des Meeres versenkt würde« (Mt 18,6). Im heutigen Tagesevangelium nun heißt es von ihm: »Wer ein solches Kind in meinem Namen aufnimmt, der nimmt mich auf« (Mk 9,37).

Wie konnten diese Worte gerade im Raum der Kirche, deren einzige Aufgabe es doch ist, sich auf Jesus Christus und sein Reich hin durchlässig zu machen, so pervertiert werden?! Eine einfache, einlinige Antwort gibt es nicht. Aber in den einschlägigen Studien fällt immer wieder ein zentrales Stichwort, das das speziell katholische Gepräge des Missbrauchs auf den Begriff bringt: Klerikalismus. Gemeint ist ein hierarchisch-autoritäres System der Überhöhung des Klerus, ein asymmetrisches Beziehungsgefüge und eine strukturelle Ungleichbehandlung zwischen Klerikern und Laien, das insofern besonders missbrauchsanfällig wirken kann, als es eine Kultur des Machtmissbrauchs und nachfolgend auch des Verschweigens und Vertuschens befördert.

Es kommt aber noch eine ganz besondere Note hinzu: Klerikalismus tarnt sich bevorzugt im Gestus des Dienstes. Machtvolles Agieren im Raum der Kirche wird gerne mit Ohnmachtsrhetorik verbrämt. Unmittelbar vor der gerade zitierten Stelle im Tagesevangelium steht zu lesen: »Wer der Erste sein will, soll der Letzte von allen und der Diener aller sein« (Mk 9,35). Die epochale Tragik dieses Satzes liegt darin, dass er in seiner Wahrheit ein christliches Grundgesetz auf den Punkt bringt und doch zugleich in seiner Ideologieanfälligkeit unzählige Male missbraucht und ins Gegenteil verkehrt worden ist. Der Papst ist der Diener der Diener Christi, so lautet einer seiner vielen Titel. Jedes Amt in der Kirche ist Dienst, so lautet ein gewiss wahrer Grundsatz der Theologie. Zugleich ist dieser Satz ein leerer, ein hohler, ein heuchlerischer Satz geworden, weil er de facto ein Missbrauchs- und Vertuschungsbeförderungssatz geworden ist. Es ist nämlich ziemlich schwer, von oben nach unten zu dienen.

Aber muss es nicht auch einmal gut sein dürfen? Haben wir nicht alle miteinander genug unter diesem Skandal gelitten? Steht nicht im Jakobusbrief, in der heutigen zweiten Tageslesung, dass die Weisheit von oben nicht nur heilig ist, sondern auch friedfertig, freundlich – und vor allen Dingen gehorsam und unparteiisch (vgl. Jak 3,17)? Wäre es da nicht für alle Parteien angezeigt, das Vergangene ruhen zu lassen und nach vorne zu sehen? Wer so denkt, vergisst, was im nachfolgenden Vers geschrieben steht: Alle diese Gaben der Weisheit sind einzig und allein die »Frucht der Gerechtigkeit« (Jak 3,18). Ohne Gerechtigkeit für die Überlebenden sexueller Gewalt und für die von Machtmissbrauch Betroffenen kann es keinen ehrlichen und tragfähigen Weg nach vorne geben. Eine erkaufte Harmonie ohne echtes Mühen um Gerechtigkeit wäre bestenfalls Kitsch und Heuchelei, schlimmstenfalls nur kaschierte neue Gewalt. Es geht an dieser Stelle im Jakobusbrief um das glatte Gegenteil einer billigen Schlussstrichmentalität. Es geht um die fundamentale Erkenntnis, dass Gerechtigkeit und Friede Zwillingsgeschwister und also nur gemeinsam zu haben sind.

Auch in der ersten Lesung vom heutigen Tag aus dem Buch der Weisheit dreht sich alles um die Gerechtigkeit. Der Gerechte muss leiden. Weil er unbequem ist und den Mächtigen im Wege steht, wird er gefoltert und zu Tode gebracht. Seine Behauptung, dass Gott mit ihm sei, soll auf die Probe gestellt werden. »Ist der Gerechte wirklich Gottes Sohn, dann nimmt sich Gott seiner an« (Weish 2,18). Christinnen und Christen denken hier natürlich an den gekreuzigten Jesus und an den Spott der Umstehenden, er möge doch vom Kreuz herabsteigen, wenn er Gottes Sohn sei.

Warum Gottes Weg, für Gerechtigkeit zu kämpfen, ausgerechnet das Kreuz ist, ist für uns nur schwer zu begreifen und auszuhalten. Klar ist: Gott will, dass Gerechtigkeit herrscht. Er will das Leid nicht, und er will das Kreuz nicht. Aber er steht auf der Seite derer, die um der Gerechtigkeit willen Unrecht und Leid ertragen müssen. Mit ihnen trägt er selbst das Kreuz. Die Gerechten sind Söhne und Töchter Gottes. Sie sind Gottes Kinder, in denen der Allmächtige selbst Wohnung nimmt auf seiner Erde.

So schließt sich der Kreis in den drei Schrifttexten dieses Sonntages: »Wer ein solches Kind in meinem Namen aufnimmt, der nimmt mich auf« (Mk 9,37), spricht der Herr im Evangelium. Die Kinder, das sind nicht nur die, die staunen und lachen und vorbehaltlos lieben können, die ersten Freigelassenen der Schöpfung (Johann Gottfried Herder); nein, die Kinder sind auch die Schwachen, die Verletzlichen, die, die unter Gewalt und Missbrauch am schlimmsten zu leiden haben und die der Gerechtigkeit am meisten bedürfen. Unser Gott ist ein Gott der Kinder, der Schwachen, der Leidenden; ein Gott derer, die sich nach Gerechtigkeit sehnen.

Es tut mir leid, Sie ein weiteres Mal mit dieser Thematik behelligt zu haben. Aber ich bin felsenfest davon überzeugt, dass das der einzige Weg ist, der uns bleibt: immer und immer wieder daran zu erinnern, es nicht versanden zu lassen; sich immer und immer wieder klarzumachen, dass es zunächst und zuvörderst um Gerechtigkeit für die Betroffenen geht. Weil Gerechtigkeit sein soll. Weil sie, die nach Gerechtigkeit schreien, Söhne und Töchter Gottes sind. Weil Gott sich mit ihnen identifiziert. Und weil nur so der Weg hin zu Heilung und echter Versöhnung gegangen werden kann.

Erstveröffentlichung: 2021

Gebet des Lebens

29. Sonntag im Jahreskreis, Lesejahr C
Lk 18,1–8

I.

Das Gebet ist der »Ernstfall des Glaubens«. So hat es einmal Walter Kardinal Kasper mit Blick auf das Bittgebet auf den Punkt gebracht. Das gilt nicht nur für die kirchlich-offiziösen Hochleistungsbeter: die Priester und Diakone und die Ordensleute, die quasi von Amts wegen zum Halten des Stundengebets verpflichtet sind und dieser Pflicht mal mehr und mal weniger, mal mit mehr Herzensinnerlichkeit und mal mit weniger Inbrunst nachkommen. Sondern das gilt für alle Menschen, die sich mit ihren Bitten und Anliegen, ihrer Not und ihrem Dank an Gott wenden. Es gibt so viele Formen des Gebets wie es Menschen gibt, die es praktizieren. Sei es das kurze, flehentliche Stoßgebet in der Prüfung, beim Arzt oder am Krankenbett, die stille Meditation vor dem Allerheiligsten, das ehrfürchtige Staunen angesichts grandioser Natur, der schmerzerfüllte Schrei der Leidenden nach Gott, der gesungene Choral oder das routiniert gesprochene Vaterunser im Gottesdienst: Jedes Gebet, so verschieden es auch ist, bezeugt die Hoffnung darauf, dass das, was ist, was sich zählen, messen und rechnen lässt, nicht alles ist; dass ein Sinn in allem Unsinn ist, der das, was ist, im Sein erhält und trägt; dass da ein Gott ist, der uns hört und der uns gut will – auch wenn alle offensichtlichen Realitäten dagegen zu sprechen scheinen.

Das Gebet ist der Ernstfall des Glaubens. Die Härte dieses Satzes zeigt sich gerade dann, wenn es nicht gut läuft. Wenn Gebete unerhört bleiben. Wenn das ungerechte, sinnlose Leid schier unerträglich wird und alles Flehen, alles Bitten und Beten zu Gott ganz augenscheinlich nichts nutzt. Wie kann Gott das alles zulassen? Wo ist Gott angesichts des Todes und des Schmerzes?

Das Leiden, so hat es einmal Georg Büchner formuliert, ist der »Fels des Atheismus«, denn das »leiseste Zucken des Schmerzes [...] macht einen Riss in die Schöpfung von oben bis unten« (Büchner, Dantons Tod, 3. Akt). Der Philosoph Gottfried Wilhelm Leibniz, er lebte von 1646 bis 1716, hat einen eigenen Fachbegriff dafür gefunden: die Theodizee. Das ist die Frage nach der Gerechtigkeit Gottes angesichts des Leides und des Übels in der Welt. Mag das Wort auch neuzeitlich sein, die Frage selbst ist so alt wie der Gottesglaube der ersten Menschen, die ihre Gebete zum Himmel schickten: Wenn Gott allmächtig und allgütig ist – warum nimmt er dann das Übel, den Schmerz und das Leid nicht hinweg? Warum erhört er unsere Gebete nicht?

II.

Diese Erfahrung der Abwesenheit Gottes muss auch die Menschen zur Zeit der Entstehung des Lukasevangeliums umgetrieben haben. Es ist um das Jahr 80 n. Chr. herum. Die Ereignisse in Jerusalem von Jesu Tod und Auferweckung liegen nun schon ein halbes Jahrhundert zurück. Erste Gemeinden aus Juden- und Heidenchristen haben sich gebildet, vielerorts leben sie in Anfechtung und Unterdrückung. Doch die Wiederkunft des Herrn, an die sie so fest geglaubt hatten, bleibt aus. »Maranatha – Komm, Herr Jesus« (vgl. Offb 22,20) – der Ruf verhallt ungehört. Er kommt nicht. Die drängende Naherwartung dehnt sich, die Parusie verzögert sich, der Glaube droht zu versanden. In diese Zeit des Fragens, Suchens und Zweifelns hinein lässt der Evangelist seinen Jesus die Mahnung sprechen, allezeit zu beten und darin bloß nicht nachzulassen. Die Jüngerinnen und Jünger sollen des beständigen Gebetes nicht müde werden. Man kann auch übersetzen: Sie sollen sich nicht entmutigen lassen. Manchmal brauchen Glaube und Gebet den Mut zur Hoffnung, um nicht zu verstummen, und den langen Atem der Geduld. Und manchmal ist der Mut des Glaubens nichts anderes als die Verzagtheit und die Müdigkeit, die durch das Gebet hindurchgegangen und Gott hingehalten worden sind, dass er sie nehme und verwandle.

Wirklich erstaunlich ist nun aber das Gleichnis, mit dem die jesuanische Gebetsmahnung illustriert wird. Es handelt von der Begegnung eines ungerechten Richters mit einer Witwe, die wohl entgegen allen Gepflogenheiten mit einer gewissen Penetranz um ihr Recht kämpft. Diese Parabel vom ungerechten Richter ist lukanisches Sondergut, sie findet sich nur hier im Lukasevangelium. Manche Fachleute meinen, sie könnte in ihrer Originalität und Prägnanz sogar auf den historischen Jesus von Nazaret zurückgehen. Ob das nun stimmt oder nicht, ist letztlich egal. Interessant ist es allemal, hier näher hinzusehen.

Es ist die Geschichte eines ungleichen Paars. Eine Beziehung, die ganz asymmetrisch ist, in krasser Macht-Dysbalance. Einseitig, ungleich. Ein Macht-Ohnmacht-Gefälle. Dabei sind Richter und Witwe geradezu idealtypisch gezeichnet. Hier der Richter, voller Macht, Ansehen und Status, gut vernetzt in den besten Kreisen. Dort die Witwe, die seiner Willkür schutzlos ausgeliefert scheint. Vom Richter heißt es, dass er »Gott nicht fürchtete und auf keinen Menschen Rücksicht nahm« (Lk 18,2). Er verletzt also die beiden schlechthinnigen Grundtugenden eines glaubenden Menschen, nämlich das Doppelgebot der Gottes- und der Nächstenliebe. Er ist nicht nur gott- sondern auch skrupellos. Dabei folgt das Zweite aus dem Ersten. Weil er keine höhere Macht über sich anerkennt, spricht er kein Recht, sondern Unrecht. Seine Urteile sind nicht gerecht, sondern von einer Willkür geprägt, die verfügt, was sie will, einfach, weil sie es kann. Auf der anderen Seite steht die Witwe. Auch dieser Stand ist, wie der des Richters, in der antiken Welt klar konturiert. Witwen sind als alleinstehende Frauen ähnlich wie Waisen die Verkörperung einer recht- und schutzlosen, marginalisierten und vom Wohlwollen anderer abhängigen Person. Gerade deshalb aber sind sie, wie viele alttestamentliche Belegstellen zeigen, die besonderen Lieblinge

Gottes und stehen unter seinem Schutz. Immer wieder wird Israel ermahnt, das Recht des Fremdlings, der Witwen und der Waisen zu achten (vgl. Dtn 24,17; Dtn 27,19; Jer 22,3; Ps 68,6 u. ö.). Und eben diesen durch göttliches Gebot eingeforderten Schutz der Schwächsten verletzt der Richter aufs Gröbste.

Erstaunlich ist nun aber das Verhalten der Witwe. Denn dieses ist ganz untypisch. Mit keiner Silbe wird erwähnt, dass sie den Richter um etwas bittet. Von Unterwürfigkeit, Scheu oder Furchtsamkeit keine Spur. Nein, diese Frau bittet nicht, sie fordert ihr Recht lautstark und beharrlich ein. Mehr noch: Sie ist penetrant, aggressiv, distanzlos. Sie nervt. Sie nervt den Richter mächtig. Und sie nervt ihn so lange, bis er ein Einsehen hat und Recht spricht. Nicht, weil er plötzlich anständig geworden wäre, sondern weil er buchstäblich Angst vor Schlägen hat: »Am Ende kommt sie noch und verpasst mir ein blaues Auge«, so lässt sich das Wort vom Schlag ins Gesicht auch übersetzen (vgl. Lk 18,5). Das klingt vielleicht spaßig, ist es aber nicht. Exegetisch ist viel darüber gerätselt worden, ob das wörtlich zu verstehen ist oder nicht. Einiges spricht dafür, es metaphorisch zu lesen: Der Richter befürchtet, durch die renitente Witwe einen Angriff auf seine Würde zu erleiden, also von ihr entehrt und beschämt zu werden, wenn sie durch ihr lautes Geschrei einen öffentlichen Skandal anzettelt. Bei diesem inneren Monolog, den der ungerechte Richter – der »Richter der Ungerechtigkeit«, wie es in Lk 18,6 wörtlich heißt – mit sich selbst führt, geht es um einen Diskurs über Scham und Schande.

III.

Ich finde das in hohem Maße bedenkenswert und auch tagesaktuell. Zum einen, weil hier deutlich wird, dass die Heilige Schrift des Alten wie des Neuen Testaments einen Gott der Gerechtigkeit verkündet. Gott ist nicht einfach der kalte Weltenherrscher, sondern er ist parteiisch. Er steht auf der Seite der Fremden, der Witwen und Waisen – also der Schwachen und Kleinen, der Marginalisierten und Zukurzgekommenen. Die Liebe Gottes darf nicht gegen seine Gerechtigkeit ausgespielt werden. Und diese Gerechtigkeit meint nicht die buchhalterische Überwachung einer spießbürgerlichen Sündenmoral. Sondern hier geht es um die Reichen und Mächtigen dieser Welt, die – wie es im Lied der Maria, dem *Magnificat*, heißt – vom Thron gestoßen werden und leer ausgehen, weil sie eben das Recht der Niedrigen mit Füßen treten und die Armen hungern lassen (vgl. Lk 1,52–53).

Zum anderen aber, weil wir bei uns in der katholischen Kirche in Deutschland seit Veröffentlichung der MHG-Studie zum sexuellen Missbrauch im Raum der Kirche im Jahr 2018 einen eben solchen und nicht enden wollenden Diskurs über Schuld und Schande, über Beschämung und Scham führen. Viele, vor allem jüngere feministische oder befreiungstheologische Auslegungen bringen den Kampf der Witwe in Verbindung mit dem Kampf der Frauen gegen patriarchale Unterdrückung oder der Kolonisierten gegen die Kolonialmächte, der Kleinbauern gegen Großgrundbesitzer. Manche Predigten erinnern außerdem an den Kampf um Menschenrechte, Natur- oder Klimaschutz. Mir kommen die Betroffenen von sexualisierter Gewalt in den Sinn, die nur dadurch auf sich und ihr Leid aufmerksam machen konnten, dass sie sich selbst ermächtigt und die ihnen von den Tätern und den Vertuschern zugewiesene Opferrolle verlassen haben. Erst, als sie nicht mehr systemkonform agiert und sich nicht länger ins Schweigen gefügt haben, sondern laut und vernehmbar und gerade nicht sozialadäquat protestiert haben, erst als durch die kritische Berichterstattung unabhängiger Medien der öffentliche Skandal da war, erst dann wurde der Druck auf die innerkirchlich Herrschenden so groß, dass sie sich bewegen mussten. Es ist heute noch genauso wie bei der Witwe im antiken Gleichnis: Erst das Durchbrechen der Mauer des Schweigens nimmt den Mächtigen die Macht über die Machtlosen. Auch im Raum der Kirche. Und trotz aller öffentlich und andauernd geäußerten Beschämung sind unsere Bischöfe seither mit Vorwürfen der Schamlosigkeit konfrontiert (so vor allem die theologische These von Hans-Joachim Sander), die dem inneren Diskurs, den der ungerechte Richter mit sich führt, nicht unähnlich sind.

IV.

Schauen wir nun zum Schluss noch, was der lukanische Jesus seinen Jüngerinnen und Jüngern für eine Gleichnisauslegung nahebringt. Die arme und klagende Witwe, das ist die Gemeinde der Auserwählten. In einem geradezu abenteuerlichen Schluss vom Kleineren zum Größeren parallelisiert Jesus damit den Richter der Ungerechtigkeit mit dem allmächtigen und allgütigen Gott. Allerdings: Nicht, dass Gott wie der Richter wäre – ganz im Gegenteil! Die Pointe ist vielmehr: Wenn schon so ein Stinkstiefel wie dieser amoralische Richter aus kalten Nützlichkeitserwägungen heraus ein Einsehen mit der schreienden Witwe hat, um wieviel mehr dann der liebende und gute Gott mit seinen Frommen.

Das Ansinnen des Evangelisten dabei ist klar. Es geht ihm um den richtigen Umgang der zweiten und dritten Generation der christlichen Gemeinden mit der verunsichernden Erfahrung der Abwesenheit Gottes, der ausbleibenden Parusie und der Dehnung der Zeit ins Unabsehbare. In ihre Anfechtung hinein wird ihnen zugerufen, ja nicht vom Gebet abzulassen, sondern weiterhin am Glauben festzuhalten. Trotz des augenscheinlichen Abwartens Gottes mit seinem rettenden Eingreifen gilt für Lukas: Die Verheißung von Rettung und Gerechtigkeit ist unwiderruflich. Es ist ganz und gar gewiss: Gott wird den Unterdrückten ihr Recht verschaffen bei der Wiederkunft Christi am letzten Tag.

Und wir Heutigen? So viele Tränen sind geflossen, noch immer wartet Gott zu. Viele plagt die Erfahrung der Abwesenheit

Gottes, viele – was noch schlimmer ist – schon längst nicht mehr. Sie haben auch das Gottvermissen schon verloren, haben vergessen, dass sie vergessen haben. Von Dietrich Bonhoeffer stammt der schöne Satz, dass es heute gilt, vor Gott ohne Gott zu leben. Das ist leichter gesagt als getan. Gemeint ist, dass wir unseren Glauben leben sollen, ohne Gott dabei als unseren Besitz zu erachten, ohne ihn für unsere Belange zu verzwecken. Wie aber umgehen mit dieser bitteren Erfahrung der Abwesenheit Gottes und der unerhörten Gebete? Es ist ein Grundcharakteristikum der Gott-Welt-Beziehung, dass Gott nicht einfach ein Weltding unter Weltdingen ist. Er ist nicht einfach Teil der Welt, sondern ihr Ursprung und ihr tragender Grund, ihr dabei zuinnerst gegenwärtig im Geist. Das aber bedeutet, dass wir Menschen in der Welt seiner Gegenwart nicht unmittelbar und ungebrochen, sondern nur vermittels anderer Weltdinge gewahr werden können. Geisterfahrung erfolgt nicht jenseits der Welterfahrung, so ließe sich vielleicht im Anschluss an Karl Rahner sagen, sondern als die Wahrnehmung der Tiefendimension dieser Welterfahrung. Vielleicht würde sich manches Gebet als längst erhört erweisen, wenn wir mehr Aufmerksamkeit auf eine sensiblere Wahrnehmungskultur der Spuren Gottes im Hier und Jetzt legen würden.

Freilich: Leid ist Leid, Schmerz ist Schmerz, die Erfahrung der Abwesenheit Gottes ist die Erfahrung der Abwesenheit Gottes. Das sollte man nicht wegspiritualisieren. Oft genug bleibt deshalb nur, den geglaubten, erhofften und ersehnten Gott mit Zähnen und Klauen gegen den erfahrenen (bzw. eben schmerzlich nicht erfahrenen, abwesenden) Gott zu verteidigen. Dann aber wird die uns von Bonhoeffer ins Stammbuch geschriebene Aufgabe, vor Gott ohne Gott zu leben, zu einem existenziell dichten Lebensprogramm. Glaube und Zweifel, Hoffen und Suchen gehen lebensweltlich ineinander über. Das Gebet weitet sich vom einzelnen, intellektuellen Sprechakt zu einer die ganze Existenz in all ihren Vollzügen umfassenden Lebenshaltung, zu einem Habitus. Der in Paris lehrende Jesuit Christoph Theobald spricht hier vom »Christentum als Stil« (so ein Buchtitel von 2018), als Lebensstil – und er meint damit die ganz spezifische Art und Weise, wie glaubende und hoffende Menschen, wie Christinnen und Christen die Welt bewohnen. Das ganze Leben als Gebet nehmen, auch und gerade den aktiven Protest gegen Unrecht, Not und Leid – im Namen des Gottes der Gerechtigkeit gegen die Richter der Ungerechtigkeit unserer Zeit: Ich bin sicher, die Witwe in unserem Gleichnis hätte ihre helle Freude daran.

Erstveröffentlichung: 2022

Die Kunst des Sehens

30. Sonntag im Jahreskreis, Lesejahr B
Mk 10,46b–52

I.

Am Anfang ein Geständnis: Ich habe, was das Musikalische angeht, einen gewissen Hang zu Kitsch und Melancholie. Ich mag Liedermacher, ganz besonders Reinhard Mey und Klaus Hoffmann. Nicht nur, weil beide aus Berlin kommen und ich einige Jahre in dieser wunderbaren Stadt gelebt habe. Nein, ich mag diese Art von Musik schon seit ich denken kann. Wenn meine Teenager-Kumpels Rock und Pop laufen hatten, habe ich *Über den Wolken* gesummt. Und wenn heute im gepflegten Plausch unter Kolleginnen und Kollegen über diese und jene Wagner-Inszenierung gefachsimpelt wird, denke ich an das letzte Konzert von Klaus Hoffmann. Von dem nun stammt ein Lied, das ich ganz besonders mag. Es ist steinalt, aus den frühen 1980ern, und erzählt die Beziehungsgeschichte einer Blinden mit einem Sehenden. Der Clou ist aber, dass in dem Stück die Rollen vertauscht sind. Im Refrain heißt es: »Katharina mach mir Mut und halte mich / Gibt's morgen auch kein Wiedersehn / Ich bin doch der Blinde darum führe mich / Du kannst im Dunkeln gehn.« Die blinde Katharina – das ist die, die vorangeht, weil sie auch im Dunkeln die richtigen Wege findet. Und der, der eigentlich doch die volle Sehkraft hat, muss erkennen, dass er in Wahrheit der Blinde ist.

Auch das Evangelium vom heutigen Tag erzählt eine Geschichte, bei der es um Blindheit geht. Die Geschichte vom blinden Bartimäus ist überaus berühmt, sie darf in keiner Kinderbibel, in keinem Grundschullehrplan, in keiner Kinderkatechese fehlen. Exegetisch handelt es sich dabei um eine besonders markante Heilungsgeschichte des an Wundererzählungen wahrlich nicht armen Markusevangeliums. Generationen von Theologiestudierenden haben sich an ihr in Exegeseübungen und -prüfungen abgearbeitet. Die Geschichte vom blinden Bettler Bartimäus ist die letzte dieser Wundererzählungen bei Markus, ihr vorangehend hat der Evangelist die dritte Leidensankündigung Jesu platziert sowie seine Ermahnung an die Jünger, nicht auf Rangstreitigkeiten zu achten, sondern einander zu dienen und sich ein Beispiel an ihm zu nehmen, der gekommen ist, der Diener aller zu sein und sein Leben als Lösegeld hinzugeben (vgl. Mk 10,43–45). Unmittelbar danach beginnt dann in Mk 11 die Passionserzählung mit dem Einzug Jesu in Jerusalem, mit dem »Hosianna!« der Leute auf der Straße, in dem das »Kreuzige ihn!« schon als dunkle Vorahnung mitzuschwingen scheint.

II.

Sehen wir uns die Geschichte vom blinden Bartimäus und ihre verschiedenen Erzählschritte etwas genauer an; sie ist nämlich in vielerlei Hinsicht bemerkenswert und wunderbar! Jesus verlässt mit einer großen Menschenmenge Jericho, und der Zug setzt sich in Richtung Jerusalem in Bewegung. Am Rand der Straße sitzt ein blinder Bettler. Blindheit und Bettelei hängen bei ihm aufs Engste zusammen – ein Mensch, der in vielerlei Hinsicht marginalisiert ist, der in vielerlei Hinsicht an den Rand gedrängt ist. Sein Name ist Bartimäus. Bartimäus ist aramäisch und bedeutet: der Sohn des Timäus. Dieses Detail scheint wichtig zu sein, der Text vermerkt es eigens. So bleibt dieser Name auf ganz eigentümliche Weise in der Schwebe, ein Name und doch zugleich ein Nicht-Name, eine Namensverweigerung. Der blinde Bettler wird ganz definiert über seine Herkunft, seine soziale Rolle, ein Recht auf eine eigene Persönlichkeit scheint man ihm nicht zuzubilligen. Er ist und bleibt halt der Sohn von dem und dem …

Aber als dieser unbekannt-bekannte Blinde hört, dass es Jesus von Nazaret ist, der vorbeizieht, da bricht es aus ihm heraus: »Sohn Davids, Jesus, hab Erbarmen mit mir« (Mk 10,47). Laut schreit er um Hilfe. Und er weiß ganz genau, nach wem er da ruft. Jesus, Sohn Davids. Das ist nicht genealogisch gemeint, sondern messianisch. Es bringt zum Ausdruck, dass er diesen Jesus für den Messias, den Friedensbringer, den Heiland hält, für jenen Retter, wie es Jesaja prophezeit, der den Blinden die Augen öffnet und den Tauben die Ohren und der macht, dass die Lahmen wieder gehen können. Eben der, der den glimmenden Docht nicht auslöscht, das Geknickte nicht bricht. Der Gefangene in Freiheit setzt und ein Gnadenjahr des Herrn ausruft (vgl. Jes 61,1–2; Jes 42,1–9). Diese Messias-Hoffnung mag nicht wie bei den Zeloten auf den militärischen Umsturz durch Waffengewalt hoffen, revolutionär und zuhöchst politisch ist sie doch. Sie hofft auf eine Revolution von innen heraus, eine Gesundung der Herzen, die eine Heilung der Strukturen nach sich zieht.

Doch die Leute herrschen ihn an: Halt die Klappe! Sei still! Schuster, bleib bei deinen Leisten! Füge dich in deine Rolle, halte dich an das, was dir zugewiesen ist. Geh' uns mit deinem Geschrei nicht auf die Nerven! Wir wissen, wo dein Platz ist, wir wissen auch, was gut für dich ist! Wir versorgen dich schließlich mit unseren Almosen! Bartimäus aber widersetzt sich. Er nimmt diese Rollenzuweisung nicht länger an, verweigert sich den Platzanweisern. Statt zu schweigen, schreit er umso lauter. Überwindet die Angst, auch die Angst davor, die Gunst jener zu verlieren, die ihn doch bisher ernährt haben. Er trotzt all den Fremdzuschreibungen, die ihn klein und blind halten, und vertraut seiner Hoffnung auf Heilung. Sein Schrei ist nicht so sehr ein Schrei der Verzweiflung als vielmehr des erwachenden Selbstbewusstseins. Der Namenlose findet zu sich, der »Sohn von dem und dem« wird zu Bartimäus. Die Kunst des Sehens hebt an mit dem Mut zur eigenen Perspektive, und sie gönnt sich den Blick auf das eigene Selbst.

III.

Jetzt erst reagiert Jesus. Er bleibt stehen und lässt den Blinden zu sich rufen. Das ist insofern erstaunlich, als normalerweise der Wundertäter von der Menge zu dem Kranken gebracht wird. Die Bartimäus-Geschichte aber kehrt die Topik klassischer Wundererzählungen geradezu um. Heilung beginnt, wenn die Dinge anders als gedacht in Bewegung kommen. Auch die Reaktion der Leute ändert sich. Aus Aggressoren und Kleinmacherinnen werden Bestärkerinnen und Ermutiger: »Hab nur Mut, steh auf, er ruft dich« (Mk 10,49). Es ist, als seien auch den Leuten die Augen aufgegangen, als hätten sie plötzlich gesehen und erkannt, dass Jesusnachfolge in Menschenfreundlichkeit, in Zuwendung, in Ermutigung und Bestärkung konkret wird. Da wirft Bartimäus alles weg, was ihn klein hält und niederdrückt, er springt auf und läuft auf Jesus zu. Er, der Blinde, er ist der, der den Weg kennt; er ist der, der auch im Dunkeln gehen kann.

Es gibt Menschen, deren Größe gerade darin besteht, andere groß sein zu lassen; deren Herz so weit ist, dass sie das Starkwerden und Freisein des und der Anderen wollen – um dessentwillen, um ihretwillen und ganz ohne Angst um den eigenen Selbstverlust. Das sind Menschen, die ganz und gar lieben können, weil Liebe nichts als das Sein des und der Geliebten will; das aber unbedingt. Jesus ist so ein Mensch. Er ist kein Platzanweiser, kein Kleinhalter und kein Beiseiteschieber. Nicht, weil er es nicht wüsste, sondern weil er die Freiheit des Bartimäus unbedingt achtet und seinen Willen respektiert, deshalb fragt er ihn: »Was willst du, dass ich dir tue« (Mk 10,51)? Von dem Dichter, Publizisten und Literaten Karl Kraus stammt der schöne Satz: »Hab' ich dein Ohr nur, find' ich schon mein Wort«. Ähnlich beschreibt der Kinderbuchautor Michael Ende seine Romanfigur Momo als ein Kind, das auf geheimnisvolle Weise so zuhören konnte, dass den Menschen, denen Momo zuhörte, die besten, die klügsten Gedanken kamen. So ist es hier auch: Die Frage Jesu prüft nicht ab, sondern richtet auf. Sie bringt Bartimäus in Kontaktfühlung mit sich selbst und setzt ihn grade so in Freiheit. Es gibt Zauberfragen, die machen auf geheimnisvoll wunderbare Art und Weise alles hell, weil sie ins Offene, Weite führen. Was soll ich dir tun? Was ist dein Herzenswunsch? Wohin zieht dich die Sehnsucht?

In dieser Begegnung mit Jesus findet Bartimäus die Kraft, seinem Herzen zu trauen. Er bringt die innerste Sehnsucht seines Lebens ins Wort: »Rabbúni, ich möchte sehen können« (Mk 10,51). Das ist der Moment der Heilung, der Moment des tiefsten Wunders. Weil Jesus es ihm zutraut, fasst Bartimäus Mut, findet er die Kraft zum Vertrauen – zu sich selbst und zu dem, den er ehrfurchtsvoll seinen Herrn und Meister nennt. »Dein Glaube hat dich gerettet« (Mk 10,52), fasst Jesus dieses Wunderbare kurz und prägnant zusammen. »Man sieht nur mit dem Herzen gut«, so drückt es der kleine Prinz Saint-Exupérys in einer bis zum Überdruss immer wieder zitierten Wendung aus. Vielleicht ist gerade das das Wunder aller Wunder: zu realisieren, dass das Zulassen unserer tiefsten Sehnsucht, das Sehen unserer selbst und der Welt um uns herum mit den Augen des Herzens, uns gerade nicht von Gott wegführt, sondern mit ihm vereint sein lässt.

Und dass – nun in umgekehrter Perspektive – gerade jener Akt des Vertrauens, dass also jener Weg hin zu Jesus, müssen wir ihn auch im Dunkeln gehen, uns nicht von uns selbst entfremdet, sondern unsere Selbstwerdung, unser Heil und unsere Gesundung bedeutet.

IV.

All das hat der blinde Bartimäus mit der Klarheit seiner Herzensaugen gesehen, all das ist ihm geschehen. »Katharina mach mir Mut und halte mich / Gibt's morgen auch kein Wiedersehn / Ich bin doch der Blinde darum führe mich / Du kannst im Dunkeln gehn.« So hat vor bald 40 Jahren Klaus Hoffmann gesungen. Und von genau dieser Umkehrung der Rollen erzählt auch das heutige Evangelium. Der blinde Bartimäus ist in Wirklichkeit der, der sehen kann, weil er lernt, auf sich zu hören und seinen Wünschen zu trauen. Weil er den Mut hat, sich nicht nur nach Veränderung zu sehnen, sondern sie auch in konkreten Schritten anzugehen. Weil er den Platzanweisern seines Lebens widersteht. Weil er es ist, der im Dunkeln gehen kann. Weil er die Herzenskraft zum Vertrauen in sich trägt. Verstehen Sie mich bitte nicht falsch: Ich möchte Blindheit als körperliches Handicap nicht frömmlerisch schönreden. Aber ich bin überzeugt, dass das heutige Evangelium uns vor manchem Hochmut, manch blendendem Selbstbetrug warnen soll. Dafür kann es uns das zu sehen helfen, was wirklich wichtig ist im Leben: das Aufstehen und Losgehen, das Vertrauen und die Sehnsucht nach dem freien, unverstellten Blick.

Bartimäus »folgte Jesus auf seinem Weg nach« (Mk 10,52). Mit diesem Satz schließt unser heutiges Sonntagsevangelium. Was der Evangelist damit meint, ist klar: Der Weg führt nach Jerusalem, und er endet am Kreuz. Die Nachfolge Jesu wird nach irdischen Maßstäben schwerlich zur Erfolgsstory. Aber sie lehrt den klaren Blick und das erhobene Haupt. Nachfolge Jesu meint in diesem Sinn auch immer Ideologiekritik. Wer sich die Freiheit gönnt, mit dem Herzen zu sehen, durchschaut den oberflächlichen Glitzer und den schönen Schein. Die Kunst des Sehens, wie es der Glaube lehrt, wird hellsichtig gegenüber der Traurigkeit der lachenden Clownsgesichter und vorsichtig angesichts der Abgründe, die hinter den allzu glatten Fassaden lauern. »Nur weil ich vermute, dass ich sehend bin / Brauch' ich doch nichts erkennen / Komm wir schmeißen einfach alle Regeln hin / Du zeigst mir, wie man sieht.« So endet der Refrain von Klaus Hoffmann, mit dem wir begonnen haben. Mit der Christusnachfolge verhält es sich ähnlich: Ohne einen Hauch von Anarchie geht es nicht.

Erstveröffentlichung: 2021

Die Kunst des Gebens

32. Sonntag im Jahreskreis, Lesejahr B
1 Kön 17,10–16 // Hebr 9,24–28 // Mk 12,38–44

Es gibt empirische Untersuchungen, denen zufolge arme Menschen tendenziell sozial sensibler, großzügiger und freigebiger sind als Reiche. Diese tendierten eher dazu, ihren Reichtum zu horten und sich sozial abzugrenzen. Warum das so ist, darüber lässt sich trefflich streiten. Darüber, ob sich diese Ergebnisse im persönlichen Naherleben bestätigen, selbstredend auch. Sicher ist hingegen, dass Arme nicht per se die besseren Menschen sind. Armut ist kein moralischer Wert an sich. Armut ist – auch und gerade aus christlicher Perspektive – nicht zu glorifizieren, sondern durch den Einsatz für gerechtere Arbeits- und Lebensbedingungen zu bekämpfen. Bleibt der erstaunliche empirische Befund – und die Frage nach den Gründen. Vielleicht, weil arme Menschen ein besseres Wissen um die Innensicht von wirtschaftlicher Not und sozialer Ausgrenzung haben? Weil sie deren zerstörerische Folgen kennen? Vielleicht auch schlicht, weil sie mehr als Reiche auf soziale Vernetzung angewiesen sind?

Auch die Bibel kennt und beschreibt das Phänomen. Die Reichen kommen zum Opferstock und geben viel, heißt es im heutigen Evangelium. Doch die arme Witwe wirft mit ihren zwei kleinen Münzen ihren ganzen Lebensunterhalt hinein (vgl. Mk 12,42–44). Diese Geschichte ist ein gutes Beispiel für die soziale Sensibilität des Evangeliums. Sie lehrt nicht nur angesichts materiellen Reichtums, hinter die Fassade zu sehen. Es gibt genaue Parallelen im religiösen Bereich: die ostentative Zurschaustellung der eigenen Frömmigkeit etwa oder der Missbrauch religiöser Gehalte zur gesellschaftlichen Ab- und Ausgrenzung. Die Langfassung des heutigen Evangeliums prangert diese Scheinheiligkeit mit harten Worten an. Nichts anderes meint Papst Franziskus, wenn er von der »spirituellen Weltlichkeit« spricht und diesen religiös verbrämten Narzissmus als Perversion des Evangeliums geißelt (EG 93–97). Er ist ebenso verwerflich wie die materielle Weltlichkeit, die sich in der schrankenlosen Gier nach Geld äußert.

Es ist bewundernswert, dass die Frau im Tempel, die – wie es bei Markus heißt – »kaum das Nötigste zum Leben hat« (Mk 12,44), bereit ist, ihren ganzen Lebensunterhalt in diesen Opferkasten zu geben. Woher rührt diese Freigebigkeit, diese Kunst des Gebens? Befragt man die Heilige Schrift nach den Gründen, die einen solchen Großmut ermöglichen, verweist uns unsere heutige Leseordnung zunächst auf die erste, die alttestamentliche Lesung. Auch hier ist die Rede von einer Witwe, die alles gibt, was sie hat. Sie ist dazu in der Lage, weil sie keine Angst hat. Weil sie vertraut. Der Prophet Elija fordert eigentlich Unmögliches von ihr: Obwohl sie und ihr Kind nah dran sind, Hungers zu sterben, soll sie zuerst ihm ein Gebäck zubereiten. Doch der Schlüsselsatz lautet: »Fürchte dich nicht« (1 Kön 17,13)! Hab keine Angst! Aus ganzem Herzen geben kann nur, wer keine Angst hat, sich selbst, seine Identität und Sicherheit dabei zu verlieren. In übervollem Maß geben kann nur, wer so vertrauen kann, dass in der Bewegung zum Anderen, zur Anderen nicht der Verlust des Eigenen gefürchtet, sondern der Lebenszuwachs für beide erhofft wird. Die Kunst des Gebens rührt aus der Angstfreiheit.

Für Christinnen und Christen, und das ist die Pointe der zweiten, neutestamentlichen Lesung aus dem Hebräerbrief, ist Christus der Grund dieser Angstfreiheit. In seiner Person, in seinem Leben ist Gott selbst uns erlösend und befreiend nahegekommen. In seinem Sterben am Kreuz hat Gott selbst sich ein für alle Mal weggeschenkt an uns (vgl. Hebr 9,28). Auch in unseren Ängsten und unserer Einsamkeit, auch in unserem Leiden und Sterben, und auch in unserer Schuld und unserem Versagen will er uns näher sein, als wir selbst uns irgend nahe sein können (vgl. Augustinus, Bekenntnisse III,6,11) – um uns so aus Angst und Schuld zu lösen und uns zu uns selbst und zu einem Leben in seinem Geist zu befreien.

Diese Freiheit von Angst ist nicht herstellbar. Sie wird einem geschenkt. Sie ermöglicht allererst die Kunst des Gebens. Wir können uns nicht entscheiden, fortan keine Angst mehr zu haben. Auch nicht nach der Lektüre der heutigen Tagestexte. Das ist uns nicht gegeben. Wohl aber können wir uns entscheiden, der Angst nicht mehr das letzte Wort über unser Leben zuzugestehen. Diese Entscheidung ist der erste Schritt einer Öffnung, um das Geschenk der Angstfreiheit empfangen zu können. Gebe Gott uns seinen Segen dazu, damit wir anderen zum Segen werden können.

Erstveröffentlichung: 2018

Lebe wild und gefährlich!

33. Sonntag im Jahreskreis, Lesejahr A
Mt 25,14–30

I.

»Du fragst mich, was soll ich tun? Und ich sage: Lebe wild und gefährlich, Artur«. Es gibt so Zaubersätze, die prägen sich beim ersten Hören (oder Lesen) ein und prägen dann, wenn es gut läuft, ein ganzes Leben. Lebe wild und gefährlich, Artur. Auch wenn mein Name nicht Artur ist: Für mich als junger Kerl war das ein solcher Zaubersatz. »Du fragst mich, was soll ich tun? Und ich sage: Lebe wild und gefährlich, Artur«. Das Zitat wird oft irrtümlich dem Wiener Erzähler und Dramatiker Arthur Schnitzler zugeschrieben, der es – der Legende nach – Ende des 19. Jahrhunderts seinem französischen Namensvetter Arthur Rimbaud zugeraten haben soll. In Wirklichkeit stammt der Satz aber von dem Künstler und Schriftsetzer Artur Dieckhoff, der damit zu Beginn der 1980er-Jahre heimlich, wild und ungefragt Hamburger Hauswände plakatierte. Es war Teil seiner Aktion *Poesie im öffentlichen Raum*. Der mysteriöse Satz ohne Unterschrift oder Urheberkennung verbreitete sich schnell. Besonders eine Spruch-Postkarte fand reißenden Absatz. Sie zeigt links einen kleinen, kritisch dreinblickenden Jungen mit Pudelmütze, kurzer Hose und langen Strümpfen, die Hände souverän und lässig, aber auch ein wenig distanziert in die Hosentaschen gesteckt, aufgenommen vielleicht irgendwann in den 1920ern. Rechts daneben ist mein Zaubersatz abgedruckt, der Umlaut in *gefährlich* dabei in englischer Schreibweise mit *ae* geschrieben. Diese Postkarte fand irgendwie auch den Weg in mein Jugendzimmer. Von da an wanderte sie mit mir mit durch diverse Studentenbuden, bis sich irgendwann einmal ihre Spur bei irgendeiner Aufräumaktion verlor.

Manchmal müssen so helle Zaubersätze auch gegen dunkle Geschichten ankämpfen. Bei mir war das so. In Wirklichkeit war ich nämlich gar nicht so wild und so gefährlich, sondern ein etwas verstockter und verkopfter, gut katholisch erzogener Bub aus der unteren Mittelschicht. Das Problem dabei war nicht so sehr meine fehlende Wildheit. Das Problem war vielmehr, dass ich augenscheinlich mit meiner katholischen Erziehung auch einige der typisch katholischen neurotischen Störungen abbekommen hatte, die, wenn man nicht gut aufpasst und entschieden dagegenhält, einem das Leben ganz schön sauer machen können. Warum erzähle ich das? Weil eines dieser dunklen Worte, die sich meiner Kinderseele eingebrannt hatten und gegen die mein Artur-Zaubersatz ankämpfen musste, das Wort Talente war. Richtig: Talente – geschrieben in der Mehrzahl. Die Talente. Genauer gesagt: acht Talente, aufgeteilt in drei Pakete. Fünf Talente, zwei – und eines.

II.

Und in der Tat: Ist das heutige Tagesevangelium nicht wirklich schrecklich? Eine Geschichte, die den Titel Evangelium – gute, frohe Botschaft – wahrlich nicht verdient! Was für ein Kernsatz: »Denn wer hat, dem wird gegeben werden und er wird im Überfluss haben; wer aber nicht hat, dem wird auch noch weggenommen, was er hat« (Mt 25,29). Das taugt vielleicht für den abendlichen Börsenbericht im Ersten oder für ein zynisches Kapitalismus-für-Anfänger-Comic, aber gewiss nicht für den Zimmermannssohn aus Nazaret, der ein Herz hat für die Schwachen und Ausgegrenzten, die Zukurzgekommenen und die seitlich Umgeknickten. Was soll das? Und dann auch noch diese Ungerechtigkeit nicht nur in der Zuteilung der Talente, sondern auch im Umgang mit dem bedauernswerten Diener, der nur eines zugeteilt bekam. Ist seine Angst, alles zu verlieren, nicht allzu verständlich? Und ist seine Vorsicht, die das anvertraute Gut für seinen Herrn bewahren will, nicht klug und besonnen? Stattdessen wird er mit der ewigen Hölle bestraft – einzig dafür, dass er nicht so ein Zocker war wie die beiden Erstgenannten, die mit fremdem Geld gewuchert hatten.

Auch wenn es gegen alle Regeln der hohen Predigtkunst verstößt: Ich muss noch einmal biografisch werden. Denn bei mir hat es lange Jahre gedauert, bis ich mir diesen Ärger über das heutige Evangelium von den Talenten zubilligen konnte. Eingebrannt nämlich hat sich mir, seit ich dieses Gleichnis zum ersten Mal hörte, ein ganz anderes Narrativ: Kind, vergrabe deine Talente nicht! Mach was aus deinem Leben! Nutze die Zeit, die dir gegeben ist! Der liebe Gott hat dir so viele Gaben mitgegeben, vergeude sie nicht! Was vielleicht katechetisch gut gemeint war, hatte ziemlich unerfreuliche Nebenfolgen. Ich erinnere mich z. B., wie ich einmal in den Sommerferien des Nachts aufstand und begann, heimlich Lateinvokabeln zu lernen. Genutzt hat es mir nichts, ich blieb ein lausiger Schüler und war heilfroh, als ich Latein in der Oberstufe endlich abwählen konnte. Später habe ich viel Distanzierungsenergie verwenden müssen, um die bohrenden Fragen meines inneren Richter-Ichs wieder loszuwerden: Hast du genug getan, gearbeitet, geleistet? Hast du das Potenzial, das in dir steckt, bestmöglich genutzt? Was machst du nur aus deiner Zeit? Bist du überhaupt gut genug für all das? – Wehe, du enttäuschst die Erwartungen, die in dich gesetzt sind!

III.

Das alles ist lange her. Aber als ich mich an die Vorbereitung der heutigen Predigt machte, die Schrifttexte vom Tag und die exegetischen Kommentare dazu las, war alles wieder da, auch das Bild des kleinen Pennälers, der sich nachts heimlich und mit schlechtem Gewissen an den Schreibtisch schleicht. Natürlich sind das Zerrbilder, die sich mir eingebrannt hatten, und natürlich ist auch das heutige Gleichnis von den anvertrauten Talenten eine wahrlich »frohe Botschaft«. Aber ich stehe mit meinen Kindheitserfahrungen in Bezug auf diese Parabel von den Talenten gewiss nicht allein. Ich berichte hier und heute nicht nur davon, weil ich in diesem speziellen Fall nicht anders als biografisch predigen kann, sondern auch, weil ich sicher bin, dass es vielen anderen – und vielen von Ihnen – mit diesen Versen des Matthäusevangeliums ganz ähnlich ergeht. Kein Wunder, verhält es sich doch mit den Erzählungen der Bibel wie mit allen großen religiösen Texten der Weltliteratur. Gerade weil sich in ihnen die Urerfahrungen, die tiefen Sehnsüchte, aber auch die Urängste der Menschen vieler Jahrhunderte verdichten und in eine zeitlose literarische Gestalt ergießen, sind diese mythologischen bzw. archetypischen Erzählungen von dem, was niemals war und immer ist (Sallust), so faszinierend und inspirierend, aber eben auch so anfällig für Missbrauch und Verzweckung im Zuge einer dunklen Pädagogik. Alles, was imstande ist, unsere Seele tief zu berühren, steht in dieser Gefahr. So auch das heutige Gleichnis von den Talenten.

Übrigens, und das nur am Rande: Ein Blick in die Textgeschichte zeigt, dass wir auch im diachronen Längsschnitt durch die Jahrhunderte hindurch nicht alleine stehen, wenn wir die Bestrafung des dritten Dieners als zutiefst ungerecht empfinden. Es finden sich später entstandene und nicht kanonisierte Textfassungen dieses Gleichnisses, die diese Bestrafung durch Änderung des Erzählgangs zu entschärfen versuchen. Augenscheinlich wirkte diese Passage bereits auf die Hörerinnen und Hörer der Antike als anstößig. Und kein Geringerer als Bertolt Brecht protestiert nicht nur im *Dreigroschenroman*, sondern auch in seiner *Ballade vom Pfund* lautstark gegen den hier verkündeten Gott der Reichen und Verschlagenen, der die Armen in ihrem Elend belässt und die Menschen dazu bringt, dass sie sich selber ausbeuten.

IV.

Wie also lässt sich ein Zugang zu diesem sperrigen Text finden? Zunächst einmal, indem man versucht, sich seinen ursprünglichen Sitz im Leben der Hörerinnen und Hörer zu vergegenwärtigen. Es handelt sich bei unserem Textstück um eine Gemeindepredigt, die vom Evangelist Matthäus bzw. seinen Redaktoren an eine junge Christengemeinde adressiert wird, die einerseits auf das zweite Kommen ihres Herrn in Herrlichkeit (Parusie) wartet, andererseits aber angesichts der sich dehnenden Zeit bis zum erwarteten Weltende zu erschlaffen droht. Der Fokus liegt also ganz auf der sogenannten Paränese, auf der Mahnung zur Wachsamkeit und zum Tun des Guten hier und jetzt; dies aber immer mit dem Blick auf die gewiss nahende Wiederkunft Christi zum Gericht.

Die Stellung unseres Gleichnisses vom heutigen Sonntag im Gesamt des Evangeliums macht das ganz deutlich: Ihr unmittelbar angeschlossen ist die Erzählung vom großen Weltgericht (vgl. Mt 25,31–46). Darauf läuft alles zu. Das einzige Kriterium freilich, das dort zählen wird, daran lässt Matthäus keinen Zweifel, ist das Tun des Guten. In den Himmel kommen die Täterinnen und Täter der Mitmenschlichkeit, der Zugewandtheit, der Barmherzigkeit. Nicht die spirituellen Hochleistungsasketen, nicht die Superfrommen oder die materiell Erfolgreichen werden zur Rechten des wiedergekommenen Weltenrichters sitzen, sondern die, die vor der Not der Nächsten nicht die Augen verschlossen haben: Was ihr den Geringsten meiner Brüder und Schwestern getan habt, das habt ihr mir getan (vgl. Mt 25,40). Und unserem heutigen Tagesevangelium unmittelbar vorangestellt ist das Gleichnis von den klugen und den törichten Jungfrauen, die auf das Kommen des Bräutigams warten (vgl. Mt 25,1–13). Matthäus bietet seinen Leserinnen und Lesern ein kunstvoll komponiertes Textarrangement: Während das Gleichnis von den klugen und törichten Jungfrauen zur Wachsamkeit und Nüchternheit angesichts des nahen Gerichts ermahnt, fordert unseres von den anvertrauten Talenten Silbergeld zum entschiedenen Handeln auf. Das ist der Kern, nur darum geht es: Im Vertrauen auf das Kommen Christi hier und jetzt entschieden, beherzt und vor allem ohne Angst das uns mögliche Gute tun.

Wenn man versucht, mit diesem Schlüssel in die Bilderwelt unseres Gleichnisses einzutreten, dann lassen sich auch manche Details entdecken, die die erste Empörung vielleicht übersehen hatte. Zum Beispiel, dass die unterschiedlichen Summen, die der Hausherr an seine Knechte verteilt, vielleicht doch keine Ungerechtigkeit darstellen, sondern von tiefer Menschenfreundlichkeit getragen sind. Jeder der drei Diener bekommt genau nach dem Maß der eigenen Kraft und Fähigkeit zugeteilt. Jedem wird das für ihn Bestmögliche gegeben, keiner soll überfordert werden, keiner erhält aber auch zu wenig. Denn, und das ist das zweite Detail, das sich bei näherem Hinsehen zeigt, zumindest in der bei Matthäus überlieferten Fassung der Geschichte erhält jeder der drei Diener ein beträchtliches Vermögen. Ein Silbertalent ist in der damaligen Zeit für die allermeisten Menschen, an die dieses Gleichnis gerichtet ist, eine große Menge Geld. Ein einfacher Tagelöhner beispielsweise müsste viele Jahre arbeiten, um das zu erwirtschaften. Doch, und das ist der dritte Hinweis zu unserer Lektüre, selbst das ist nichts im Vergleich zu der Herrlichkeit des Reiches Gottes, die auf die wartet, die im Hier und Jetzt das Ihre getan haben: »Über Weniges warst du treu, über Vieles werde ich dich setzen. Komm, nimm teil am Freudenfest deines Herrn« (Mt 25,21.23).

V.

Es geht nicht um den faulen Knecht, sondern um die Größe des Reiches Gottes. Es geht nicht um das Fehlverhalten des Dieners, sondern um die Schönheit des Kommenden, um den Reichtum

Gottes, seine verschwenderische, alles Maß übersteigende Güte. Vor allem aber geht es darum, die Hörerinnen und Hörer zu einem entschiedenen und beherzten, vertrauensvollen Tun des Guten angesichts des Kommens des Reiches Gottes zu ermutigen. Das Gleichnis von den anvertrauten Talenten steht im Dienst der Ermutigung, ganz zweifellos. Aber ist damit all das Dunkle, Zweideutige, Moralisierende und Leistungsethische, dieser beständig beschämende und unweigerlich überfordernde Zug des Gleichnisses zur Werkgerechtigkeit und zum Angstgehorsam gegenüber dem gestrengen Richter bereits verschwunden? Was hilft mir der Hinweis auf den Überfluss der Gnaden im himmlischen Festmahl, wenn ich Angst haben muss, doch zu denen zu gehören, die am Ende leer ausgehen?

Es sind zwei Aspekte, die mir das heutige Tagesevangelium trotz aller meiner Widerstände doch noch als Frohbotschaft erschließen helfen. Der eine Aspekt liegt in einer Übersetzungsungenauigkeit im Deutschen. Die alte wie die neue Einheitsübersetzung schreiben nämlich, dass der dritte Knecht von seinem Herrn als ein »schlechter und fauler Diener« (Mt 25,26) gescholten wird. Das stimmt aber nicht ganz. Wörtlich heißt es im griechischen Original, dass der Diener von seinem Herrn als zu ängstlich, zu risikoscheu kritisiert wird. Es geht also im Kern nicht um Faulheit, sondern um die Überwindung der Angst, um die Befreiung von all den inneren Ketten und Zwängen, die mich davon abhalten, das mir eigentlich Mögliche zu tun. Das ist die entscheidende Pointe: Angst ist immer ein schlechter Ratgeber. Versagensangst blockiert und hemmt, lässt uns erstarren und innerlich erkalten.

Ob freilich die Rahmung durch das alles dominierende Gerichtsmotiv einer Lösung der Angsthemmung ungetrübt förderlich ist, sei einmal dahingestellt … Doch ist klar, was Matthäus im Sinn gehabt haben dürfte: Der Richter, der kommen wird, ist niemand anderes als der Gekreuzigte, der sein Leben gab in Liebe zu den Seinen. Ihm dürfen wir ganz und gar vertrauen. Er will uns gut. Er ist es, der unser Leben in Händen hält und auch unser Straucheln und Fallen nochmals in Güte umfasst. Sein Kommen hat nichts Bedrohliches, sondern ist reine Freude. Ihm dürfen wir das Letzte, Äußerste unserer Welt und unserer Existenz getrost anvertrauen – und werden so frei, uns mit ganzer Kraft um das Vorletzte, uns hier und jetzt Aufgegebene zu kümmern.

Der andere Aspekt, der mir das Gleichnis trotz aller Abschattung zum Evangelium werden lässt, liegt im Tun des dritten Knechts bzw. in der so harschen Reaktion seines Herrn darauf. Der Diener vergräbt ja, so haben wir gerade eben gehört, das ihm anvertraute Talent. Das aber ist mitnichten ein Akt der Dummheit, sondern das Klügste, was er nach damaliger Alltagsvernunft tun konnte. Eine Vielzahl an antiken Schriften, darunter auch rabbinische, d. h. also für die damaligen Leserinnen und Leser durchaus verbindliche, empfiehlt das Vergraben von Geld als sichere, sorgfältige und darum bestmögliche Weise der Aufbewahrung. Wenn aber gerade das so harte Kritik erfährt, dann bedeutet das für mich: Das Reich Gottes funktioniert nicht nach der Logik und den Gesetzen der alltäglichen Weltvernunft. Ein Leben voller Reich-Gottes-Sehnsucht ist ein Leben, das gewagt und riskiert, das verschenkt und verliebt werden will; ein Leben, das quer steht zur Logik unseres Marktes, quer auch zur Logik unserer Sicherheiten und Konventionen.

VI.

Natürlich hebt das meine Furchtsamkeit und mein Sicherheitsbedürfnis nicht einfach auf. Auch meine inneren Richter-Ichs verstummen nicht einfach so von heute auf morgen. Aber das Gleichnis von den anvertrauten Talenten ermutigt mich zur Arbeit an der Angst, immer wieder aufs Neue, jeden Tag. Ich kann nicht bestimmen, ab sofort nicht mehr ängstlich zu sein. Aber ich kann entscheiden, meinen Ängsten nicht mehr blind gehorchen zu wollen. Ich kann einüben, mir nicht mehr jeden Schritt von ihnen diktieren zu lassen. Ich kann das Vertrauen üben. Jeden Tag neu, jeden Tag neu gegen die Allertageweltvernunft. Mit Blick auf die, die meine Hoffnung brauchen. Und mit Blick auf den einen, der ebenso vertraut hat und der dafür von der Welt ans Kreuz geheftet worden ist. Mit Blick auf den, der grade deshalb als Gesalbter Gottes gepriesen und dessen Kommen sehnlichst erhofft und erfleht wird.

Was also würde er mir wohl sagen, dieser seltsame, selbst gerichtete Weltenrichter, dieser Liebhaber der Kleinen und Zukurzgekommenen, wenn ich ihn fragte: Was soll ich tun? Vielleicht würde er mir ja antworten: Lebe liebevoll, mit offenem Herzen, verströme und verschenke dich. Lebe so, dass die ganze Welt darin Platz findet. Hab keine Angst. Geh ins Weite hinaus, ins Licht. Du wirst Heimat finden, du wirst zuhause sein, denn auch im Fallen und im Scheitern bin ich da. Vielleicht aber würde er mich auch nur augenzwinkernd ansehen und mir dann leise ins Ohr flüstern: Lebe wild und gefährlich!

Erstveröffentlichung: 2020

Euch wird kein Haar gekrümmt werden

33. Sonntag im Jahreskreis, Lesejahr C
Lk 21,5–19

Eines der Musikstücke, die mich immer wieder von Neuem anrühren, ist das Doppelquartett aus Mendelssohns *Elias*. Es nimmt einen Vers aus Psalm 91 auf: »Denn er hat seinen Engeln befohlen über dir, dass sie dich behüten auf allen deinen Wegen, dass sie dich auf den Händen tragen und du deinen Fuß nicht an einen Stein stoßest« (vgl. Ps 91,11–12). Es berührt mich nicht nur, weil die Musik, mit der Mendelssohn diesen Psalmvers unterlegt, wirklich überirdisch schön ist. Sondern weil hier eine Beheimatung in Gottes Schutz zum Thema wird, die in mir eine Sehnsucht zum Klingen bringt, wie ein Nachhall aus Kindertagen, in denen diese Geborgenheit noch Gewissheit war. Denn natürlich weiß ich inzwischen, dass die Realität offensichtlich eine andere ist. Ich stoße an weit mehr als nur an Steine, allen Engelschutzverheißungen zum Trotz. Seltsamerweise tröstet mich diese Musik auch dann, wenn ich sie als quer zur Wirklichkeit stehend erlebe. Sie tröstet mich, obwohl sie mir weniger eine Gewissheit, sondern eher eine Verlusterfahrung anzeigt. Wie wünschte ich, so ganz und gar vertrauen zu können! Aber die Wirklichkeit ist irgendwie komplizierter, und so fange ich an zu deuten – nicht vor allen Krisen behüten will mich Gott, aber durch alle Krisen hindurch begleiten. Nicht an den Tiefen des Lebens vorbei tragen will er mich, aber durch diese hindurch.

Ich ertappe mich, dass ich bei der Lektüre des heutigen Evangeliums genauso verfahre. Jesus kündigt die schlimmsten Drangsale für seine Jüngerinnen und Jünger an: Man wird sie festnehmen, vor Gerichte zerren und ins Gefängnis werfen. Familie und Freunde werden sich von ihnen lossagen und sie verraten, sie werden gehasst und einige sogar getötet werden. Dann legt Lukas seinem Jesus die ungeheuerlichen Worte in den Mund: »Und doch wird euch kein Haar gekrümmt werden« (Lk 21,18). Natürlich weiß ich (und die Adressatinnen und Adressaten zur Zeit des Lukas wussten das auch) dass dieser Satz metaphorisch zu verstehen ist. Lukas greift hier ein bekanntes biblisches Bildwort auf, das ganz allgemein die umfassende Fürsorge Gottes zum Ausdruck bringen soll. Er mahnt zur Standhaftigkeit und zum Ausharren in Zeiten der Not und der Bedrängnis und stellt den Gewinn des ewigen Lebens in Aussicht.

Und trotzdem: Diese Schutzzusage ist so absolut, so uneingeschränkt, so apodiktisch, dass sich etwas in mir gegen die deutende Einordnung des Verses sperrt. Es ergeht mir wie mit Mendelssohns Doppelquartett: Ich wünschte mir, es verhielte sich so, auch wenn die Wirklichkeit und die Regeln der Textauslegung mich lehren, die Dinge anders zu sehen. Nicht so sehr das ausdeutende Verstehen trifft mich innerlich, sondern dieser Wunsch nach handfester, physischer, konkreter Bergung hier und jetzt. Auf eine paradoxe Weise kann auch die Erfahrung von Nichtidentität und Verlust trösten, weil sie daran erinnert, was sein könnte. So reißt sie einen Horizont auf, der die Wirklichkeit übersteigt.

Ein letzter Gedanke. Ganz und gar nicht quer zur Wirklichkeit stehen die vorangehenden Aussagen Jesu über die drohenden Verfolgungen. Wer sich in einer durchschnittlichen deutschen Großstadt dieser Tage als Christin oder Christ outet, wird vielleicht etwas erstaunt angesehen und belächelt werden. Gefahr für Leib und Leben droht eher selten. Anders steht es um Millionen von Christinnen und Christen in über 50 Ländern dieser Erde, nicht nur in Nordkorea, Iran und Irak, Saudi-Arabien und Somalia. Für sie geht es oft um Leib und Leben, und sie wissen, dass ihnen mehr gekrümmt werden wird als nur ein Haar. Ich frage mich, wie sie diese Verse des Lukas lesen, in ihrer Welt, auf der Folie ihres Lebens. Anders steht es auch um die Jüdinnen und Juden, die um ihres Glaubens willen verfolgt, geschmäht und getötet werden – auch bei uns in Deutschland, auch heute. Ich frage mich, wie sie die Verse des 91. Psalms lesen. Sie alle – Juden wie Christen – bezeugen für mich mit ihrem Leben die Wahrheit und Glaubwürdigkeit der Verheißungen Gottes, die mich so oft zweifelnd und fragend treffen. Davor verneige ich mich.

Erstveröffentlichung: 2010

Sonne der Gerechtigkeit

33. Sonntag im Jahreskreis, Lesejahr C
Mal 3,19–20b

»Sonne der Gerechtigkeit, gehe auf zu unsrer Zeit; brich in deiner Kirche an, dass die Welt es sehen kann. Erbarm dich, Herr. Weck die tote Christenheit aus dem Schlaf der Sicherheit, dass sie deine Stimme hört, sich zu deinem Wort bekehrt. Erbarm Dich, Herr.« Diese Worte, erstmals niedergeschrieben im 18. und 19. Jahrhundert, bilden die ersten beiden Strophen eines evangelisch wie katholisch gut bekannten Chorals. Zu Recht wurde er auch in die Neuauflage des Gotteslobs übernommen (GL Nr. 481): Er könnte aktueller kaum sein.

Das Kirchenjahr neigt sich dem Ende zu. Noch eine Woche, dann schließt sich mit dem Christkönigsfest der kirchliche Jahreskreis. Heute, an diesem vorletzten, 33. Sonntag im Jahreskreis, ist Volkstrauertag. Es ist Spätherbst, die Blätter und die Himmel hängen tief, Herbststürme fegen durch das Land. Die liturgischen Texte dieser Tage sind voll von Mahnungen an das Ende. Sie erinnern an die Endlichkeit des Lebens, an Zeiten der Not und der Bedrängnis. Aber sie sind auch voller Hoffnung auf das Kommen des Herrn und die Wiederherstellung von Gerechtigkeit.

Ein Musterbeispiel dafür ist unsere heutige erste Lesung aus dem Buch Maleachi. Das Buch Maleachi gehört zum sogenannten Zwölfprophetenbuch und stammt aus dem 5. Jahrhundert vor Christus, also aus der Zeit nach der Rückkehr des Volkes Israel aus dem babylonischen Exil. Ob die Verse der heutigen Lesung ein späterer Nachtrag sind, ist in der Forschung umstritten.

Gegenstand der Perikope ist die Ankündigung des nahenden Gerichts. Gott der Herr selbst ist es, der durch den Mund des Propheten spricht und der eine letzte Scheidung von Gerechten und Ungerechten ankündigt. Wörtlich heißt es, dass geschieden werden wird zwischen denen, die dem Namen des Herrn Ehrfurcht erweisen und denen, die anmaßend und gewalttätig sind. Die Bilder, in denen dieser Gerichtstag gezeichnet ist, sind durchaus martialisch. Der Tag des Herrn wird wie ein Feuerofen sein, in dem die Anmaßenden und Gewalttäter wie dürres Stroh verbrannt werden. Die Gerechten und Gottesfürchtigen, so heißt es im Anschluss, werden auf ihrer Asche herumtreten (vgl. Mal 3,21).

Solche Vernichtungsphantasien sind erklärbar als Teil der prophetischen Mahnrede, die mit allen Mitteln zur Umkehr und Hinwendung zu Gott rufen will. Der prophetische Warner und Mahner wendet sich dabei vor allem an die wirtschaftlich und politisch, aber auch religiös Mächtigen seiner Zeit und stellt ihnen die bitteren Konsequenzen vor Augen, wenn es bei Selbstanmaßung und Gewalt im Religiösen oder Gesellschaftlichen bleibt. Die Kernbotschaft lautet, dass die hier und jetzt scheinbar nie endende Spirale aus Heuchelei und Selbstüberhebung, aus Missgunst und Gewalt einmal – und dann ein für alle Mal – ein von Gott gesetztes Ende haben wird.

Wirklich verstehbar werden diese Texte für mich aber nur durch zwei ergänzende Gedanken. Der erste ist, dass schon im Alten Testament diese prophetische Linie der finalen Scheidung von Gut und Böse begleitet wird von Prophetien, die von der Hoffnung auf eine letztendliche Rettung ganz Israels sprechen (vgl. Hos 14,2–9; Mi 7,8–20). Maleachi selbst stellt an den Anfang seiner Botschaft immerhin das Wort von Gottes Liebe zu ganz Israel (vgl. Mal 1,2). Für Christinnen und Christen führt diese Spur zum Geheimnis der Erlösung und Versöhnung in Jesus Christus: jenem Weltenrichter, der für alle gerichtet und gerade so zum Retter aller wurde.

Der zweite Gedanke, der für mich diese duale Gerichtsmotivik verstehbar werden lässt, bezieht sich auf das Motiv der Gerechtigkeit. Es geht Maleachi um Gerechtigkeit. Die Botschaft des letzten Gerichts drückt, so hat es einmal Max Horkheimer formuliert, die Hoffnung aus, dass der Mörder nicht auf ewig über sein Opfer triumphiert. Eben das ist das zentrale Anliegen des Maleachi: dass Gerechtigkeit herrschen möge, dass die Täterinnen und Täter nicht davonkommen und die Unterdrückten ihr Haupt erheben. Auch dazu gibt es für Christinnen und Christen eine Linie ins Neue Testament, und die führt geradewegs zum Lobgesang Mariens, dem berühmten *Magnificat*: »Er stürzt die Mächtigen vom Thron und erhöht die Niedrigen« (Lk 1,52). Die Frauen, die derzeit unter dem Namen *Maria 2.0* für Veränderung und Reformen in der Kirche streiten, haben sich ihre Namenspatronin mit gutem Grund und ganz zu Recht gewählt.

Entscheidend ist dabei aber dies: Die »Sonne der Gerechtigkeit« bei Maleachi (Mal 3,20) – das ist Gott selbst, dessen Barmherzigkeit zutiefst gerecht ist und dessen Gerechtigkeit gerade in seinem Allerbarmen liegt. Auch wenn historisch hinter der Metaphorik von den Sonnenflügeln, die denen Heilung schenken, die sich darunter bergen, wohl das archaische Symbol der geflügelten Sonnenscheibe steht: Es liegt doch eine tiefe Wahrheit darin, dass erst das helle Licht der Gerechtigkeit Heilung verschaffen kann. Gerechtigkeit ohne Barmherzigkeit ist blinder Jakobinismus, gewiss. Aber Barmherzigkeit ohne Gerechtigkeit ist doch nur eine Verdoppelung von Schuld und Unrecht.

In diesem Sinn dürfen wir die prophetische Gerichtsansage verstehen als eine Hoffnungsbotschaft, als eine Heilsverheißung – für Opfer wie für Täter, weil der Richter beides zu vereinen weiß: Gerechtigkeit und Barmherzigkeit. Die Sonne der Gerechtigkeit ist Gott selbst. Diese Sonne bringt das Verborgene aus dem Dunkel ans Licht, sodass wir im Licht des hellen Tages klarer sehen, Opfer wie Täter, Ohnmächtige wie Mächtige, Aufklärer wie Vertuscher; – nicht nur in unserer Gesellschaft, sondern inmitten unserer Kirche.

»Sonne der Gerechtigkeit, gehe auf zu unsrer Zeit; brich in deiner Kirche an, dass die Welt es sehen kann. Erbarm dich, Herr. Weck die tote Christenheit aus dem Schlaf der Sicherheit, dass sie deine Stimme hört, sich zu deinem Wort bekehrt. Erbarm Dich, Herr.«

Erstveröffentlichung: 2019

Studierendengottesdienste (Würzburg)

Glaube und Vernunft

Mittwoch der 15. Woche im Jahreskreis
Mt 11,25–27

I.

Der Gottesdienst, den wir heute miteinander feiern, findet anlässlich des nahenden Semesterabschlusses der Katholisch-Theologischen Fakultät Würzburg statt. Wir freuen uns mit den Absolventinnen und Absolventen, die in diesem Semester ihren Studienabschluss geschafft haben und wollen den Dank und die Freude auch vor Gott tragen.

Ich bin nun sehr dafür, auch in solchen speziellen, anlassbezogenen Gottesdiensten die Leseordnung vom Tag beizubehalten. Erstens, weil die Ordnung der liturgischen Texte nicht nur weise, sondern immer auch für eine Überraschung gut ist, und zweitens selbstredend, weil man dann keine Mühe mit der Textauswahl hat. Heute freilich könnte man mit Fug und Recht behaupten, der liebe Gott beweist erheblichen Humor. Die meisten von Ihnen haben ein anstrengendes Semester hinter sich. Viele von Ihnen stecken mitten in den Vorbereitungen der Semesterabschlussprüfungen. Monate des Studierens, des Lesens und Lernens, Diskutierens und Argumentierens liegen hinter uns, für viele stehen anstrengende Prüfungs- und Klausurtage bevor.

Da klingt es doch fast wie ein Hohn, wenn man den ersten Vers unseres Tagesevangeliums hört: »Ich preise dich, Vater, Herr des Himmels und der Erde, weil du all das den Weisen und Klugen verborgen, den Unmündigen aber offenbart hast« (Mt 11,25). Dass es sich hierbei, wie uns die Exegese belehrt, um einen Jubelruf handelt, der zu allem Unglück auch noch mit einer gewissen Wahrscheinlichkeit dem historischen Jesus selbst zuzurechnen sein dürfte, macht die ganze Sache nicht besser. Was also fangen wir als Theologinnen und Theologen mit so einem Vers an? Haben wir den falschen Lebensentwurf gewählt? Sind das Wissen und die Klugheit, die Bildung und letztlich auch die Weisheit, die wir mit unseren Studien anstreben, nicht nur nutzlos, sondern – schlimmer noch – halten sie uns sogar ab vom Eigentlichen des Glaubens?

II.

Hindert das Studieren uns am Glauben? Gelingt ein wahrer Glaube nur, wenn man das Denken abschaltet? Es gibt nicht wenige, die solches bejahen würden. Die universitäre Theologie gerät hier von gleich zwei Seiten unter massiven Rechtfertigungsdruck, die in dieser Frage eine unheilige Allianz bilden. Da sind zum einen die von außen kommenden, religionskritischen Anfragen an den akademischen Nutzen und die Wissenschaftlichkeit von Theologie. Und da sind zum anderen massive Tendenzen einer Deintellektualisierung von Religion und Glaube im binnenkirchlichen Bereich – angefangen von so manchem Bischof bis hin zu diversen Websites und Blogs im Internet. Natürlich wissen wir alle, dass nicht erst seit Anselm von Canterbury (1033–1109), sondern von den Anfängen des Christentums an bis heute die Synthese von Glauben und Denken geradezu einen Glutkern des Christseins bildet. Wir glauben an den einen Schöpfergott, der unser freies, ganzmenschlich verantwortetes und so auch wohl bedachtes Ja zu ihm will – und der uns daher allesamt mit einem großen Hirn zum Nachdenken gesegnet hat. Trotzdem fasst uns, wenn wir ehrlich sind, diese doppelte Kritik von außen und von innen in unserem Selbstverständnis als akademische Theologinnen und Theologen an.

Oder sollten wir, um dem Vers aus dem heutigen Tagesevangelium Genüge zu tun, doch wenigstens unser Studium ändern, neu ausrichten, es nicht so verkopft, sondern irgendwie sapientialer und frömmer gestalten? Auch hier gibt es viele, die das begrüßen würden. Das wäre das Programm einer knienden Theologie, die da und dort gefordert wird, besonders prominent natürlich in der berühmt-berüchtigten Theologeninstruktion *Donum veritatis* vom Mai 1990, die Theologinnen und Theologen bei Schwierigkeiten mit dem römischen Lehramt zu »schweigendem und betendem Leiden« (Nr. 31) aufruft. Ich halte viel davon, wenn Christenmenschen die Größe haben, ihre Knie vor dem Allerheiligsten zu beugen. Und ich bin davon überzeugt, dass meine persönliche Spiritualität und die wissenschaftliche Theologie, die ich betreibe, wechselseitig aufeinander abstrahlen. Aber mit dem Begriff einer knienden Theologie kann ich wenig anfangen. Was sollte das sein? Theologie ist eine Reflexionsgröße, dem Glauben nachgeordnet, ihm buchstäblich nachdenkend. Insofern der Glaube die nachfolgende Antwort des Menschen auf das ihn anrufende Wort Gottes ist, ist die wissenschaftliche Theologie eine Reflexionsfigur zweiter Ordnung. Sie braucht, um gedeihen zu können, die Distanz zum Gegenstand. Sie braucht die Nüchternheit des besseren Arguments und die Freiheit des kritischen Diskurses. Wir tun daher gut daran, beides zwar in Beziehung zu setzen, aber doch klar zu unterscheiden: je persönliche Frömmigkeit und wissenschaftliche Theologie.

III.

Was also fangen wir an mit diesem Vers: »Ich preise dich, Vater, Herr des Himmels und der Erde, weil du all das den Weisen und Klugen verborgen, den Unmündigen aber offenbart hast« (Mt 11,25)? Klar ist, dass im historischen Kontext dieses Wortes die Weisen und Klugen jener Zeit nicht nur die Pharisäer sind, an denen sich der Evangelist Matthäus in besonderer Weise abarbeitet, sondern ganz allgemein die religiösen Eliten, die gesamte gesellschaftliche Aristokratie. Dem gegenüber stehen in einem starken Kontrast die Unmündigen, die Armen, Einfachen und Deklassierten. Nicht also denen, die man für gewöhnlich als würdig erachtet und die diese Würde auch bevorzugt für sich in Anspruch zu nehmen pflegen, hat Gott sich geoffenbart, sondern dem einfachen Volk, den kleinen Leuten, die nichts haben, auf das sie sich etwas einbilden können. In diesem Vers spiegeln sich sehr wahrscheinlich die konkreten Erfahrungen des historischen Jesus bei seiner Reich-Gottes-Predigt.

Die deutsche Einheitsübersetzung spricht hier von den »Unmündigen«. Das griechische Wort, das im Urtext an dieser Stelle steht, bedeutet erst in einem abgeleiteten, weiteren Sinn »unreif«, »unmündig« und dann sogar noch stärker »einfältig«, »ungebildet« und »dumm«. Wörtlich und eigentlich meint es »Säugling« oder »Kind«. Vielleicht kann uns diese ursprüngliche Wortbedeutung den Sinn unseres Verses erschließen. Die Unmündigen, das wären in dieser Lesart die, die erfahren haben, dass sie sich nicht selbst sichern können, sondern darauf angewiesen sind, dass ein anderer, eine andere sie nährt, versorgt und umhegt. Die Unmündigen wären die, die ein tiefes Gespür dafür haben, dass sie sich nicht selbst gerade halten können, sondern darauf angewiesen sind, dass da jemand ist, der oder die sie aufrichtet und stärkt. Die Unmündigen sind dann aber auch die, die gerade aus dieser augenscheinlichen Schwäche heraus Freiheit, Mut und Kraft ziehen – die Freiheit nämlich, sich selbst loszulassen, den Mut, das eigene Herz zu verschenken und die Kraft, ganz zu vertrauen.

IV.

Diese kindliche Unmündigkeit ist ein schweres Wort. Es ist das geistliche Wissen darum, dass ich mich nicht selbst sichern kann. Lebensweltlich ist mitnichten klar, wer mit dieser Gottesgabe gesegnet ist: so manche, die in echter Herzenszerknirschung ihr »Herr, ich bin nicht würdig« spricht; so mancher aber auch, der seine vermeintliche Demut stolz wie ein Pfau vor sich herträgt und seine angebliche Gottesfurcht in narzisstischer Selbstverliebtheit allen anderen um die Ohren schlägt. Und umgekehrt: so manche, die sich am Glanz der eigenen Rhetorik berauscht und in intellektueller Selbstanbetung vor der eigenen Klugheit niederkniet; so mancher aber auch, der seine akademisch-nüchterne, distanzierte Sprache als fast schon paradoxalen Ausdruck seiner Anerkenntnis des *Deus semper maior*, des je größeren Gottes versteht.

Es geht bei dieser geistlich-kindlichen Unmündigkeit nicht um die intellektuelle Leistung, die wir zu erbringen im Stande sind, und es geht auch nicht um die je konkrete Frömmigkeitsform, die wir pflegen. Sondern es geht um die Art und Weise, wie wir mit beidem, dem Glauben und dem Denken, in unserem Leben umgehen. Es geht um die Art und Weise, wie wir unsere Welt bewohnen – im Bewusstsein, selbst der Herr respektive die Herrin im Ring zu sein, oder im Wissen darum, dass wir beides, das Glauben wie das Denken, so sehr es unser Glauben und unser Denken sind, doch letztlich einem Anderen, Größeren verdanken – und dass wir daher in unserem spirituellen und intellektuellen Tun uns auf diesen Anderen, Größeren hin durchlässig machen sollen.

Dieses existenzielle Kindsein-Dürfen vor Gott entpuppt sich als die wahre Weisheit und Klugheit; nicht, weil es unser Weltwissen geringschätzt, sondern weil es dieses hineinstellt in die Gottesbeziehung, die unser ganzes Leben durchformen will. Die Unmündigkeit, von der unser Evangelium heute spricht, entpuppt sich als die eigentliche Mündigkeit des Glaubens, der um die Unmöglichkeit der eigenen Selbstrechtfertigung weiß und der sich daher festmachen will an jener Ursprungsbeziehung, die unser Leben und unser Denken trägt. So ist das Kindsein-Dürfen vor Gott die Erfüllung dessen, was »allen in die Kindheit scheint und worin noch niemand war: Heimat«. So hat es Ernst Bloch ganz am Ende seines Werks *Das Prinzip Hoffnung* (1959) formuliert. Wir dürfen ergänzen: die Heimat der Selbstidentität. Es ist die Verheißung, Wohnung nehmen zu dürfen in Gottes Lebensfülle, in einer Heimat, die unser Leben einbirgt und unser Denken weit macht.

V.

Das geistliche Kindsein, mit dem uns das heutige Tagesevangelium im mehr schlecht als recht übersetzten Begriff der Unmündigkeit konfrontiert, ist schwere Kost. Sie heute Ihnen, den Absolventinnen und Absolventen, den Studierenden der Theologie nach einem harten und langen Semester und gegebenenfalls auch noch angesichts anstehender Semesterprüfungen zuzumuten, könnte mit einigem Recht als eine ganz eigene Art göttlichen Humors gewertet werden. Wem das nun heute Abend ein wenig zu viel zu werden droht, dem und der sei zum Trost ganz zum Schluss der Folgevers anempfohlen, der direkt an unser Tagesevangelium anschließt: »Kommt alle zu mir, die ihr mühselig und beladen seid! Ich will euch erquicken [...]; und ihr werdet Ruhe finden für eure Seele. Denn mein Joch ist sanft und meine Last ist leicht« (Mt 11,28–30). Das sei Ihnen und uns allen heute zugesagt, ganz ohne Spott, aber in großer Freude und noch größerer Hoffnung. Dazu segne uns alle der dreieine Gott.

Gehalten am 19.07.2017
in der Jugendkirche (Kilianeum), Würzburg

Die Kunst des Erzählens

Mittwoch der 3. Woche im Jahreskreis
Mk 4,1–20

I.

Als unsere ältere Tochter noch ein kleines Mädchen war, gab es ein sich wiederholendes, sehr seltsames Ritual. Immer dann nämlich, wenn ich sie zu Bett bringen sollte, forderte sie mich einigermaßen energisch von ihrem Kinderbettchen aus auf: »Papa, zählen«. Also begann ich zu zählen: eins, zwei, drei, vier, fünf. Nun, sie war unser erstes Kind und ich damals wie heute ein kleinkindpädagogisches Genie. Aber immerhin: Das Kind schien einigermaßen zufrieden, und irgendwann schlief es ein. Das wiederholte sich einige Male, bis meine Frau das zufällig vom Flur aus mithörte, sich vor Lachen den Bauch hielt und mich aufklärte, dass das Kind schlicht eine Gute-Nacht-Geschichte zu hören wünscht. Erzählen also sollte ich, nicht Zahlenreihen referieren.

Wir Menschen brauchen Erzählungen. Wir sehnen uns nach Erzählungen, nicht nur im Kindesalter. Es liegt ein Zauber darin. Erzählungen verflüssigen die Zeit und den Raum, entführen in eine andere Welt und machen doch grade so die unsere erst aushaltbar. Sie rufen Bilder, Gerüche und Gefühle in uns wach, manchmal vertraut und heimelig, manchmal fremd und verstörend, die uns helfen, uns und unsere Welt besser zu verstehen. Sie reißen einen Horizont des Möglichen auf und helfen uns, das Wirkliche zu gestalten.

II.

Erzählungen lassen uns in die Wahrheit unserer eigenen und in die Wahrheit der Geschichten anderer eintauchen. Das ist nicht immer einfach, manchmal sogar schier unerträglich. Aber es ist ein fundamental wichtiger Prozess. Es muss unendlich schwer und schmerzhaft für die drei Männer, einer davon war Matthias Katsch, gewesen sein, als sie Klaus Mertes, dem Rektor des Berliner Canisius-Kollegs, erzählten, was ihnen von Jesuitenpatres in ihrer ehemaligen Schule an sexueller Gewalt angetan wurde. Klaus Mertes wiederum gebührt das Verdienst, diesen Geschichten nicht ausgewichen zu sein. Er hat sie weitererzählt, zugelassen, dass sie öffentlich gemacht wurden – und dafür selbst einen hohen Preis bezahlen müssen. Der Vorwurf des Nestbeschmutzers ist darunter noch der harmloseste. Am 19. Januar 2010 schrieb er einen Brief an ehemalige Schüler des Canisius-Kollegs und bat sie, nicht länger zu schweigen. Denn ein Verbot, die eigene Geschichte zu erzählen, darf es nicht geben – auch dann nicht, wenn es störende Geschichten sind, Geschichten ohne happy end und Geschichten, die die eigene Institution in ein fahles Licht tauchen. Am 28. Januar 2010 erschien dann der entsprechende Bericht darüber in der *Berliner Morgenpost* – und brachte eine Lawine ins Rollen, die man eher beschönigend die »Missbrauchskrise« genannt hat.

Heute nun, zehn Jahre später, stehen wir am Beginn des Synodalen Weges. Morgen Abend – am 30.01.2020 – beginnt die erste Synodalversammlung mit einem Eröffnungsgottesdienst im Frankfurter Dom. Bis Samstag beraten die Synodalen neben Verfahrensfragen die vier großen Themenfelder Macht, Sexualmoral, Priesterliche Lebensform und Frauen in der Kirche. Der Synodale Weg wurde ins Leben gerufen, um über Konsequenzen aus der MHG-Studie von 2018 zu beraten. Das sollte nicht vergessen, wer stattdessen lieber ausschließlich über Evangelisierung geredet hätte.

Auch auf dem Synodalen Weg werden Geschichten, Lebensgeschichten erzählt werden. Vielleicht wird das auf den ersten Blick gar nicht auffallen. Aber jedes Argument, jedes Sachplädoyer, jeder Verfahrensstreit ist von solch einer Geschichte getragen. Viel wird daran hängen, einander zuzuhören, nicht nur den Argumenten, sondern auch den darunter sich verbergenden Geschichten, und beim Zuhören auch beieinander zu bleiben. Viel wird freilich auch daran hängen, nicht beim Erzählen stehen zu bleiben, sondern Argumente sachlich zu wägen, dann auch Entscheidungen zu treffen und für deren möglichst breit akzeptierte Verbindlichkeit zu werben. Mehr ist ja leider nicht möglich.

Gerade das Beispiel des Synodalen Weges zeigt, dass Erzählungen niemals kontextlos und insofern auch niemals unschuldig sind. Erzählungen haben eine Macht, gerade weil sie uns in der Tiefe erreichen. Diese Macht kann auch als manipulierende Waffe eingesetzt werden. Manch einer im Umfeld der vatikanischen Gärten meint ja derzeit, »Aus der Tiefe unserer Herzen« – »Des profondeurs de nos coeurs« – zu sprechen und betont, aus Liebe zur Kirche nicht länger schweigen zu können (vgl. Robert Sarah, *Aus der Tiefe des Herzens*. Mit einem Beitrag von Benedikt XVI., Kißlegg 2020). Doch die eigentliche Geschichte, die hier erzählt wird, ist eine Schmierenkomödie um Politik, Macht und Intriganz, um die Instrumentalisierung der Insignien ehemaliger päpstlicher Autorität zum Zwecke der Torpedierung des aktuellen Pontifikats und seines Reformkurses. Bitter.

III.

Wie anders da die Geschichten, die Jesus von Nazaret erzählt. Denn, wir haben es gerade im Evangelium gehört, auch er erzählt Geschichten; ja, er lehrt in Geschichten. Es sind Gleichnisse, die mit Hilfe von vertrauten Bildern und ganz alltäglichen Geschehnissen in das Geheimnis des Reiches Gottes einführen wollen. Das Gleichnis vom Sämann, das die Leseordnung heute für uns bereithält, ist eines der bekanntesten. Ich vermute, jede und jeder von Ihnen hat es bereits bei diversen Gelegenheiten gehört, im Religionsunterricht, in der Katechese, im Studium, wo auch immer. Der Plot ist einfach: Ein Sämann geht hinaus auf das Feld und wirft den Samen aus. Doch ein Teil der Samenkörner fällt auf den Weg und wird von Vögeln aufgepickt. Ein weiterer Teil des Samens fällt auf steinigen, felsigen Boden mit nur wenig Erde; er schießt und verbrennt in der Sonne. Wieder anderes fällt in die Dornen, die es ersticken. Nur ein Teil fällt auf guten Boden und trägt reiche Frucht (vgl. Mk 4,3–8).

Das Gleichnis ist wohl sehr alt, der Evangelist Markus hat es bereits einer frühen Vorlage entnommen. Die diesem alten Gleichnis dann im Endtext des Markusevangeliums beigelegte Deutung ist dagegen erst spät eingefügt worden. Sie bedient sich frühchristlicher Missionssprache und verschiebt den Akzent weg vom Subjekt der Geschichte, dem Sämann, hin auf das Schicksal des Wortes und auf die Hörenden. Sie sollen ermahnt werden, aufmerksam auf das Evangelium zu hören (vgl. Mk 4,14–20). Dadurch bekommt das Gleichnis einen stark paränetischen und individualethischen Zungenschlag. Im Mittelpunkt steht nun die Mahnung, in der Übung persönlicher Frömmigkeit sich weder von bösen Mächten noch von den Sorgen und Verlockungen des Alltags ablenken zu lassen und auch bei Drangsal und Verfolgung standhaft zu bleiben. Diese eher pastorale Deutung ist die wirkungsgeschichtlich dominante geworden. Sie fordert die Zuhörerinnen und Zuhörer auf, ihren persönlichen Platz in der Gemeinde zu reflektieren. Nur am Rande: So erklärt sich auch die seltsame Zwischenpassage, die eine starke Antithese aufreißt zwischen den Eingeweihten, die drinnen sind, und denen draußen, denen das alles ein Rätsel bleibt (vgl. Mk 4,11–12).

IV.

Was aber wäre, wenn man – so wie es wohl ursprünglich gedacht war – statt der Mahnung an die Hörenden die Hoffnung und den Trost für die Verkündenden in den Mittelpunkt dieser Gleichniserzählung stellte? Es wäre eine Geschichte, die von der Zuversicht des Sämanns handelte, der getrost die Aussaat wagt, weil er weiß, dass sein Tun trotz augenscheinlicher Erfolglosigkeit, ja sogar angesichts offensichtlichen Scheiterns gewiss reiche Frucht tragen wird. Es wäre eine Geschichte gegen die Angst, gegen Mutlosigkeit und Verzweiflung in winterlicher Zeit, eine Geschichte des Trostes und der Ermutigung, nicht zu resignieren, sondern immer wieder von Neuem zu beginnen. Die Geschichte wäre zu lesen als eine große Entlastung: Was immer auch geschieht, geh deinen Weg und sei gewiss, dass es am Ende gut sein wird. Es ist eine Ermutigung zum je neuen Anfangen, denn es geht ums Tun, ums Wagen und Versuchen und nicht um Sieg und Erfolg. Für die Frucht, die unser Tun am Ende tragen soll, für die sorgt und bürgt ein Anderer, Größerer, der uns und alle Welt unendlich sanft in Händen hält.

Kurz: Ich möchte Sie heute zu einem Perspektivenwechsel einladen. Was wäre, wenn Sie nicht der Ackerboden, sondern der Sämann, die Säerin wären? Was würden Sie säen? Und wie würden Sie säen? Ich stelle mir vor, Sie würden, wie Jesus, Geschichten erzählen von Ihrem Gott und von Ihrem Glauben, von Ihrem Leben mit diesem Gott. Und ich frage mich, wie Sie das wohl machen würden, was Sie zu erzählen hätten und was Ihnen kostbar dabei wäre. Einander erzählen, sich an das Gestern erinnern und das Morgen imaginieren, das ist das Geheimnis der Verkündigung, und es ist wohl auch das Geheimnis der Erlösung.

V.

Ein langes, anstrengendes und aufregendes Semester neigt sich dem Ende zu (ich weiß, die Prüfungskandidatinnen und -kandidaten unter Ihnen können das nicht so gut hören). Sie, die Absolventinnen und Absolventen werden nun hinausgeschickt, um von dem zu erzählen, was Sie hier an der Uni gelernt, durchdacht und erfahren haben in den Jahren Ihres Studiums. Aber wir alle sind hingestellt an unseren je eigenen Ort, um von dem zu erzählen, was uns auch im Fallen trägt und hält und wieder aufstehen lässt.

Wenn ich Ihnen zum Schluss dieser Predigt noch etwas wünschen darf: Ich wünsche Ihnen die Scheu des Sämanns beim Werfen der Saat; eine Scheu, weil er weiß, wie kostbar das Wort ist, das er zu streuen hat, wie verletzlich zugleich, wie leicht missbrauchbar und verzweckbar dieses Wort ist – und weil er weiß, dass alles Säen, alles Erzählen immer auch Selbstpreisgabe ist. Wer aber von sich erzählt, macht sich selbst angreifbar, wird selbst verwundbar. Erzählen verträgt sich deshalb nicht mit Hurra-Pathos und nicht mit der großen Geste. Es geht eher darum, die anderen in den Erzählraum des eigenen Lebens mit hineinzunehmen, sie einzuladen, eine Strecke Wegs mitzugehen im Gang der eigenen Lebensgeschichte.

Dann aber: Erzählen Sie ehrlich, erzählen Sie das, von dem Sie denken, dass es der Fall ist. Erzählen müssen wir, so oder so. Wir können nicht leben, ohne zu erzählen. Denn unser Leben selbst, die Art und Weise also, wie wir unsere Welt bewohnen, ist die wirkmächtigste aller nur denkbaren Erzählungen. Erzählen wir dieses lebenslange Weltbewohnen ohne Angst und in innerem Freimut! Erzählen wir es so authentisch, wie es uns eben möglich ist. Wagen wir die Selbstpreisgabe, auch wenn sie verwundbar macht. Grade, weil es so kostbar ist, was wir geben können: Verschenken wir mit beiden Händen, seien wir großzügig!

Dazu helfe uns Gott.

Gehalten am 29.01.2020
in der Mutterhauskirche der Erlöserschwestern, Würzburg

Wohnen und Wandern, Frieden und Streit

Heiliger Lukas (18.10.)
Lk 10,1–9

I.

Ich weiß nicht, ob es Ihnen genauso erging wie mir: Ich habe mich sehr auf diesen Gottesdienst und den anschließenden Welcome-Back-Abend gefreut. Und zugleich war ich ein wenig unsicher, wie das wohl werden wird. Drei Semester digitale Distanz sind eine lange Zeit, die hat ihre Spuren hinterlassen: vom März 2020 bis jetzt, bis zum Beginn des Wintersemesters 2021, nur Online-Lehre. Noch ist unklar, was die Pandemie und die durch sie bedingten Einschränkungen mit uns als Personen, aber vor allem mit unserem Miteinander gemacht haben. Es fühlt sich alles noch ein wenig fremd an.

Zugleich ist klar, dass die Entscheidung, an der Uni wieder mehr Präsenz zu riskieren, die richtige ist. Auch wenn die digitale Lehre insgesamt erstaunlich gut funktioniert hat: Zu stark haben vor allem Sie, liebe Studierende, unter der erzwungenen Isolation gelitten. Ein Artikel der FAZ dieser Tage handelt von den »Vergessenen der Pandemie«. Gemeint sind Sie, die Studierenden. Manche von Ihnen sind nun im 4. Semester und haben noch nie einen normalen Unialltag erlebt. Manche sind paradoxerweise darüber krank geworden, dass wir uns vor Corona schützen mussten. Der Preis, den wir alle zahlen mussten, um die vulnerabelsten Gruppen unserer Gesellschaft zu schützen und das Gesundheitssystem nicht kollabieren zu lassen, war hoch. Denn universitäres Forschen, Lehren und Lernen ist ja viel mehr als nur kognitive Stoffdurchdringung. Der Stoff wird doch nur dann im Wortsinn »begriffen«, wenn er mit Herz und Hirn durchgeknetet wird – und das heißt: wenn er mit anderen diskutiert und kritisiert wird, wenn er analysiert, gegebenenfalls auch destruiert und neu synthetisiert wird, vor allem aber: wenn er auf die je individuelle Wirklichkeitssituation appliziert wird. Dazu brauchen wir einander, und dazu brauchen wir einander leibhaftig. So ist es einfach gut, dass es wieder losgeht.

Aber lassen Sie uns dieses Quäntchen Fremdheit, das uns noch umtreibt, hegen und pflegen. Es wird uns helfen, achtsam, fürsorglich und sensibel miteinander umzugehen. Und wir wissen nicht, was der Herbst noch für coronabedingte Geschmacklosigkeiten bereithalten wird. Die Zahlen gehen ja, wie die ganz aktuellen Daten zeigen, wieder nach oben.

II.

Wir leben in einer Zeit des Umbruchs. Das gilt für die pandemische Situation, die nun allmählich endemisch werden wird. Wir werden lernen müssen, mit ihr zu leben. Die Zeit des Umbruchs gilt aber auch für die kirchliche und gesellschaftliche Großwetterlage. Der Vergleich mit der Reformation im 16. Jahrhundert macht die Runde. Die Rede ist auch vom Ende der Konstantinischen Ära. Auch wenn man mit historischen Vergleichen vorsichtig sein sollte: Da ist sicher was dran. Eine Gestalt von Kirche, mit der wir groß geworden sind, und die Sie und mich wohl auch zum Theologiestudium geführt hat, geht – so viel ist gewiss – unwiederbringlich zu Ende. Die Prozesse sind schon lange im Gang, sie reichen weit hinter das II. Vaticanum und eigentlich bis tief ins 19. Jahrhundert hinein. Die aktuelle Corona-Pandemie und die seit Jahren weltweit schwärende, vielgestalte Missbrauchskrise bzw. der so desaströse Umgang zentraler leitender kirchlicher Akteure mit ihr wirken da nur als Brandbeschleuniger.

Umbruchszeiten sind Unsicherheitszeiten. Es sind Zeiten, die sowohl eine hohe Ambiguitätstoleranz als auch einen klaren inneren Kompass erfordern. Und beides zugleich ist nicht immer leicht zu haben. Beidem, der inneren Entschiedenheit wie der geistigen und geistlichen Weite, dient das Studium, aber beides muss auch intellektuell wie existenziell errungen werden, jeden Tag aufs Neue. Also, auch wenn es abgedroschen klingt: wahrlich herausfordernde Zeiten, in die Sie, in die wir als Fakultätsgemeinschaft hier und heute hineingestellt sind.

III.

Altes, Liebgewonnenes ist unwiederbringlich vorbei, das Neue ist noch nicht einmal erahnbar. Mitten da hinein spricht das heutige Evangelium zu uns von der Aussendung der zweiundsiebzig Jüngerinnen und Jünger. Der Text ist erkennbar auf die frühchristliche Gemeindetheologie und ihre Missionsbemühungen hin gemünzt, auch wenn der Evangelist die Szene in die Zeit des irdischen Jesus hineingelegt hat. Das Stück bietet keine Handlungserzählung, sondern eine Rede Jesu an seine Jüngerinnen und Jünger, die weniger eine stringente Argumentation, sondern vielmehr eine Sammlung von Sprüchen, Ratschlägen und Anweisungen enthält. Lassen Sie uns erproben, was uns das heute, zu Beginn dieser Vorlesungszeit, zu sagen hat.

Zwei große Themenkreise klingen durchgängig an, zwei Spannungsbögen, die sich überschneiden und überlagern: die Spannung zwischen Wohnen und Wandern und die Spannung zwischen Frieden und Streit. Schon die Zahl der Ausgesendeten ist programmatisch. Zweiundsiebzig (vgl. Lk 10,1) ist eine Zahl der Fülle, sie steht symbolisch für alle Völker der Erde. Zweiundsiebzig, das heißt: Gesendete sind wir alle, jede und jeder einzelne. Unausweichlich. Wir alle sind Wanderer zwischen den Zeiten, Botinnen einer Nachricht. Wir müssen nur überlegen, was der Weg, den wir gehen, und welches die Botschaft, für die wir stehen, sein soll. Zweiundsiebzig, das heißt aber auch: Die Sendung ist universal. Sie duldet keine Einschränkung, keine esoterische Limitation, keine exklusivistischen Ausschließungsregeln. Sie gilt allen. Bis weit hinter den Horizont, bis an die Enden der Erde.

Wofür wollen Sie einstehen? Was ist Ihnen heilig? Was ist der Satz aus der Schrift, der Sie ergriffen hat, den Sie im Herzen begriffen haben und in dem sich für Sie die Botschaft Jesu bündelt? Und wie können wir diese unsere Herzenssätze des Evangeliums so leben und so sprechen, dass sie einladen und dem Leben dienen – und es nicht kleinhalten und verkümmern lassen? Wie erwehren wir uns der Gefahr, dass in Zeiten grassierender Identitätssucht unsere Kirche um einer vermeintlichen Profilschärfe willen zur Sekte verkommt? Nehmen Sie sich in diesem Semester Zeit, den Stoff der Lehrveranstaltungen auch auf diese Fragen nach dem Kern hin durchzuforsten. Und tun Sie sich dabei zu zweien oder zu dritt zusammen. In kleinen Gruppen sind die Jüngerinnen und Jünger gesendet (vgl. Lk 10,1). Die Einzelkämpferexistenz, das Eigenbrötler-Dasein steht uns Christinnen und Christen nicht gut zu Gesicht. Wir brauchen einander.

IV.

»Die Ernte ist groß, aber es gibt nur wenig Arbeiter« (Lk 10,2). Eigentlich ein seltsames Bild. Es steht für das Gericht. Aber es ist doch ein Hoffnungsbild. Die Ernte steht an, die satten Früchte sind schon reif. Wir haben nicht gesät und dürfen doch zur Ernte beitragen. Wenn nur nicht diese latente Überforderung wäre: Wir sind so wenige. Es ist nie genug. Nie gab es mehr zu tun – ein Satz, mit dem man nicht nur (wie die Posterboys von der FDP) Wahlwerbung machen, sondern an dem man auch verzweifeln kann. Da ist es gut, den zweiten Satz mitzulesen: »Bittet also den Herrn der Ernte, Arbeiter für seine Ernte auszusenden« (Lk 10,2). Es ist das Grundgesetz der Gott-Mensch-Interaktion: Tue das Deine, aber vertraue auf Gott. Verzweifle nicht. Brenne, aber brenne nicht aus. Fürchte dich nicht. Wisse, dass alles Tun hineingetaucht ist in den eschatologisch gewissen Horizont der guten, reichen Ernte. Aber wisse auch, dass das einzige Erntewerkzeug, das wir haben, die Bitte ist. Die Autorität der Christinnen und Christen liegt in der Epiklese, im Gebet, in der Bitte – nicht im Machtwort (nach einem Wort von Eberhard Jüngel: die Autorität der Bitte). *Auctoritas*, Autorität durch glaubwürdiges Zeugnis des Lebens, nicht *potestas*. Und wenn uns doch durch unsere sozialen Rollen Macht gegeben ist, dann sollen wir sie transparent und verantwortlich gebrauchen und nicht durch frömmlerisches Amt-ist-Dienst-Gerede überkleistern. Im Letzten aber gilt: Die *potestas* ist allein Gottes, des Herrn der Ernte. Ihm sollten wir sie auch überlassen. Es ist Zeit, dass wir uns wieder neu auf die Freiheit der Kinder Gottes besinnen. Gerade in schweren Zeiten gilt es, die Leichtigkeit einzuüben.

Und dann der Imperativ: »Geht« (Lk 10,3)! Raus mit Euch! Ab, weg von hier und mitten hinein ins Leben! Wie Schafe mitten unter Wölfe sind wir gesendet. Kein sehr harmonisches Bild. Eher Streit denn Frieden. Aber wer sind die Wölfe? Gewiss oft genug die inneren Raubtiere unserer Furchtsamkeit und unserer Herzensträgheit. Oft auch die äußeren Konventionen, denen wir uns beugen und das Alte, das wir um jeden Preis bewahren wollen. Auch wenn die diversen social media-Kanäle klare Kante, Dualismen und Polaritäten befördern: Es ist nicht immer ganz ausgemacht, wer in diesem großen Spiel der Wolf und wer das Schaf, wo das Innen und wo das Außen ist. Sicher ist nur: Wandern in Christi Namen ist das Gegenteil von behaglichem Lustwandeln im Abendsonnenschein. Kein Geld, keine Vorräte, nicht einmal Schuhe. Niemand grüßen, sich von nichts und niemandem ablenken lassen (vgl. Lk 10,4). Auch hier wieder eine Radikalität der Sendung, die erschaudern lässt. Aber die zugleich die heilsame Frage provoziert: Was bindet mich, raubt mir Zeit und Energie, was gaukelt mir vielleicht auch eine Sicherheit vor, die mir in diesem Status des Wanderns gerade nicht gegeben ist, – und hält mich so von dem ab, um was es mir doch eigentlich gehen soll? Was also erfüllt mir wirklich das Herz und das Hirn und macht nicht nur die Tasche voll? Was ist von Wert, und was soll zählen dürfen in meinem Leben?

Schließlich, der letzte Punkt: vom Wandern zum Wohnen, wenigstens temporär. Ein Wohnen auf Zeit in den Häusern und den Städten unserer Welt. Das ist das Geheimnis einer sakramentalen Existenz, dass wir zum Gast des Gastes (Christoph Theobald) werden, dass wir das Eigene im Fremden empfangen, dass wir verkünden, indem wir uns mit unserem Leben aussetzen. Das klingt ein wenig theologisch-theatralisch, ist aber sehr nüchtern: Die Wirklichkeit annehmen, so wie sie ist. Essen, was man uns vorsetzt. Arbeiten, was eben zu tun ist (vgl. Lk 10,7–8). Und doch mit unserer ganzen Existenz von dem erzählen, was uns kostbar und heilig ist. In Tat und Wort. Den Frieden Gottes herabrufen über die Nöte und Sorgen unserer Zeit – und uns dabei selbst getröstet wissen dürfen (vgl. Lk 10,5–6). Die Kranken an Leib und Seele heilen, so gut wir es eben vermögen – und unsere eigene Unfertigkeit dabei Gott hinhalten, dass auch sie heil werden möge (vgl. Lk 10,9). Von der Hoffnung erzählen, die uns am Leben hält – und damit gegen die Kreuzesohnmacht ansprechen, die alles Tun und Hoffen zu unterspülen droht: dass das, was ist, nicht alles ist. Dass wider den Augenschein ein Sinn in allem Unsinn steckt. Dass im Ende der Anfang zwar verborgen, aber schon am Knospen ist. Dass das Reich Gottes nahe herbeigekommen ist (vgl. Lk 10,9). Es ragt schon mitten hinein in unsere Häuser, in unsere Städte. Übrigens: auch in unsere Uni, in unsere Hörsäle und Seminarräume, in unsere Büros und unsere Studierzimmer. Dass wir seinem Wachsen nicht im Wege stehen, dazu segne uns der allmächtige Gott.

Gehalten am 18.10.2021 in St. Michael, Würzburg

Osterlachen im Herbst

Montag der 29. Woche im Jahreskreis
Eph 2,1–10 // Lk 12,13–21

1 Gut, hier zu sein

Es ist gut, dass wir hier sind. Es ist schön, Sie und Euch alle hier zu sehen. Freundliche Gesichter – viele bekannt, einige neu. Gut, dass wir zusammen sind, um uns wechselseitig zu bestärken, innerlich zur Ruhe zu kommen und uns auf das neue, nun beginnende Semester einzustellen – und vor allem, um Gott die Ehre zu geben.

Denn, Sie wissen es, die Zeiten sind stürmisch, nicht nur, weil es nun Herbst geworden ist. Der Krieg in der Ukraine lastet auf unseren Seelen. Die Auswirkungen sind sehr konkret, auch bei uns. Sicher geglaubte Ordnungen erweisen sich plötzlich als hoch fragil. Viele – auch und gerade viele Studierende – wissen nicht, wie sie die gestiegenen Energiepreise bezahlen sollen oder wo sie im Alltag noch sparen können. Armut ist vielgestaltig, Armut ist oft unsichtbar, aber sie ist immer sehr real. So ist das weltpolitisch Große, das uns auf den Bildschirmen unserer Endgeräte so weit weg scheint, mit dem individuell Biografischen doch eigentümlich eng verknüpft.

Ähnlich verhält es sich bei uns im kirchlichen Feld. Wir reden gerne von Transformationsprozessen der kirchlichen und religiösen Landschaft, in denen wir stehen. Doch wenn wir ehrlich sind, dann müssen wir sagen: Das ist beschönigend. Es sind vielmehr harte Erosionsprozesse, denen wir ausgesetzt sind. Wir werden weniger. Unser Lebensentwurf als Christinnen und Christen ist nicht mehr ohne Weiteres mehrheitsfähig. Der kulturelle Bodensatz schwindet. Das verunsichert. Die Stimmung ist gereizt, viele fühlen sich überfordert und müde, manche schalten ab oder suchen auch hier die Rettung in klaren, aber unterkomplexen und überkommenen Ordnungsmustern.

Schauen wir auf dieser Folie – und ich hoffe, ich habe mit dieser etwas düsteren Diagnose nicht ganz an Ihnen und Ihrer Stimmungslage vorbeigeredet – auf die Schrifttexte des heutigen Tages, dann zeigen sich drei Punkte, die mir bedenkenswert erscheinen. Ich möchte sie gerne einfach mit Ihnen durchgehen.

2 Rechtfertigung aus Gnade

Mein erster Punkt also: *Rechtfertigung aus Gnade*. Es ist ein krasser Gegensatz, den die Lesung aus dem Epheserbrief da zeichnet. Von Natur aus, so heißt es, sind wir »Kinder des Zorns« (Eph

2,3), unfähig, es mit uns selbst auszuhalten, unfähig, im Frieden mit uns selbst und den anderen um uns herum zusammenzuleben. Zerrieben von den vielen Dingen, die an uns zerren und uns aus dem Lot bringen. Und dann das Gegenbild: »Aus Gnade seid ihr gerettet« (Eph 2,5). Das ist dem Briefschreiber so wichtig, das kommt gleich zwei Mal hintereinander: »[A]us Gnade seid ihr durch den Glauben gerettet, nicht aus eigener Kraft – Gott hat es geschenkt« (Eph 2,8).

Gnade, Rechtfertigung, Glaube, gerecht gemacht nicht aus den Werken, sondern geschenkweise – das sind Wörter und Phrasen, die – Sie wissen es – unendlich bedeutungsschwer sind, mit denen wir Theologinnen und Theologen trotzdem tagein-tagaus operieren, als wäre es nichts, die aber niemand jenseits unserer Kreise überhaupt noch versteht. Was also ist gemeint? Für mich heißt das: Ich darf es mit mir selbst aushalten, weil ich von Gott her längst befreit bin aus der Spirale der Selbstrechtfertigung, des Leistenmüssens, der damit unweigerlich verbundenen narzisstischen Kränkungen, der erneuten Selbstlügen und der noch einmal gesteigerten Anstrengungen, mich vor mir selbst und den anderen zu behaupten. Ich kann raus aus diesem Zirkel des Verderbens, weil mir versprochen ist: Du bist gewollt und gehalten, geliebt und getragen, einfach, weil du bist.

Die einzige Aufgabe, die zu tun bleibt, ist: Mir das sagen zu lassen. Es in kleinen Dosen allmählich hineintropfen zu lassen in mein Herz. Und: Gottes universalem Heilswillen zuzugestehen, dass das nicht nur mir, sondern schlechthin allen zugesagt ist. Die Freudenbotschaft der Rechtfertigung aus Gnade duldet keine identitären Dualismen. Wer glaubt, exkludiert nicht. Alle Menschen sind Kinder Gottes. Gott hat sich in seiner Menschwerdung in Christus Jesus mit allen Menschen, ja mit allen seinen Geschöpfen, mit allem, was auf Erden lebt und leben will, gemein gemacht, um alle anzunehmen und alle zu erlösen.

3 Österliches Leben

Mein zweiter Punkt: *österliches Leben.* Ich bleibe noch ein wenig beim Epheserbrief. Da stehen weitere, zuhöchst mysteriöse, sehr faszinierende Sätze: Gott hat uns »zusammen mit Christus wieder lebendig gemacht«, er hat uns »zusammen mit ihm einen Platz im Himmel gegeben«. Gott »hat uns mit Christus Jesus auferweckt« (Eph 2,4–6). Ist das nicht ein seltsamer Satz? »Er hat uns mit Christus Jesus auferweckt.« Natürlich, exegetisch korrekt kann und soll man das zunächst als Tauferinnerung und dann wohl irgendwie metaphorisch lesen, etwa in dem Sinn, dass Christi Beispiel uns ermutigen und in unserem Tun des Guten bestärken soll. Denn klar ist: Jeder spiritualisierende Erfüllungsenthusiasmus ist angesichts der Geschmacklosigkeiten, mit denen wir in unseren tatsächlichen Lebenswirklichkeiten Tag für Tag aufs Neue konfrontiert sind, fehl am Platz.

Und trotzdem hat das Perfektische, das Konstatierende in dieser Formulierung einen seltsamen Zauberklang: Er *hat* uns auferweckt. Es ist schon geschehen. Nicht nur an Christus Jesus, auch an uns. Wir leben im österlichen Raum, in der österlichen Zeit.

Vor einigen Jahren habe ich die Habilitationsschrift eines Bonner Fundamentaltheologen rezensiert. Manches an der Arbeit fand ich gut gelungen, manches kritikwürdig. Aber der Grundgedanke, der hat mich damals fasziniert, und der beschäftigt mich noch heute. Die Auferweckung Jesu Christi, so die zentrale These des Buches, ist nicht einfach ein singuläres Datum der Weltgeschichte, sondern steht quer zu allen Zeiten, weil sie alle Zeiten umfasst (vgl. Thomas Fößel, Offenbare Auferstehung, Paderborn 2018). Das bedeutet: Die Welt ist schon im Licht der Auferweckung geschaffen, und sie ist in diesem Licht im Sein gehalten. Wir leben im Raum der offenbaren Auferweckung. Ostern ist heute. Ostern ist hier. Für jede und jeden von uns. Das ist die These des Autors. Und die Folgefragen, die sich für ihn daraus ergeben, beschäftigen mich auch. Zum einen existenziell: Sollte man uns diese Hoffnung, dieses Glaubenswissen nicht doch noch etwas mehr ansehen? Sodann aber auch intellektuell, wissenschaftlich: Müsste das nicht auch Konsequenzen für unsere Theologie haben?

4 Freiheit

Mein dritter und letzter Punkt: *Freiheit.* Lassen Sie uns noch einen Blick auf Lukas und das heutige Tagesevangelium werfen. Dort steht: Der »Sinn des Lebens besteht nicht darin, dass ein Mensch aufgrund seines großen Vermögens im Überfluss lebt« (Lk 12,15). Sagte man das einer, die ihren Salat nun bei der Tafel holen muss, oder einem, der seine Studentenbude nicht mehr heizen kann, es wäre zynisch. Und doch hat man diese und ähnliche Sätze des Evangeliums eben dazu benutzt: zur Systemstabilisierung, zur ideologischen Überblendung und damit verbundenen Ruhigstellung sozialer Not und Ungleichheit. Doch eigentlich geht es hier um das genaue Gegenteil. Es ist wie mit dem *Magnificat*, dem subversiven Lobgesang der Maria: Es geht hier um nichts weniger als die Umkehrung der Werte. »[E]r stürzt die Mächtigen vom Thron und erhöht die Niedrigen. Die Hungernden beschenkt er mit seinen Gaben und lässt die Reichen leer ausgehen« (Lk 1,52–53). Alles Geld der Welt, aller Erfolg und alles Ansehen, alle Kornscheunen dieser Welt sind im Letzten, Äußersten wertlos.

Mehr noch: Im Letzten ist das etwas für Narren. Denn es geht um etwas ganz anderes. Es geht um die Frage, was es bedeutet, reich vor Gott zu sein. Und nach allem, was wir oben gehört haben, ist klar: Dieser Reichtum liegt jenseits von wirtschaftlichem Erfolg, intellektuellem Ansehen oder gesellschaftlichem Rang. Dieser Reichtum ist etwas, das wir weder erwerben noch verdienen können, weil er uns immer schon geschenkt ist, jenseits allen Tuns und Machens. Wir sind reich vor Gott, weil wir Kinder

Gottes sind. Die Freiheit der Kinder Gottes, sie ist unser Reichtum. Wer nämlich einmal nicht nur mit dem Hirn, sondern auch mit dem Herzen begriffen hat, dass wir Kinder Gottes heißen und es sind, der oder die wird nicht nur frei innerhalb der Systeme, in denen wir leben, sondern der oder die wird auch frei gegenüber den Systemen, in denen wir leben. Solche Menschen sind gefährlich, weil sie weder erpressbar noch verführbar oder manipulierbar sind. Sie sind frei.

Wiederum weiß ich nicht, ob ich Sie und Ihre Stimmungslage heute Abend mit meiner kleinen Schriftexegese erreicht habe. Aber eines weiß ich, wenn ich diese Texte ansehe: Was auch immer kommen wird – wir sind zur Freude berufen, zum Lachen und zum Tanzen. Weil wir Gottes Kinder sind. Weil wir Erlöste in Christus Jesus sind. Weil wir wahrhaft frei sind. Das ist die Botschaft des heutigen Tages. Wir – und die anderen auch.

Gehalten am 17.10.2022 in St. Michael, Würzburg

Schlangenklugheit und Taubeneinfalt

Mittwoch der 14. Woche im Jahreskreis
Mt 10,1–16

1 Prüfungsfragen gestern und heute

Zu meiner Studienzeit, in den 1990er-Jahren in Freiburg, gab es einen Professor, der für seine zweifelhaften Scherze gegenüber Studierenden in Prüfungssituationen bekannt war. Er ist schon lange tot, aus Pietätsgründen verschweige ich seinen Namen und die Denomination seines Lehrstuhls. Gerne wies dieser Kollege z. B. auf den Baum vor seinem Fenster und sprach: »Sehen Sie diesen Baum da draußen? Wenn der wieder blüht, dann sehen wir uns wieder zur Nachprüfung für die Durchgefallenen.« Oder er fuhr den Kandidaten mit den Worten an: »Zählen Sie mal die zwölf Apostel auf, oder können Sie das auch nicht?« Daran musste ich denken, als ich mir das heutige Tagesevangelium zur Predigtvorbereitung ansah.

Liebe Studierende, ich hoffe sehr, dass diese Zeiten der dunklen Pädagogik auch bei uns an der Fakultät schon lange vorbei sind und Sie uns Lehrende als hilfreiche Begleiterinnen und Begleiter auf Ihrem Lernweg erfahren. Wünschen würde ich mir das jedenfalls.

2 Das Himmelreich ist nahe

Bei Matthäus steht die 12er-Liste allerdings nicht als prophetische Prüfungsstoffvorgabe zur freundlichen Verwendung durch zukünftige Theologie-Profs, sondern als Ausweis der geschichtlichen Konkretheit und der lebensweltlichen Situiertheit der Reich-Gottes-Botschaft des Jesus von Nazaret. Das Reich Gottes ist keine abstrakte oder auch nur rein innerliche Größe, sondern es will Raum greifen im Hier und Jetzt, im sozialen und gesellschaftlichen Miteinander. Deshalb braucht es konkrete Menschen mit Herz und Hand und Hirn, die sich beim Namen rufen, die sich buchstäblich namhaft machen lassen und sich für diese Sache einsetzen. Die geradezustehen bereit sind für diesen Jesus und seine Botschaft. Darum diese Namensliste.

Und nein – auch das wissen Sie natürlich alle: Dieser 12er-Kreis ist nicht schlechthin identisch mit dem Apostelamt, und er präfiguriert nach plausibelster theologischer Argumentation auch nicht die geschlechtlichen Zugangsbedingungen zum heutigen Weiheamt. Aber das nur am Rande. Entscheidend ist etwas anderes. Entscheidend ist die Botschaft, die diesen zwölf Menschen – stellvertretend für so viele durch die Zeit hindurch – mit ihrem ganzen Leben, in Wort und Tat weiterzusagen aufgetragen ist: »Geht und verkündet: Das Himmelreich ist nahe« (Mt 10,7).

Gewiss, die Welt, wie sie ist, liegt in Vielem im Argen. Deshalb sind Glaube, Hoffnung und Liebe nicht einfach reife Früchte, die, am Wegesrand liegend, wir nur zu greifen und in die wir hineinzubeißen brauchen. Sondern es sind Tugenden, die immer wieder aufs Neue errungen – und das heißt: gesucht, erfragt, erkämpft, erbeten und erbetet – werden müssen. Glaube ist Arbeit. Hoffnung ist Arbeit. Und auch die Liebe ist kein romantisches Gefühl, sondern bisweilen ebenfalls harte, mühsame Arbeit. Denn es gilt, Resilienzen aufzubauen gegen den Augenschein, gegen das Offensichtliche. Keine Fluchten, kein Eskapismus, aber Refugien der Hoffnung, des Glaubens und der Liebe sollen wir bauen.

Dafür steht dieser eine, so unfassbar wichtige und zentrale Satz des Evangeliums: »Das Himmelreich ist nahe« (Mk 10,7). Der Satz will uns nicht billig vertrösten, sondern echten Trost spenden – weil er die Dunkelheiten unseres Alltags nicht einfach abblendet, sondern im Licht des Glaubens zu tragen und zu bearbeiten lehrt. Weil er die Tiefendimension, das Eigentliche unserer uns manchmal so zerrissen scheinenden Wirklichkeit zutage fördert: dass da ein Gott ist, der uns gut will und der unsere Zeit in seinen Händen hält; dass er in Jesus Christus Mensch geworden ist, einer von uns, uns zu Heil und Rettung; dass sein Reich der Güte und der Menschenfreundlichkeit uns nahe ist; – und »nahe« heißt nicht einfach nur: noch ausständig, sondern das heißt: anfanghaft zwar, aber real und wirklich und endgültig in unserer Welt zugegen.

Wir leben in österlicher Zeit, wir leben im Raum der Auferweckung. Das uns immer wieder aufs Neue zusagen zu lassen, erfordert Mut. Es ist die Hoffnung wider alle Hoffnung, von der Paulus spricht (vgl. Röm 4,18), die Hoffnung des Kreuzes. Sie soll uns leiten, nicht die alltäglichen Schreckensnachrichten.

3 Anweisungen für Wanderprophetinnen und Wanderprediger

Und dann der Folgesatz: »Heilt Kranke, weckt Tote auf, macht Aussätzige rein, treibt Dämonen aus« (Mt 10,8)! Das ist nicht nur eine Handlungsanweisung für reisende Wanderprophetinnen und umherziehende Wanderprediger in Würzburg, Bamberg, Schweinfurt und Aschaffenburg, sondern auch eine Sehhilfe für Reich-Gottes-Sehnsüchtige. Wo immer Leben wächst, wo Erstarrtes sich verflüssigt und Verdorrtes neu aufzublühen beginnt, wo Kranke gesund werden und Verwundungen geheilt, wo nicht länger Innen-Außen-Identitäten und Abgrenzung unser Denken bestimmen, sondern Offenheit, Lebenslust und Neugier, wo das helle Lachen der Kinder Gottes die schwere Dunkelheit vertreibt – da ist das Reich Gottes schon mitten unter uns. Es ist da. Wir müssen es nur zu sehen lernen. Es ist da. In Würzburg, Bamberg, Schweinfurt und Aschaffenburg.

Was im Evangeliumstext nun folgt, so sagen es uns die kundigen Exegese-Fachleute, sind konkrete Anweisungen für die Ausrüstung und das Vorgehen der urchristlichen Wandermissionare, die Matthäus vor Augen hat. Bei der Vorbereitung dieses Gottesdienstes haben wir uns erlaubt, das heutige Tagesevangelium (das eigentlich mit Mt 10,7 endet) um diese Verse zu erweitern. Denn ich möchte gerne aus diesen matthäischen Handlungsanweisungen vier Punkte herausgreifen, die mir auch in unserer Situation bedenkenswert erscheinen.

Der erste Punkt ist: Nehmt nichts mit. Kein Gold und kein Geld, keine Vorratstasche, kein zweites Hemd, noch nicht einmal Schuhe und Wanderstab (vgl. Mt 10,9–10). Also: Beschwere dich nicht mit unnötigem Kram. Schlepp keinen überflüssigen Ballast mit dir herum. Bleib frei, innerlich wie äußerlich. Es kommt nicht darauf an, die Dinge zu sichern, sondern darauf, sie in Bewegung und in Fluss zu bringen. Das Wandern ist dein Beruf, und das Wohnen ist immer nur temporär. Genieße es, aber lass nicht zu, dass es zum Selbstzweck wird. Sei bei den Menschen, nicht bei den Sachen.

Und warum? »Umsonst habt ihr empfangen, umsonst sollt ihr geben« (Mt 10,8). Das ist mein zweiter Punkt: Wer sollte uns etwas geben müssen, das wir nicht schon längst und im Überfluss hätten? Wir sind Kinder Gottes, wir sind – um noch einmal Paulus zu zitieren – »Gesandte an Christi statt« (2 Kor 5,20). Was wir haben und was wir sind, haben wir von ihm und so unverlierbar in uns selbst: Würde und Wert, Auftrag und Ziel. Wir können mit beiden Händen geben, weil wir keine Angst haben müssen, uns dabei zu verlieren. Die Schrift nennt gerade diese machtvolle Freigiebigkeit, die aus einem angstfreien, weil geschenkten Selbstverhältnis erwächst, *exousia*, Vollmacht: Andere und anderes ohne Angst vor Selbstverlust groß werden zu lassen.

Das Dritte: Eine Friedensbotin, ein Friedensbringer sollst du sein. Doch wisse: Dank des unerfindlichen Ratschlusses deines Gottes gibt es ganz augenscheinlich nicht wenige Exemplare deiner Spezies auf der Welt, die sind einfach unbelehrbar. Hier verkämpfe dich nicht. Da, wo man dich nicht haben will, da, wo man dich nicht hören will, da zieh weiter. Schüttle den Staub von deinen Füßen ab. Wünsche auch hier den Frieden; geh ohne Hass, aber geh. Zieh weiter (vgl. Mt 10,13–14). Denn du musst darauf achten, dass auch du im Frieden bleibst – im Frieden mit dir, mit deinem Gott und mit deiner kleinen Welt um dich herum. Es gibt Situationen, die sind durch dich allein nicht heilbar. Es gibt Konstellationen, die kannst du von dir aus nicht mehr geradebiegen. Würdest du bleiben, du könntest nichts tun, du würdest nichts erreichen; du würdest nur dich selbst verletzen. Daher: Wenn es so ist, dann empfiehl dein Gegenüber, das dir das Leben so schwer macht, der größeren Liebe Gottes an, schütze dich selbst – und geh.

4 Seid klug wie die Schlangen und arglos wie die Tauben

Der vierte und letzte Punkt schließlich ist: »Seid klug wie die Schlangen und arglos wie die Tauben« (Mt 10,16). Das ist ein rätselhafter Satz. Dass wir, wie es zuvor heißt, wie Schafe mitten unter die Wölfe gesendet sind, ist natürlich jeder und jedem von uns unmittelbar lebensweltlich evident. Logisch: Die Hölle, das sind immer die anderen. Sagt ja schon Jean-Paul Sartre ganz zu Recht (*Geschlossene Gesellschaft*, 1944). Aber was folgt daraus? – Klug wie die Schlangen und arglos wie die Tauben sein, sagt das Evangelium. Das ist paradox, das schließt sich wechselseitig aus, könnte man meinen.

Der Satz hat vor allem in der Moraltheologie des 20. Jahrhunderts – bei Matthias Laros und Max Pribilla etwa – eine gewisse Rolle gespielt. Im Hintergrund steht die ethische Frage, ob es legitim ist, den Gestapomann, der vor der Tür steht und nach dem Aufenthaltsort jüdischer Mitbürger oder nach dem Abhören feindlicher Radiosender fragt, bewusst zu täuschen und irrezuführen. Diese Theologen bejahen diese Frage mit Verweis auf Mt 10,16 ausdrücklich. Sie sagen: Man soll jede dieser beiden Eigenschaften, die Klugheit und die Arglosigkeit, so miteinander verbinden, dass man sie zwar jeweils ganz besitzt, dass sie sich aber in gewisser Weise austarieren und zu einer »polaren Spannungseinheit« (Eberhard Schockenhoff, Zur Lüge verdammt? Freiburg 2000, 109) verbinden. So bleibe man davor bewahrt, dass eine Eigenschaft für sich genommen ins Negative überkippt: die Klugheit also in Verschlagenheit und die Arglosigkeit in Naivität. Das Halten der polaren Spannungseinheit hingegen leite zu einer »situationsgerechten Wahrhaftigkeit« (ebd., 110) hin.

Das klingt kompliziert. Was heißt das konkret? Erinnern wir uns: Die Schrift ist realistisch. Sie rechnet nicht nur mit der Dummheit, sondern auch mit der partiellen Böswilligkeit der Menschen. Angesichts dessen rät sie: »Seid klug wie die Schlangen und arglos wie die Tauben« (Mt 10,16). Für mich bedeutet das: Wenn dein Ziel gut und gerecht ist, wenn du überzeugt davon bist, das Richtige zu tun, dann verfolge dieses Ziel mit Klugheit und mit Augenmaß. Gib dein Bestes, um es zu erreichen. Handle weitblickend und scheue dich nicht, strategisch zu denken. Aber wahre die Grenze: Auch der beste Zweck heiligt nicht jedes Mittel. Prüfe immer wieder aufs Neue, ob es dir wirklich um diese gute Sache geht. Tritt daher immer wieder einen Schritt zurück und übe dich in Indifferenz. Wäge mögliche Alternativen, bedenke auch die Gegenposition und suche das Gute in ihr. So hast du die beste Chance, auf dem Weg der Wahrhaftigkeit zu bleiben.

Religiös gesprochen: Solange du darüber nicht spirituell betrunken und überheblich wirst, ist es legitim anzunehmen, dass du redlich versuchst, Gottes Menschenfreundlichkeit weiterzusagen, seinem guten Geist durch dein Reden und Handeln Raum zu geben und seinen Willen zu tun. Aber billige immer auch denen, die ganz anders denken, sprechen und handeln als du, zu, dass auch sie solches in der Überzeugung tun, Gottes gutem Geist zu folgen. So vermeidest du, dass Konflikte in Feindschaften überborden.

Das griechische Wort für die Schlangenklugheit bei Matthäus lautet *phrónimos*. Es ist positiv besetzt und bedeutet so viel wie »einsichtsvoll«, »klug« oder »verständig«. Es hat nichts, aber auch gar nichts mit listig oder betrügerisch gemein. Das Wort für die Taubenarglosigkeit heißt *akéraios*. Es bedeutet wörtlich »unversehrt«, »unbeschädigt« oder »unzerstört« – und wird so mit der Vorstellung von Lauterkeit, Einfalt und Arglosigkeit verbunden. In diesem Sinne: Was immer du tust und was immer dir getan wird – lass nie zu, dass dein Vertrauen in die grundsätzliche Gutheit und Gotteskindschaft des Menschen versehrt, beschädigt oder gar zerstört wird.

5 Prüfungsfragen im Eschaton

Liebe Brüder und Schwestern, die Hinweise auf Laros und Pribilla stammen von Eberhard Schockenhoff, dem Freiburger Moraltheologen, bei dem ich in den 1990er Jahren studiert habe. Er ist 2020 überraschend verstorben. Wenn nun er und sein ungenannter Freiburger Kollege, den ich eingangs meiner Predigt erwähnt habe, oben auf ihrer Himmelswolke unserem Gottesdienst beiwohnen – und ich bin sicher, dass sie das gerade tun –, dann werden sie vielleicht leicht verstimmt ob meiner Einleitung, aber hoffentlich doch einigermaßen himmelsmild zueinander sagen: »Mein liebes Bürschlein Remenyi, komm du mal in ein paar Jahren zu uns auf unsre Himmelswolke! Dann prüfen wir bei dir nicht nur die zwölf Apostelnamen nach Matthäus, sondern auch die Abweichungen auf den parallelen Listen bei Markus und Lukas und in der Apostelgeschichte ab – und deren theologische Bedeutung gleich mit!«

Sie sehen, das Leben bleibt auch im Eschaton bunt und spannend. Bleiben wir also tatkräftig, realistisch, vertrauensvoll und hoffnungsfroh!

Gehalten am 12.07.2023
in der Mutterhauskirche der Erlöserschwestern, Würzburg

Verzeichnis der Bibelstellen

Altes Testament

Neues Testament

Nachweis der Erstveröffentlichungen

Folgende Predigten wurden zuerst veröffentlicht in der Zeitschrift *Der Prediger und Katechet (PuK)*, abgedruckt mit freundlicher Genehmigung der Schwabenverlag AG, Ostfildern:

Sehnsucht und Wachsamkeit: PuK 151 (2012) 7–11.
Von der Freude der Hoffnung: PuK 153 (2014) 36–38.
Es ist heilige Nacht: PuK 163 (2024) 41–44.
Auf den zweiten Blick: PuK 158 (2019) 59–60.
Lasst euch mit Gott versöhnen!: PuK 157 (2018) 184–187.
Zerreißt eure Herzen: PuK 162 (2023) 170–172.
Wider die Gotteserprobung: PuK 161 (2022) 215–217.
Österliche Verklärungen: PuK 156 (2017) 213–217.
Vom Wasser des Lebens, vom Geist und von der Wahrheit: PuK 159 (2020) 220–225.
Gegenwart und Zukunft der Auferweckung: PuK 154 (2015) 220–222.
Same procedure as last year?: PuK 162 (2023) 276–280.
Ostern – Hermeneut des Lebens: PuK 160 (2021) 340–344.
Lob des Zweifels: PuK 150 (2011) 370–374.
Kein anderer Name: PuK 160 (2021) 378–380.
Aus der Wahrheit leben und lieben: PuK 157 (2018) 358–359.
Das himmlische Jerusalem: PuK 149 (2010) 392–393.
Der Geist der Wahrheit wird euch erfüllen: PuK 151 (2012) 420–423.
Geglückte Nachfolge: PuK 151 (2012) 61–65.
Ein Hoch auf die Nachrücker!: PuK 163 (2024) 270–273.
Nah und zugleich entzogen: PuK 158 (2019) 379–382.
Noch vieles habe ich euch zu sagen ...: PuK 158 (2019) 460–462.
Die Tränen des Petrus: PuK 161 (2022) 519–523.
Ein König in Zeiten des Krieges: PuK 161 (2022) 814–816.
Für Fang und Fülle bürgt ein andrer: PuK 154 (2015) 106–110.
Wirklichkeitshaltige Reich-Gottes-Zeichen: PuK 151 (2012) 131–133.
Der Sabbat ist für den Menschen da: Halte ihn heilig!: PuK 157 (2018) 465–469.

Alternative facts?: PuK 156 (2017) 495–498.
Lass Dir an meiner Gnade genügen: PuK 154 (2015) 499–500.
Weizen und Unkraut: PuK 150 (2011) 561–562.
Wahret die Einheit: PuK 154 (2015) 520–523.
Brot vom Himmel will ich regnen lassen: PuK 151 (2012) 619–620.
Angstwandel statt Seewandel: PuK 153 (2014) 614f.
Vom Glauben: PuK 155 (2016) 564–566.
Identität und Abgrenzung: PuK 153 (2014) 621–624.
Unwiderruflich: das Allerbarmen Gottes: PuK 162 (2023) 566–569.
Du bist Petrus …: PuK 156 (2017) 621–622.
Namensverheißung: PuK 150 (2011) 47–48.
Gerechtigkeit, Friede – und immer wieder: die Kinder: PuK 160 (2021) 690–692.
Gebet des Lebens: PuK 161 (2022) 765–769.
Die Kunst des Sehens: PuK 160 (2021) 790–794.
Die Kunst des Gebens: PuK 157 (2018) 794–795.
Lebe wild und gefährlich!: PuK 159 (2020) 766–772.
Euch wird kein Haar gekrümmt werden: PuK 149 (2010) 848–849.
Sonne der Gerechtigkeit: PuK 158 (2019) 780–782.

Wohnen und Wandern, Frieden und Streit: Mitteilungen der Freunde und Förderer der Katholisch-Theologischen Fakultät der Bayerischen Julius-Maximilians-Universität e.V. (2021) 3–5 oder online:
http://www.theologie-und-kirche.de/remenyi-semestereroeffnung.pdf (zuletzt eingesehen am 17.02.2024).